中国城市治理
创新案例研究报告

―― *No.1* ――

INNOVATIONS AND EXCELLENCE
IN CHINESE
URBAN GOVERNANCE

CASE STUDIES REPORTS No.1

俞可平　主编

社会科学文献出版社
SOCIAL SCIENCES ACADEMIC PRESS (CHINA)

目录

"民间组织'绿色浙江'助推多利益相关方参与环境治理"案例
　　报告 ………………………………………………………… 蓝蔚青 / 1
数字政府背景下的"多规合一"改革
　　——以浙江省开化县为例 …………………………………… 毛俊松 / 17
桐乡市"三治融合"的政治学分析 ……………………………… 费海汀 / 34
深圳儿童友好型城市建设研究报告
　　——先行示范的成就及展望 ………………………………… 包雅钧 / 51
传统媒体参与城市治理功能转向的路径研究
　　——以《南方都市报》"城市治理榜"为例 …… 曾令发　蔡天润 / 91
上海市长宁区居民区分类治理清单模式案例研究 ……………… 孙宽平 / 102
掌上云社区：城市基层大数据治理的创新实践 …… 肖　萍　徐　愫 / 143
"民意110"：公安民意跟踪监测的"南京样本" …… 肖　萍　徐　愫 / 167
甘肃省兰州市"打造'市民城管'——在城市管理中落实
　　共建共治共享"项目中的模块创新 ………………………… 郎　玫 / 180
"五位一体"智慧城管体系：新一代信息技术与创新2.0融合的
　　城市治理创新 ………………… 王连峰　宋　刚　张　楠　刘志 / 198

"民间组织'绿色浙江'助推多利益相关方参与环境治理"案例报告

蓝蔚青[*]

"绿色浙江"在坚持以人民利益为本的前提下,基于相关各方根本目标相同的基本格局,以化解社会矛盾、推动社会进步为己任,依靠党和政府的支持,发挥民间环保组织接地气、人才众多和广泛联系社会各界、便于沟通相关各方的优势,着力搭建便于公众参与、各展所长、资源共享、合作互利的平台,充分利用和整合社会资源,提供有专业水平、富有创意的服务,既勇于揭短敢于监督,又善于换位思考,乐于助人,注重方法,把握尺度,同心同向同力地推动环境保护和污染治理问题的有效可持续解决,促进了各利益相关方特别是政府和公众之间的理性交流、良性互动。2019年6月,"绿色浙江"获评北京大学政府管理学院颁发的中国城市治理创新优胜奖,是该次评奖中唯一获奖的社会组织。

一 案例背景

2005年浙江人均生产总值达到3400美元,成为全国首个突破"3000美元门槛"的省份。在跨过现代化初级阶段门槛后,广大人民群众对生态环境质量的要求逐步提升。浙江经济主要是依靠农村工业化和民营经济起飞,前期带有明显的"低小散"的粗放型工业化特征,导致环境污染的普

---

[*] 蓝蔚青,浙江省人民政府咨询委员会特邀委员,杭州市决策咨询委员会委员,浙江大学社会科学研究院兼职研究员,浙江省社会科学院高端智库特聘专家,浙江省社科重点研究基地"城市治理研究中心"首席专家,浙江省公共政策研究院资深研究员。

遍化。经济高速增长与环境容量承载力有限的矛盾在全国先行凸显。

面对"成长的烦恼",2003年7月,时任浙江省委书记的习近平同志在浙江省委十一届四次全会上,代表省委在总结浙江多年来发展经验的基础上,全面系统地概括了浙江发展的八个优势,提出了指向未来的八项举措,形成了"八八战略",开始了全面贯彻落实科学发展观的先行探索。其中第五项就是"进一步发挥浙江的生态优势,创建生态省,打造'绿色浙江'"①,为实现经济发展与环境保护双赢指明了路径和方法。2003年8月8日,习近平同志总结了对金山银山和绿水青山"两山"关系的认识过程,阐述了"两山"的辩证关系。2005年8月15日,习近平同志在安吉县余村考察时,明确提出了"绿水青山就是金山银山"的科学论断。基于对"两山"关系的科学认识,明确指出:"再走'高投入、高消耗、高污染'的粗放经营老路,国家政策不允许,资源环境不允许,人民群众也不答应。"②"不重视生态的政府是不清醒的政府,不重视生态的领导是不称职的领导,不重视生态的企业是没有希望的企业,不重视生态的公民不能算是具备现代文明意识的公民。"③"破坏生态环境就是破坏生产力,保护生态环境就是保护生产力,改善生态环境就是发展生产力,经济增长是政绩,保护环境也是政绩。"④

根据"两山"理念,浙江把生态建设作为一项系统工程,一手抓减排治污,一手抓环境美化,更着眼于制度建设;同时着力增强公众生态意识,熔铸社会共识。浙江制订了全国第一份生态省建设规划纲要,实施生态工业与清洁生产、生态农业与新农村环境建设、生态公益林建设、万里清水河道建设、生态环境治理、生态城镇建设、下山脱贫与帮扶致富、碧海建设、生态文化建设、科教支持与管理决策"十大重点工程",努力建设以循环经济为核心的生态经济体系、可持续利用的自然资源保障体系、山川秀美的生态环境体系、人与自然和谐的人口生态体系、科学高效的能

---

① 习近平:《干在实处　走在前列——推进浙江新发展的思考与实践》,中共中央党校出版社,2016,第3页。
② 习近平:《干在实处　走在前列——推进浙江新发展的思考与实践》,中共中央党校出版社,2016,第23页。
③ 习近平:《干在实处　走在前列——推进浙江新发展的思考与实践》,中共中央党校出版社,2016,第186页。
④ 习近平:《干在实处　走在前列——推进浙江新发展的思考与实践》,中共中央党校出版社,2016,第186页。

力支持保障体系，并将生态省建设任务纳入各级政府行政首长工作目标责任制，对生态建设和环境保护"一类目标"完成情况实行"一票否决制"。2010年6月，浙江省委召开十二届七次全会，根据党的十七大关于生态文明建设的战略要求，总结生态省建设经验，率先在全国作出《关于推进生态文明建设的决定》，明确提出推进生态文明建设的总体要求、主要目标、重点任务和重要举措，成为指导浙江生态文明建设的纲领性文件。

浙江率先制定并实施水权交易制度、排污权有偿使用制度、边界水质监测制度和生态补偿制度。在"千村示范、万村整治""四边三化"（即在全省对公路边、铁路边、河边、山边实施洁化、绿化、美化）的基础上，全面建设美丽乡村并起草了国家标准。十三届省委进一步作出建设"两美浙江"（"建设美丽浙江 创造美好生活"）决策，通过"三改一拆"（即强力推进改造旧住宅区、旧厂区、城中村和拆除违法建筑工作）"五水共治"（即全面开展治污水、防洪水、排涝水、保供水、抓节水），既腾出了空间，又美化了环境、保障了安全。环境保护和治理逐渐从"要我做"变为"我要做"再到"要求做"，"决不把脏乱差、污泥浊水、违章建筑带入全面小康"成为广大干部群众的共同誓言，并且创造了五级"河长制"［从河流到河段，都有省、市、县、乡（镇）四级党政干部和村党组织、村委会成员担任河长，落实分管责任］等影响全国的治水经验。环境保护问责、自然资产审计等新制度也在浙江不断探索落地，正在形成源头控制制度、过程管控制度、末端追责制度相结合的全程生态文明制度体系，有力推动产业生态化、消费绿色化、资源节约化和生态经济化。通过"浙江生态日"、监督"可游泳的河"、"民间河长"等活动，不断增强公众环保意识，扩大公众参与，形成全社会共建生态文明的合力。民间组织"绿色浙江"助推多利益相关方参与环境治理，就是在这样的大背景下发展起来的。

环境治理需要全民参与。但由于环境污染涉及广大人民群众的切身利益，环境治理又直接关系到企业生存发展和地方经济发展，利益相关方之间容易产生直接的利益冲突，甚至因情绪化处理而引发群体性事件，环境污染一度成为群体性事件发生的第一位原因。而一些党政领导干部怕影响地方经济发展，对环境保护与治理的公众参与和舆论监督往往持消极态度。因此，民间组织参与环境治理难度较大。"绿色浙江"发挥民间组织优势，与主流媒体密切配合，通过良性互动取得党政机关的高度信任和大力支持，积极联系和推动多个利益相关方参与环境治理，实现共治共享，为浙江的环境治理走在全国前列做出突出贡献，解决了民间环保组织参与环境治理的难题，对中国行政生态环境下民间环保组织成长发展和发挥社会作用进行了富有成效的探索，成为全国首批 5A 级民间环保社团。2016 年 12 月 16 日，《人民日报》用半个版的篇幅报道"绿色浙江"的多元共治模式。

二 "绿色浙江"的诞生和发展过程

"绿色浙江"是一个扎根浙江、放眼全球的专业从事环境服务的公益性、集团性社会组织，由第七届"地球奖"、第六届中国青年丰田环保奖获得者，浙江省慈善楷模、现任浙江大学创新创业学院专职副院长、浙江大学学工部副部长阮俊华，和他的学生，中国青年五四奖章、首届中国生态文明奖获得者忻皓于 2000 年 6 月创建，主要致力于环境污染监督、生态社区营造、可持续发展教育三大议题，是浙江省最早建立、规模最大，也是中国大陆首家获得社会组织评估 5A 级的环保社团，是目前在中国最具影响力的环保社团之一。"绿色浙江"旗下拥有浙江省绿色科技文化促进会、杭州市生态文化协会两家社会团体，以及杭州市下城区春晖慈善商店、杭州市下城区绿士多环保公益服务中心、杭州市余杭区绿浙城乡社区服务中心三家民办非企业单位，控股杭州绿浙教育咨询有限公司、安吉绿浙家庭农场。

2000 年，浙江大学学生忻皓、黄金海发起"千年环保世纪行"活动，骑车环行浙江，他们看到污染问题的严重性，开始从校园走向社会，筹建"绿色浙江"。2001 年 12 月，"绿色浙江"注册为浙江省青年志愿者协会绿色环保志愿者分会，业务主管单位为共青团浙江省委，为全国首创的志愿者协会环保专业分会。2002 年推动建立"绿色浙江"大学生联盟，从最初 8 所到迄今浙江 65 所高校环保社团参加。2002 年 7 月，"绿色浙江"发起全国"保护母亲河行动"优秀项目——浙江省青少年绿色营，组织营员通过走访浙江八大水系母亲河，采集、汇总母亲河水，举行一年一度的"母亲河典礼"，开展以保护浙江母亲河——钱塘江为核心的水保护工作，建立钱塘江护水者项目，2010 年 12 月，"绿色浙江"成为全球护水者联盟（Waterkeeper Alliance）的成员机构。

2010年1月，"绿色浙江"团队注册为公益性法人社会组织杭州市生态文化协会，业务主管单位为杭州市环境保护局（2020年1月变更为杭州市科学技术协会主管），从此开始第二次创业，活动空间逐步拓展，社会影响不断扩大。2013年5月，注册为浙江省绿色科技文化促进会，中文简称"绿色浙江"，英文名称 Green Zhejiang，业务主管单位为浙江省科学技术协会。2015年8月，由"绿色浙江"实际运行的杭州绿浙环境服务有限公司成立，推动"绿色浙江"开始第三次创业，向可持续发展目标前行。"绿色浙江"还是创始人阮俊华建立的彩虹人生教育平台的核心机构，全球环境基金 NGO 伙伴，中国环境保护倡导行动网络、中国江河观察行动共同发起单位，中国绿色选择联盟、中国民间气候变化行动网络（CCAN）、中国壹基金 USDO 自律吧、主旋绿城市生态社区建设网络平台的正式成员机构。

"绿色浙江"的全部项目纯属公益性。其自身的可持续发展一是靠政府和基金会购买服务，由"绿色浙江"的各个主体提供环境多元共治的运营服务。"绿色浙江"具备丰富的策划经验、媒体资源和国际渠道，每年能够获得几百万元的会务活动业务。2016年"绿色浙江"获批联合国会务供应商，承接联合国开发计划署小额资助基金年会、联合国可持续发展教育亚太年会等环境与可持续发展议题国际会议12次，承办中国环保联合会省市相关部门活动150余次。二是承接政府、企业、媒体的招投标委托服务。"绿色浙江"已与可口可乐公司合作15年，与阿里巴巴公益基金会、华润万家、农夫山泉合作10年，并成为有些国际国内品牌首选的环境公益行动合作方。三是具备跨界、国际化的资源设计和探究式学习活动组织能力，紧密围绕可持续发展目标，打造研学课程体系，建立研学活动基地，为个人和学校提供客户付费服务。"绿色浙江"以守护江河、垃圾分类、红色之旅为主题，开发国内外30多条可持续发展教育路线，仅2019年暑期就组织未来使者可持续发展教育研学团37个，参与者2300余人，收入470多万元。利用乡村老旧屋舍改造建成四大可持续发展教育基地，仅2018年四大基地就接访人员4000多人，营业额达170万元。2018年"绿色浙江"项目收入达1072.33万元，其中可持续发展教育收入占42%，会务活动收入占39%，环境治理购买服务收入占19%。自我造血能力的提升，大幅减少了对捐赠的依赖程度。2018年9月，"绿色浙江"注册的创新型社会企业杭州绿浙教育咨询有限公司被中国慈展会等发起的全国最有影响力的社会企业论证平台认定为"中国好社企"。

在国际上,"绿色浙江"多次参加联合国气候变化大会等会议,讲好中国故事,传播中国立场,获得联合国环境规划署生态和平领导项目生态城市最佳项目奖(2012)、全球环境基金小额资助基金优秀项目奖、全球20大护水英雄(2019)。2012年5月,忻皓作为中国民间组织代表,受聘担任了水资源管理国际标准制定委员会委员,参与国际标准制订。在全国获中国生态文明奖、全国优秀环保公益项目(2014)、全国母亲河奖、美丽中国百名志愿者,还获得长三角城市治理最佳案例奖,获评浙江省十大杰出志愿服务集体(2012),浙江省优秀志愿服务项目(2013),公益中国奖(2012),中国水坏保年度公益人物奖(2011、2013),第二、三届中国公益慈善项目大赛创意类金奖(2013、2014),第七届"墨子绿色与和平奖","芯世界"公益创新奖技术应用奖(2012),中国企业绿色发展论坛年度清馨最佳环保公益案例奖(2013),福特汽车环保奖自然先锋奖二等奖(2014)等地区和社会奖项,登上浙江环保民间力量先锋榜(2014)。2016年,杭州发布《社会组织发展蓝皮书》,"绿色浙江"在1.6万家社会组织中影响力排名第一。"绿色浙江联合"创始人忻皓被评为杭州市十大杰出青年(2013),获浙江青年五四奖章(2014)和中国青年五四奖章(2015)。2019年5月4日,忻皓应邀参加中央召开的纪念五四运动100周年大会。

三 "绿色浙江"助推社会各界共同参与环境治理的主要做法

1. 与主流媒体长期合作默契配合

2013年2月,温州商人金增敏因家乡河流污染严重,悬赏20万元邀请环保局局长下河游泳,引起悬赏游泳热潮,成为当年"两会"的热议话题。原已有合作关系的"绿色浙江"和浙江卫视从当年4月起,共同策划环保电视节目,通过浙江卫视新闻联播发起"寻找可游泳的河"大型新闻行动,总共播出136期系列报道,引起广泛关注和强烈反响,帮助领导找到了浙江转型发展和生态文明建设的重要突破口。"绿色浙江"发挥民间环保社团有群众基础和广泛社会联系,更了解实际需求,便于沟通各相关方的优势,不仅为电视台曝光问题提供大量线索,并主动促进有关部门和单位及时解决环境污染问题。"寻找可游泳的河"大型新闻行动找准人民群众和高层领导共同关注的重大问题顺势而为,广泛采访,大胆揭短,推动建立中国首个卫视平台电视问政节目"问水面对面"。当年12月,作为"寻找可游泳的河"年度收尾,"绿色浙江"又联合浙江省人大环资委和浙江卫视,对浙江五地领导面对面进行治水问政。强大的新闻舆论有力地推动了浙江的环境治理实现重大突破。浙江卫视因这一行动荣立省政府一等功,并获中国新闻一等奖,很多兄弟地区来浙江卫视学习。"绿色浙江"也因此荣获当年"浙江卫视重大节目协作奖"。更重要的是,媒体对环境污染和治理的监督从此常态化,发展为每天在浙江新闻联播后转播中央电视台新闻联播前定时播出、各级领导必看的"今日聚焦"电视栏目,"绿色浙江"为其提供报料120多件。

2. 推动和帮助政府部门发动公众参与环保

为助力解决环保督查人员不足的问题,建立健全公众参与环境治理的长效机制,"绿色浙江"配合相关政府部门,建立公民参与网格化环境监督的专业队伍和第三方实验室,设立地方公益服务站21个,以定期的环境健康测评、不定期的环境污染报告为主要内容,以互联网平台收集信息、新闻媒体传播与反馈信息为主要手段,推动浙江全省的环境污染信息公开、环境污染案件快速处理,共同守护绿水青山。"绿色浙江"建立的微信公众号已名列中国环保 NGO 十大公号,提供持续有效参与环境保护和治理的组织和平台,及时发现问题并向环保执法部门反映,群里的领导干部主动转发,做到24小时内解决问题。"绿色浙江"联合浙江卫视策划并主动联系各级环保部门,坚持6年参与杭州市体育局组织的"横渡钱塘江,畅游母亲河"活动,省人大常务副主任、省环保厅厅长和一批环保局局长带头参加游泳,向公众表达了浙江全面治水护水的决心。从2011年起,"绿色浙江"联合浙江省钱塘江管理局等政府部门以及企业、学校等,组织志愿者在钱塘江堤绘制以保护母亲河为主题的海塘彩绘10.7公里,成为世界上最长的彩绘作品。联合杭州市城管委河道监管中心发起了河道水质改善创意大赛,发动公众参与河道调查、设计及管护等工作,收集民间金点子,向社会招募护水队,推动参与式治水。"绿色浙江"以"钱塘江护水者"为品牌的十余年环境监督工作,获得了各界的高度关注和支持。2012年10月,浙江卫视"浙江新闻联播"分三篇播出了以"创造两富新业绩,迎接党的十八大"为主题的"钱塘江护水者"专题报道。2013年5

月，浙江省委书记夏宝龙接见了钱塘江护水者团队代表，省委副书记王辉忠为钱塘江护水者颁奖。"绿色浙江"还通过与政府部门、剧院、电视台综艺节目等共同组织排演环保主题剧目和大型文体活动植入环保内容，增强公众的环保意识。

3. 有组织地为环保监督提供骨干力量

2006年，"绿色浙江"受公众与环境研究中心委托，担任"中国水污染地图"技术开发工作，建设公众协作互动的环境信息平台。2010年，钱塘江水地图一期问世。2011年，基于Ushahidi系统平台的二期地图开发完成，从而可以让市民通过网站或用手机进行污染实时举报和获取预警信息。2013年，钱塘江水地图改名为环境观察，综合汇集各类环境信息。该平台通过公众实时的网络和移动通信维护数据，全面推动了环境信息公开，丰富了市民举报污染途径，帮助执法机构举证和便捷、准确地找寻污染源并查处。通过环境观察平台，一方面联合各地城管、环保、共青团等部门聘请环境观察员，形成志愿者监督团队，由"绿色浙江"组织培训，给他们配备环境测评专业工具，组织定期巡护，使之成为公民参与环境监督的专业队伍，目前"绿色浙江"志愿者已达1.1万人。另一方面与浙江省环境执法稽查总队和地方环保执法部门合作，对公众所举报的污染源通过"绿色浙江"设立的第三方环境观察实验室进行核实后，把污染信息报告环保部门进行查处，推动生态修复。从2011年至今，协会组织巡护河道10万余公里，推动解决污染案件670多件，有效推动率达到95%。推动杭州30多家律师事务所建立环境公益诉讼交流群，"绿色浙江"提起浙江首例环境公益诉讼，被告海宁市富邦集团赔偿3000万元生态修复资金。在"五水共治"行动中，"绿色浙江"推动并联合杭州市城管委河道监管中心，推荐和招聘一批环保志愿者担任民间河长，由"绿色浙江"秘书长忻皓继受聘担任浙江省环境保护厅政风行风监督员、杭州市环保系统行风（效能）建设监督员后，又担任民间总河长，主持民间河长项目的运营，从杭州市首批56位民间河长发展到1200多人，和浙江省环境监测学会等合作设立民间河长观察点。在浙江省环保厅、杭州市"河长制"办公室指导下，开展"小河长"青少年护水计划，推动青少年积极参与家门口治水，从小培养环保理念。通过行动、传播、研究、创想四大模块，把科学、美术、体育、音乐等不同学科老师发动起来，形成五星进阶的小河长体系，39所学校的1.4万名学生成为小河长，杭州市学军小学小河长项目获中国青少年科技创新大赛实践类金奖。

4. 深入基层推动生态社区建设

杭州市生态文化协会在万通公益基金会的支持下，在杭州市上城区西牌楼社区探索建立生态社区的示范样板。结合社区实际情况，协会组建社区志愿者团队并进行能力培训，建立社区居民、社区居委会、专家、企业、社会组织等各利益相关方的合作机制来推动生态社区的建设。硬件上建设了太阳能利用、社区雨水收集、餐厨垃圾变肥料、落叶堆肥等设施。社区在协会的指导下建立了环保服务队，开展了涵盖废物利用、旧物置换、家庭种植等内容的环保活动。在西牌楼社区经验的基础上，形成生态知识传播、生态技术植入、参与式社区治理"三横"和能源、水资源、绿化和种植、废弃物"四纵"的生态社区模式。2013年，协会受中央财政支持社会组织参与社会服务项目和万通公益基金会资助，在杭州市下城区文晖街道现代城社区开展生态社区项目。2014年6月，该项目获得由联合国开发计划署、中华环境保护基金会联合颁发的"全国优秀环保公益项目"称号。2014年10月，该项目获得全球环境基金小额赠款项目支持。"绿色浙江"把生活废弃物回收利用作为实施生态社区项目的重点。整合"绿足迹"企业家资源，形成"智慧绿房"成套解决方案，集成了可回收垃圾智能回收系统，让市民通过垃圾回收行为获取碳币用于社区停车及超市消费；同时用太阳能发酵天然有机垃圾处理系统把厨余垃圾就地处理成有机肥料。2013年9月，该项目获得第二届中国公益慈善项目大赛创意类金奖。"绿色浙江"又牵头"衣物重生"项目，推动废旧衣物及其再生产品捐赠，获中央财政支持，社会组织发展项目正式立项。截止到2014年底，在杭州市共投放近500个大熊猫回收桶，当年该项目获得第三届中国公益慈善项目大赛创意类金奖。"绿色浙江"可再生资源循环再造项目"绿士多"倡导绿色浙江循环日、组织优优资源循环俱乐部、建设绿士多资源循环商店，以环保手工达人活动、青少年自然教育、残障人员就业、服刑人员改造为主要参与方式，回收可再生资源，改造、推广再生产品，以推动垃圾减量循环再生，营造全民参与环保的平台。春晖慈善商店是由"绿色浙江"全资注册，在下城区文晖街道办事处支持下创建的筹集公益项目经费的社会企业，它销售企业捐赠或成本价提供的产品、公益组织自行生产的公益产品、公众提供的旧物或闲置物品，以获得资金支持公益项目可持续开展。"绿色浙江"和下城区长庆街道办事处合作创建的绿浙公益便民超市，是"绿色浙江"的第二家公益商店。

5. 运用社团党建提供的组织资源推动利益相关方参与

"绿色浙江"在2012年建立了全国第一个环保民间团体党支部，党团工妇组织健全。为响应浙江省委省政府发动的"五水共治"行动，推动公众积极参与江河治理工作，"绿色浙江"及其所在的下城区文晖街道彩虹人生党支部，以第二批党的群众路线教育实践活动为契机，联合会员中的治水专家共同发起，在全省11个设区市推出"吾水共治"圆桌会，由各地党委组织部门出面请有关部门领导参加，以"家园之水是吾水，五水共治是吾责"为主题，围绕环境保护开展民主生活，政府、社区、社会组织、专业工作者跨界对话、共同商讨，因地制宜地提出具体解决方案，形成了社会组织动员协调相关各方共同治理水污染的新模式。"吾水共治"圆桌会还深入基层，发动党员带头的公众参与式治水。如在奉化市方门村，"绿色浙江"邀请相关部门与养殖户共同协商，使方门江水从劣Ⅴ类跃升到Ⅲ类；"绿色浙江"推动入驻东阳市卢三石材市场的88家石材加工企业全面整改，园外47家企业被关停，30天就让"牛奶河"卢三小溪恢复清澈；"绿色浙江"推动杭州市余杭区和湖州市安吉县签署《余杭安吉互通水域联保联动工作机制》，解决了长期存在的跨境污水问题，使双溪变清。

四 "绿色浙江"助推社会各界共同参与环境治理的主要成果

1. 直接助推浙江省委作出和实施"五水共治"重大决策

2013年2月，温州民营企业家悬赏邀请环保局局长下河游泳被媒体报道后，引起省委省政府高度重视。当年"两会"期间，浙江省多位市长热议河道治理。时任浙江省省长李强强调，衡量环境有没有改善，不能仅仅停留在统计数据上，更重要的是老百姓的感受怎么样。习近平总书记也在全国"两会"期间参加代表团讨论时明确表示对此事的关注，说："现在网民检验湖泊水质的标准，是市长敢不敢跳下去游泳。"[①] 时任省委书记、

---

① 《习近平：网民检验水质的标准是市长敢不敢去游泳》中国台湾网，http://www.taiwan.cn/xwzx/PoliticsNews/201303/t20130314_3902150.htm，最后访问日期：2020年12月2日。

省人大常委会主任夏宝龙后来多次在会上讲，省委的"五水共治"决策与这个报道有关。他还专门就此给全省市县委书记写信，多次对曝光环境问题的电视报道作出批示，要求各地高度重视群众反映强烈的环境保护问题，必须举一反三，立即整改，务求实效。"寻找可游泳的河"大型新闻行动直接推动省委省政府头号工程"五水共治"出台。2017年底，浙江省在环保部"水污染防治行动计划"考核结果中位列全国第一。2018年，浙江全省221个省控断面中，Ⅰ至Ⅲ类水质断面占84.6%，满足功能要求断面占89.6%，治水公众满意度为83.26%，公众支持度连续五年超96%，全省生态环境质量公众满意度得分连续7年持续提升。

2. 民间环保社团成为政府抓环境保护和治理的重要依靠力量

政府部门认为"绿色浙江"联系面广、触角多，能帮助政府沟通各方维系关系，广泛收集信息，富有朝气活力，点子多、思路清，创新能力和执行力强，而且帮忙不添乱，曝光问题是为了解决问题，工作人员训练有素，组织性纪律性强。因而聘请"绿色浙江"的成员担任环保督查员，推荐他们参加环保部的培训和各种环保座谈，支持他们开展环保活动。省治水办在向各市治水办发文征求意见时还会抄送"绿色浙江"，足见其对民间环保社团的重视。2016年6月13日，时任浙江省委书记夏宝龙、省长袁家军视察"绿色浙江"可持续发展教育基地，肯定"绿色浙江"坚持十余年发动社会力量参与环境保护的贡献。2018年9月，浙江省"千村示范、万村整治"工程获得联合国地球卫士奖，习近平总书记为此作出重要批示。"绿色浙江"秘书长忻皓与原国家环保总局局长解振华一起被浙江省政府邀请为两位推荐人，忻皓参与了申报的材料准备、领奖发言准备和行前辅导。

3. 促进政府和民间建立良性互动关系

"绿色浙江"通过广泛发动群众参与环境保护治理，实现共治共享，不仅使社情民意得到有效表达，一批治水热点难点问题得到成功解决，而且使保护生态环境的理念日益深入人心，政府和企业对环境污染从"护短"转为积极解决问题，人民群众对生态环境的满意度明显提高，增进了政府与公众的互信及合作。以"治水"契机，在政府与公众间搭建理性交流平台，助推建立多方参与治理的机制，汇聚相关政府部门、问题责任方、市民代表和专业工作者跨界对话、共同商讨，因地制宜提出具体解决方案，促使相关制度和工作机制的建立和完善，营造共治氛围，促进"有事商量着办"成为政府和公众在民生领域沟通协商的常态。民间环保组织作为环境问题调查者、圆桌会议组织者、多元主体联系者、处理结果监督者,发挥多种作用。"绿色浙江"迄今已组织环境治理圆桌会100多场,参与政府民主协商活动67次。"绿色浙江"还建立代表委员联盟,联系各级人大代表、政协委员330多人,将相关信息及时通过人大代表、政协委员提交"两会",已提出全国和省市两会提案37件,被政府部门采纳建议100多条。

4. 促进了民间环保社团健康成长

"绿色浙江"依托浙江大学建立和发展,创立之初由时任浙江大学党委书记张浚生任顾问,同时整合社会资源,建立由26位专家组成的跨学科专家委员会,聘请21位社会知名人物担任公益大使,由浙江大学和"绿色浙江"大学生联盟输送运营管理团队的全职和兼职人员。"绿色浙江"体现了自身价值,在助推多方参与中大大提升了自身整合社会资源的能力、美誉度和影响力,也获得了更多工作平台。同时通过"两新"组织党建,在上级党组织的帮助下,解决人才政策的落实问题,办事效率明显提高,组织迅速成长。

五 "绿色浙江"助推社会各界共同参与环境治理的主要经验

1. 生态文明需要全民共建共享

在现代社会,生态与环境已成为人们生活质量和生命质量的第一要素,保护生态环境成为每个地球人的第一责任。保护生态环境的治本之策是建设生态文明,即改变全民的观念和生活方式,形成节能减排、保护环境的行为准则和生活习惯。这些都是日常小事,举手之劳,但要形成习惯,成为全民的自觉行动还需要很长时间。为此要增强全民的节约意识、环保意识、生态意识,牢固树立生态文明建设人人有责的观念,形成合理消费的社会风尚,营造爱护生态环境的良好风气。动员全社会共同努力建设生态文明必须依靠制度。

要建立家庭、学校、社会多层面、全方位的生态文明教育体系,疏通生态文明教育渠道,创新生态文明教育方式,坚决摒弃空喊抽象口号的"党八股"习气,多用当下群众喜闻乐见的微信、短信、微博、动漫、公益广告特别是参与体验等形式，言简意赅地、形象地、直观地宣传节能减排、保护环境的重要性和切实可行的要求，促进符合生态文明要求的道德观、价值观和行为习惯的形成。"绿色浙江"没有财政预算拨款，全部经费来自政府和社会各方购买服务。这就决定了它的一切宣传和组织活动必须取得良好的绩效，摒弃一切形式主义。"绿色浙江"开发可持续发展教育线路，建设可持续发展教育基地，打造研学课程体系，以其内容吸引家长和学校愿意付费参加；在各种群众性的文体活动中植入环保内容，让参与者潜移默化地增强环保意识。这些都是提高生态文明教育有效性的有益探索。

同时，要建立人民群众参与生态文明建设的有效机制，保护和扩大公民的生态环境权益，充分调动社会各界参与生态文明建设的积极性，使人民群众成为推动生态文明建设的主力军。要强化社会监督机制，公开环境质量、环境管理、企业环境行为等信息，维护公民的生态环境知情权、参与权和监督权，对涉及公众环境权益的发展规划和建设项目，要通过听证会、论证会或社会公示等形式，听取公众意见，接受舆论监督。做到建设绿色中国人人有责，人人关心，人人共享。"绿色浙江"在这些方面作了许多创新探索，其主要贡献和经验就在于机制建设。

2. 民间环保组织是人民群众积极有序参与生态文明建设的重要平台

随着人民群众日益意识到生态环境关系到自己的切身利益，特别是最宝贵的生命和健康，对生态环境保护和治理的参与意识必然不断增强，参与行动日益频繁。但若没有畅通的积极有序参与的渠道，任其以自发无序的方式，通过社交媒体和群体性事件发泄对环境污染的不满，用向政府施压的方式来维护自身的生态环境权益，就容易影响社会稳定，导致环保问题政治化。要引导公众积极有序地参与生态文明建设，就需要在党委的领导下和政府的管理下，为民间环保组织的发展提供平台和空间，建立健全规范和引导机制，鼓励民间环保组织合法、理性、积极、深入地参与生态文明建设，承担集聚人才、建言献策、技术服务、宣传教育、有序参与、民主监督、评估考核、自查自纠等任务，成为生态文明建设的重要力量。这正是"绿色浙江"成长和发挥显著作用的社会环境。

"绿色浙江"自身也很好地发挥了民间环保组织的主动性、积极性、创造性，着力助推建立有效的公民参与机制，致力搭建便于公众广泛参与环境保护治理的平台。通过网上互动的环境信息平台和微信公众号，助推全省环境污染信息公开，丰富市民举报途径，促使环境污染案件快速处理。同时注意培育和发挥民间环保组织的专业优势，积极组建参与环境监督的环保志愿者队伍，对他们进行培训，为他们配备专业工具，并提供实验室支撑，组织他们持续开展环境测评和监督，并注意发挥高校环保社团的骨干作用，培养青少年志愿者，使环保事业后继有人。他们不仅运用自己积累的策划经验和多方资源，为政府和企业提供环境保护治理的运营服务，而且主动与政府监管部门联手吸收民间建议。

3. 民间环保组织必须适应社会环境融入治理体系

建设生态文明是中华民族永续发展的千年大计，节约资源和保护环境已成为基本国策，污染防治是当前的三大攻坚战之一。民间环保组织必须认清这个根本趋势，找准定位，把自身的运作纳入党委领导、政府负责、社会协同、公众参与、法治保障的社会治理体制，纳入政府为主导、企业为主体、社会组织和公众共同参与的环境治理体系，自觉服务大局，主动争取和依靠党委和政府的支持，同时努力发挥自身优势，搭建关联各方、各展所长、资源共享、合作互利的平台，充分利用和整合社会资源，提供有专业水平、富有创意的服务，既勇于揭短敢于监督，又善于换位思考，乐于助人，注重方法，把握尺度，同心同向同力地推动环境保护治理问题的有效可持续解决。

"绿色浙江"不仅联合主流媒体为浙江省委的"五水共治"重大决策做出了显著的贡献，而且发挥富有朝气活力、拥有专家资源和名人效应、点子多思路清、创新能力和执行力强、国内外联系面广、工作人员训练有素、组织性纪律性强等优势，以社会团体、社会企业和多个网络正式成员机构的多重合法身份积极开展形式多样的活动，帮助政府相关部门沟通各方，广泛收集信息，搭建理性对话平台，商讨解决方案，助推建立多方参与保护治理的机制，提供决策建议、专业服务和督查骨干，推进环境公益诉讼。"绿色浙江"还建立了联系人大代表、政协委员的工作机制，将环保信息和建议通过人大代表、政协委员提交"两会"，形成提案和建议，将民情民意和民间智慧输入国家的立法机制和民主协商机制。与主流媒体长期合作默契配合，协助媒体广泛联系社会各界，进行沟通协商、舆论造势，助推媒体对生态文明建设的宣传教育和环境污染及治理的监督常态化。"绿色浙江"不仅重视参与和组织层次高、影响大的大型活动，而且注重深耕基层，扎实推动生态社区建设，夯实环境保护治理特别是生活废弃物回收利用的群众基础。通过推动社会主体之间围绕生态文明建设展开合作，形成伙伴关系，以权力为中心转向以问题为中心配置资源，在参与、共享、互动中构筑新型共同体，同时提升自身整合社会资源的能力、美誉度和影响力，也获得了更多的工作平台。

4. 民间环保组织要有世界视野和国际参与能力

生态环境的保护和治理是全球性的事业，也是全球性的话题。我国已经成为全球生态环境保护和治理的重要推动者，我国的民间环保组织也应该具有世界视野，不断提升自身的国际参与能力和国际话语权。"绿色浙江"多次参加联合国气候变化大会等国际会议，成为全球环境基金NGO伙伴、全球护水者联盟成员机构并获评全球20大护水英雄，获得联合国环境规划署和全球环境基金的奖项。其不仅有机会在国际场合讲好中国故事，传播中国立场，推荐中国的成功案例获联合国地球卫士奖，而且作为中国民间组织代表参与水资源管理国际标准的制定。通过国际交往的实践，"绿色浙江"积累了国际化的联系渠道、策划经验、资源调配能力和活动组织能力，获批联合国会务供应商，承接了十多次环境与可持续发展国际会议，成为有些国际品牌首选的环境公益行动合作方。不仅获得了可观的经费支持，更重要的是扩大了中国民间环保组织的国际影响和国际活动空间，向全世界传播了中国重视生态文明建设的良好国际形象和精彩纷呈的生态环境保护治理经验。"绿色浙江"在中国民间环保组织成长道路上的这一新跨越也值得高度重视。

六 该项目的不足和展望

"绿色浙江"的全部项目纯属公益性。2013～2018年支出比例中，业务本身占54%，支持机构其他公益性项目占20%，机构管理占26%。而基金会等资助方主要资助项目运营而非机构人员日常开支，"绿色浙江"治水业务板块的日常经费尚需其他业务板块支撑。从长期发展和推广来看，民间环保组织需要更多地通过政府购买服务来支持。如何平衡生存与发展、适应性成长与坚守价值，如何将组织领导风格与组织绩效有机互动并传承等，都将是"绿色浙江"走得更稳更远需要面对的挑战。

"绿色浙江"坚持20年多元共治，正在成为平衡、协调区域发展与环境保护的专家。未来十年将实施四大战略。一是结盟推广，借助科协系统、中国江河观察行动、联合国可持续发展教育专业区域中心网络、全国中小学生研学行业年会等平台，推动建立可持续发展教育行业联盟。二是角色升级，从关注企业排污行为提升到助力企业可持续发展升级，从关注环境污染提升到推动经济、环境、社会效益统一的可持续发展目标实现。三是标准推动，推动国际标准中多元多层次对话机制建立。四是国际场景，从泰国清迈基地推动澜沧江—湄公河流域国家的可持续发展合作开始，将多元共治模式应用于我国和"一带一路"沿线国家的可持续发展合作。

数字政府背景下的"多规合一"改革

——以浙江省开化县为例

毛俊松[*]

党的十八大以来,党中央对以转变政府职能为核心来深化行政体制改革提出了明确要求。为推进国家治理体系和治理能力现代化,我国政府持续深化行政审批制度改革,强调"放、管、服"三管齐下,着力提高政府效能,探索积极运用大数据、云计算、物联网等信息化手段,打破信息孤岛,推进"智能"监管。数字政府作为数字中国、网络强国、智慧社会三大国家战略纵深推进的战略支撑[①],伴随着大数据、云计算、物联网等技术的高速发展,在"放、管、服"改革中发挥着越来越重要的作用。

城市规划对城市的发展和治理具有引领作用。目前在我国城市公共部门中,公用数据信息平台的搭建和城市规划管理信息系统(UPMIS)、地理信息系统(GIS)、管理信息系统(MIS)、办公自动化(OA)技术已得到广泛推广和应用。[②] 信息的交换和传播正在驱动政府在城市规划、城市治理方面发生深刻转变。为破解传统的规划打架、指导性实用性不强等难题,2014年国家多部委联合颁布了《关于开展市县"多规合一"试点工作的通知》。浙江省开化县成为全国28个试点市县之一,在国家发展和改革

---

[*] 毛俊松,贵州遵义人,清华大学公共管理学院硕士研究生。本文研究中参考了开化县"多规合一"相关政策宣传素材,开化县委、县政府在2019年10月举行的"多规合一"与城市治理创新研讨会上的工作报告,根据速记录音整理的研讨会现场讲话稿《"中国城市治理创新奖"浙江省开化县"多规合一"改革申请表》以及评估报告。

① 刘淑春:《数字政府战略意蕴、技术构架与路径设计——基于浙江改革的实践与探索》,《中国行政管理》2018年第9期。

② 徐晓林:《"数字城市":城市政府管理的革命》,《中国行政管理》2001年第1期。

委员会指导下开展试点工作。此后，国家一些其他改革举措也对"多规合一"改革产生重要影响。比如，2016年，国家"十三五"规划也要求在主体功能区划的基础上，统筹各类空间规划，推进"多规合一";[①] 2018年《深化党和国家机构改革方案》决定组建自然资源部，"统一行使所有国土空间用途管制和生态保护修复职责，着力解决自然资源所有者不到位、空间规划重叠等问题"。

在这一背景下，考察开化县"多规合一"改革成就，厘清有关问题具有重要的理论与实践价值。开化县的"多规合一"改革，建成了全国第一个可以实现投资项目预审与并联审批一体化的空间规划信息管理平台，其规划成就和经验逐渐引起了全国重视。本文立足信息时代地方治理体系和政府组织架构的发展变化，以"多规合一"为切入点，对如何在"数字政府"背景下深化"放、管、服"改革加以初步探讨，力图揭示这一类改革究竟是如何发展以及在未来对地方治理体系、政府组织架构会产生怎样的影响。

一 数字政府背景下国家治理体系的演进分析

1. "数字政府"的出现和发展

"数字政府"的出现和发展与社会形态的演变密切相关。农业社会作为信息传递的低级形态，国家治理体现在国家通过政策对信息极强的单向控制能力；工业社会作为信息传递的中级形态，国家政策对信息的控制因为"精英治国"理念的延续所以仍然较强。信息社会作为信息传递的高级形态，信息技术的迅猛发展使得信息交换和信息传播快速取代传统物品交换和资本流动而成为新的社会驱动力量，由此也驱动了国家治理方式从农业社会时的单向控制、工业社会时的代议互动发展到信息社会时代的数字协商。[②]

当前的"数字政府"旨在通过数字治理的思维、方法、政策、资源、规则和技术手段来优化社会信息空间、营造良好信息环境、提升政务服务

---

① 崔许锋、王珍珍:《"多规合一"的历史演进与优化路径》,《中国名城》2018年第8期。
② 戴长征、鲍静:《数字政府治理——基于社会形态演变进程的考察》,《中国行政管理》2017年第9期。

水平，推动简政放权、政社互动，保障公民对治理过程的知情、参与和监督，从而进一步提升公众服务满意度。"数字政府"强调以社会公众为中心，以政务服务为载体，以提高效率、改善体验和促进公平为支撑手段，旨在实现政府的社会公共服务价值。"数字政府"建设有四大关键任务。[①]一是理念创新，强调以人民为中心的顾客导向，以数据赋能、互动便捷的信息化手段建设整体政府、服务政府、善治政府。二是职能创新，增创数字治理职能，包括构建信息社会技术、物质、制度基础，以网络化数据化智能化自动化逻辑开展治理，打造政社互动、多元协同的数据共享平台，营造超越时空、部门、层级、业务、技术边界的信息生态。三是体系创新，推动传统政府转型为以"小前端+大平台+富生态+共治理"[②]为目标模式、多部门社交化网络协调治理的一体化数字政府架构体系，以顾客要求倒逼政府不断整合部门功能、推行大部制，在"O2O"（Online to Offline 的缩写，指将线下的商务机会与互联网结合）条件下，一体化的大部制体系兼具"G2G"（Government to Government 的缩写，指行政机关到行政机关）和"G2S"[③]功能。四是流程与技术创新，加快政府流程上网、软件驱动、规则植入、算法优化进程，实现"线上办、一站办""掌上办、随时办""互动办、共同办"。

2. 国家治理体系的演进模型

传统公共行政中最重要的理论原则是马克斯·韦伯提出的官僚制。官僚制是一种权力依职能和职位进行分工和分层、以规则为管理主体的组织体系和管理方式，与工业化大生产相适应，其核心关怀是通过严格分工、依法行政提高效率。到了20世纪70年代中期，受能源危机的影响，针对官僚科层制结构僵化和其公共服务供给效率低下的弊端，西方国家开展了以分权化、市场化、私营化为特点的新公共管理运动。[④] 新公共管理引入竞争机制和运作标准，关注绩效指标，通过服务竞争者多样化提供高质量

[①] 何圣东、杨大鹏：《数字政府建设的内涵及路径——基于浙江"最多跑一次"改革的经验分析》，《浙江学刊》2018年第5期。

[②] 何圣东、杨大鹏：《数字政府建设的内涵及路径——基于浙江"最多跑一次"改革的经验分析》，《浙江学刊》2018年第5期。

[③] 徐晓林、明承瀚、陈涛：《数字政府环境下政务服务数据共享研究》，《行政论坛》2018年第1期。

[④] 胡佳：《迈向整体性治理：政府改革的整体性策略及在中国的适用性》，《南京社会科学》2010年第5期。

公共服务，但忽视了部门之间的合作与协调，存在制度结构碎片化的风险。为克服这一不足，整体性治理被提出来，强调着眼于政府内部机构和部门的整体性运作，依赖于信息技术的发展形成一种恰当的组织载体，实现从管理走向服务，从分散走向集中，从部分走向整体，从破碎走向整合。以"数字政府"为代表的政府信息技术推动了政府信息系统基础从纸质变为电子，政府信息结构从层级化变为扁平化，政府行政过程从手工化走向信息化，因此成为当代公共服务系统化和现代化变革的核心变量。①

从行政过程来看，"数字政府"代表了从手工化行政到信息化行政的行政革命，反映了治理目标从效率导向到绩效导向再到顾客导向的演变，折射到治理关系上则表现为命令服从—代议互动—多元协同的发展过程。行政过程的演变受到全社会技术发展和大规模运用的倒逼影响，首先促使治理理念由传统官僚制下效率导向朝新公共管理下的绩效导向转变，与之相对应的是政府、市场、社会等多元主体间的治理关系由命令服从向代议互动转变。随着行政过程信息化程度提高，治理理念进一步由绩效导向朝整体性治理视阈下的顾客导向转变。②受这一理念指导，治理体系内政府、市场、社会之间的关系向多元协同、权力分散的趋势演变。从信息过程来看，"数字政府"推动了政府内数据信息的收集、反馈和处理过程由碎片化向系统化转变，使得政务流程目标从分工统治向分站管理再向一站服务演变，倒逼政府内组织结构从部门分割走向部门协调，再走向部门整合。随着基础通信技术的发展，治理问题常常跨越传统部门边界，部门之间需要通过协调实现链条式、分站式的管理以提升绩效。"数字政府"的发展推动政府内信息更加系统化，可以实现柜台式、一站式服务，同时政府组织结构也可与之协调发展，向大部制转变。

无论是行政过程及其反映出的治理目标、治理关系演变，还是信息过程及其影响下的政务流程目标、政府组织结构发展，在治理实践中并不是离散的不同，而是渐变成一个谱系，即使相同信息过程条件下也会因为治理目标的差异而促使行政过程不同，进而折射出治理体系内不同的治理关系。图1将两个谱系绘制为一个二维坐标系，其中的点代表不同条件下的

---

① 竺乾威：《从新公共管理到整体性治理》，《中国行政管理》2008年第10期。
② 胡德平：《政府流程再造的理论探讨及其实践路径》，《四川行政学院学报》2006年第4期。

治理体系发展方位，两种谱系的相同层次之间并非严格对应，而只是以行政过程和信息过程作为表征的深层机理之间大致关系的示意，由此可以进一步考察不同社会形态的治理体系演进过程和其背后的改革动力。根据上文中对社会形态演进的综述，可以勾勒出一条理想状况下的社会形态演进趋势线，即图中从第三象限中的农业社会形态到原点附近的工业社会形态，再到第一象限中的信息社会形态，而社会形态背后的改革动力也呈现出从自上而下、由政策供给侧推动到自下而上、由政策需求侧推动的演进特点。

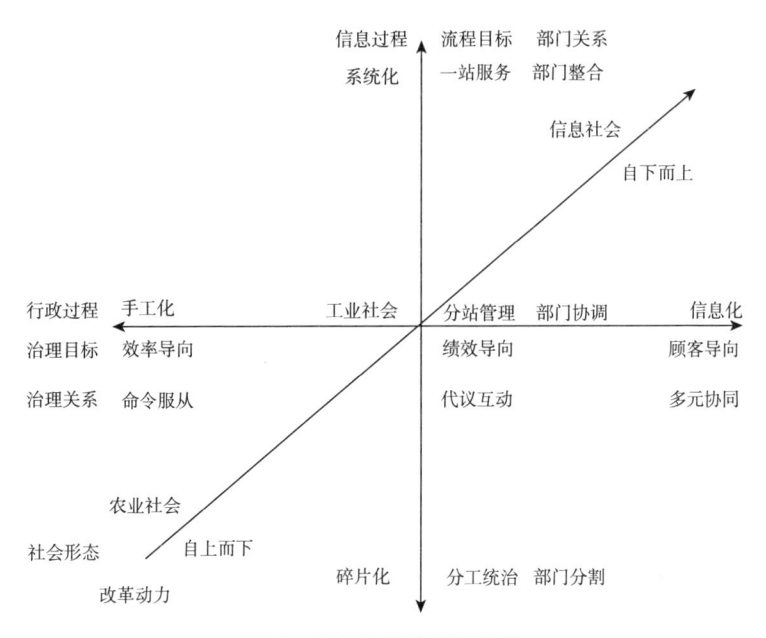

图1 治理体系的演进模型

从理论研究的视角来看，这条直线表征的是一种类似于经济学中供需均衡的理想趋势。当治理体系的发展方位处于第一、三象限时处于相对平衡状态，若实际发展方位在第二、第四象限，则横纵谱系之间的相应层次之间必然处于相互错配的状态。在历史经验和现实情况中，治理关系和部门关系受复杂的政治、经济和社会等因素影响，会导致治理体系方位本身偏离趋势线甚至处于第二、第四象限，治理体系现代化过程中的实际方位也围绕理想趋势线曲折变化。政府需要根据时间、空间、人等要素动态调整策略，因时因地因人制宜对治理体系和政府组织结构进行调整优化，才能使得治理体系方位朝着第一象限运动，达到信息社会形态下的最优状态。

3. "数字政府"背景下我国治理体系现代化策略

在信息社会形态下，"数字政府"作为我国治理体系和政府架构不断优化演进的重要战略，旨在推动政府流程再造，但面临观念障碍、体制障碍、技术障碍等问题。[①]

根据图1的演进模型，可以将具体策略拆解到横纵两个谱系上进行分析。

在横向的谱系中存在一组基本矛盾，即行政过程涉及利益主体的多元性和治理过程参与主体的单一性之间的矛盾，政府、市场和社会多元主体协同的治理体系是缓解二者矛盾的核心机制。行政过程涉及政府、市场和社会等多方主体利益，但在以往的效率导向和绩效导向下，治理体系内政府掌握绝对权威，市场和社会两大主体始终无法独立自主地在治理体系中发挥自身决策作用。因此要改革行政过程，政府必须转变关于治理理念和对治理体系的整体设计。首先，要实现治理目标朝顾客导向观念转变。现下政府中对"数字政府"建设多停留在技术更新阶段，并未认识到政务服务过程的优化将带动治理目标和治理关系的根本性、彻底性变革。此外，传统的"官本位"思想也导致以公众为中心的服务意识尚未真正确立。因此，要推动再造政府观念，建设学习型、服务型政府，强化学习责任、服务意识。其次，要加强多元主体协同、强化公权力监督。在"数字政府"建设中，传统的层级结构的科层制行政权力转变为准入账号、系统权限的网络社交化"身份"，信息也从单纯"金字塔"内部流动转变为全社会扁平化、网格化自由流动。于是，大数据治理方式有助于实现对政务服务全过程留痕监督，有助于充分动员民众近距离、全方位监督政府。但这反过来需要明确数字治理过程中各阶段的权责分配问题，避免在"数字政府"建设过程中因为技术壁垒出现新的信息壁垒和技术独裁。

在纵向谱系中存在另一组基本矛盾，即公共事务的综合性和政府职能

---

① 胡德平：《政府流程再造的理论探讨及其实践路径》，《四川行政学院学报》2006年第4期。

的碎片化之间的矛盾，整体型政府是缓解二者矛盾的核心机制。① 信息过程从碎片化到系统化的演变建立在政务流程再造和政府组织结构重组的基础上。首先要树立流程再造的目标。政府流程再造是要以公众需求为核心，形成政府组织内部决策、执行、监督的有机联系和互动，以适应政府部门外部环境的变化，谋求组织绩效的显著提高，使公共产品或服务更能取得社会公众的认可和满意。② "数字政府"背景下的政府流程再造要求结合信息社会形态，充分融入互联网、大数据技术，分析、诊断和持续优化现有服务流程，实现政府业务的网络化、数据化、智能化、自动化重塑。其次要推动部门整合、机构重组。当前我国政府体制仍处于转型期，传统的"金字塔型"科层制结构尚未彻底变革，条块分割、部门主义等问题仍然存在。哈贝马斯认为，技术是改变权力结构的重要杠杆之一。约翰·奈斯比特也曾预言，电脑将粉碎金字塔："我们过去创造等级制、金字塔式的管理制度，现在由电脑来记录，我们可以把机构改组成水平式"。③ "数字政府"建设将倒逼各级政府部门简政放权，以数据共享、服务协同来触发大部制改革，真正建立起"扁平化—适应型—整体型"政府。④

二 数字政府背景下的"多规合一"改革过程

1. 改革起点：顾客导向的治理目标和分站管理的流程目标之间相互错配

《中共中央国务院关于统一规划体系更好发挥国家发展规划战略导向作用的意见》中指出，以规划引领经济社会发展，是党治国理政的重要方式，是中国特色社会主义发展模式的重要体现，并强调规划要"坚持以人民为中心的发展思想"⑤，"坚持问政于民、问需于民、问计于民，广泛吸收群众参与，虚心听取群众意见"⑥。由此可见，我国规划体系在治理目标

---

① 陈国权、皇甫鑫：《在线协作、数据共享与整体性政府——基于浙江省"最多跑一次改革"的分析》，《国家行政学院学报》2018年第3期。

② 姜晓萍：《政府流程再造的基础理论与现实意义》，《中国行政管理》2006年第5期。

③ 〔美〕约翰·奈斯比特：《大趋势——改变我们生活的十个方面》，梅艳译，中国社会科学出版社，1984。

④ 付翠莲、申爱君：《理念·逻辑·路径：浙江"最多跑一次"改革的三重维度》，《行政科学论坛》2018年第1期。

⑤ 《习近平关于社会主义社会建设论述摘编》，中央文献出版社，2017，第15页。

⑥ 《十七大以来重要文献选编》中，中央文献出版社，2011，第635页。

上要求树立以人民为中心的导向，同时强调建设良好的市场、社会参与机制，形成多元主体协同的治理体系，但受限于缺乏有效的技术支撑使"多规"部门数据协同难以实现，实际规划编制和管理过程依旧需要投入大量人力资源进行链条式的分站管理。在模型中来看，在"多规冲突"的情况下，顾客导向的治理目标和分站管理的流程目标相互错配，使得地方治理体系的原始方位处于模型第四象限。

在地方政府的规划实践中，统筹城市规划、土地规划、环保规划和发展规划等"多规"的"一本规划"长期缺位。郑晓凤等人以海南省、厦门市、广州市、南海区等区域为案例进行对比分析，指出"多规合一"存在的主要问题有：缺少统领的战略引导、缺少全面的空间统筹、缺少健全的机制保障。[1] 各规划部门在规划编制过程中所使用的基础地理信息在规划目标、坐标系统、用地分类、基础数据等方面标准不一，使"多规"数据难以实现信息共享、互融互通，更常有冲突，难以衔接。长久以来我国规划体系中各类规划林立，相互之间缺乏协调，不同类型规划之间存在功能交叉重叠、内容缺乏统筹的问题，导致规划难以执行和实施，最终造成"规划、鬼话，墙上挂挂，纸上画画"的乱象。[2] 各类规划部门业务系统互不联动、效率低下，各规划部门在规划管理、项目审批数据上分站串联，多头审批、"政出多门"的问题加剧了各类规划在空间布局上的矛盾，更与"放管服"改革目标相去甚远。甚至就我国同类规划如空间规划来说，也面临种类众多、内容交叉重叠、审批流程繁琐、管理时效性差等问题。[3] 多规冲突状态及其发展见图2。

当治理体系的发展方位处于第四象限时，顾客导向的治理目标原本会将治理关系引向多元协同的状态，要求行政过程高度信息化。但此时政府自身信息过程较为碎片化，政务流程仍然只能基于条块分割的部门进行分工，强化了部门之间的相互独立性，部门协调和部门整合难以触发，各部

---

[1] 郑晓凤等：《"多规合一"发展历程和存在问题分析》，载《2019年城市发展与规划论文集》，中国城市科学研究会、郑州市人民政府、河南省自然资源厅、河南省住房和城乡建设厅，2019。

[2] 杨永恒、陈升：《现代治理视角下的发展规划：理论、实践和前瞻》，清华大学出版社，2019。

[3] 牛帅：《新时代国土空间规划体系发展探究》，载《2019年城市发展与规划论文集》，中国城市科学研究会、郑州市人民政府、河南省自然资源厅、河南省住房和城乡建设厅，2019。

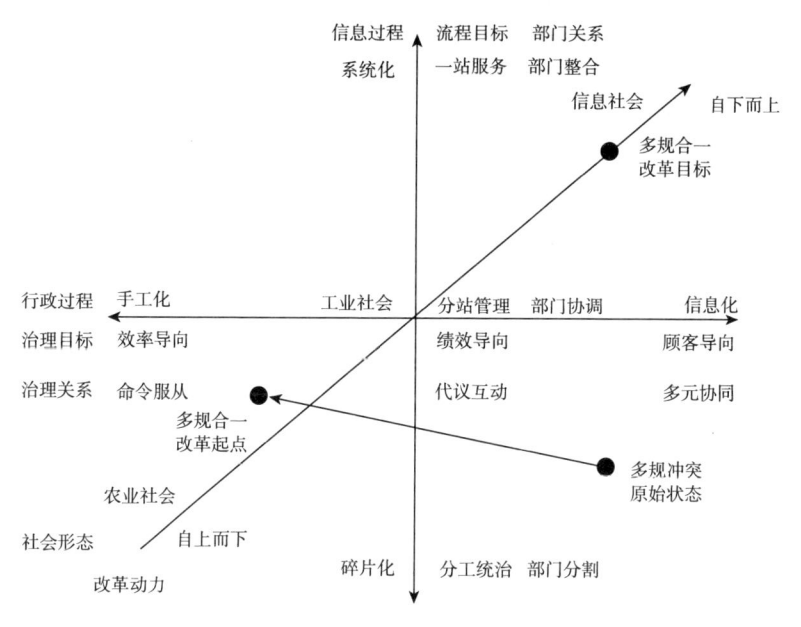

图 2 多规冲突状态及其发展

门只是按照职能分工进行链条式的分站管理，碎片化的政府无法有效协同多元主体参与治理。在这种情况下，政府更应主动引导市场、社会参与治理过程，寻求建立多元协同的治理体系，并及时吸收技术进步的最新成果，推动政府内部信息过程不断系统化，带动政务流程走向信息系统整合后的一站服务、条块部门走向职能权责整合后的大部门，促使治理体系从第四象限朝第一象限运动。但此时因为尚缺少有力的技术支撑，或因技术进步成果在行政管理体制中应用的滞后性，在实际中日趋复杂的行政过程愈发依赖有限的人力资源。行政过程的手工化映射到治理目标上则是退而追求效率，治理体系更加强调市场、社会对政府行政指令的服从，由此治理体系方位退回到第三象限内。在以往"多规冲突"的现实中，大数据、云计算和物联网等新技术还未发展成熟，各部门的信息数据难以协同，规划编制和管理过程冲突频繁、效率低下。在这种现实约束下，规划体制内各部门分工独立、各自为政，所以在实际的政务流程中，市场、社会中的个体或组织只能以"人多跑路"代替"数据跑路"，规划体系内制度性交易成本高昂。过分手工化的行政过程也降低了地方政府的政策透明度、可预测性和普适性，市场、社会在信息不对称的条件下只能服从政府的行政指令，长此以往更有可能催生腐败问题。

2. 改革中间态：信息过程系统化发展，但整合权责后的大部制仍和代议互动的治理关系相互错配

自 2014 年 8 月被确立为全国 28 个市县"多规合一"试点之一以来，开化县以"多规合一"为着力点，以浙江省"最多跑一次"改革为契机，建成全国第一个可以实现投资项目预审与并联审批一体化的空间规划信息管理平台。基于统筹全局的"一本规划"和统一的技术规程，平台结合已有"数字开化"地理信息框架及浙江省政务服务网建设，充分运用地理国情普查及"多规合一"成果，通过基础、管控、审批三大板块，科学整合设置基础评价、数据更新信息共享、空间预审、一站式并联审批等功能。开化县以"多规合一"信息平台为载体，系统集成了各规划部门的基础地理信息数据，并通过一站式审批充分优化政务流程，倒逼推动大部制改革。在模型中看，当地治理体系方位从第三象限开始有了朝第一象限运动的发展趋势。

"多规合一"平台三大板块中，基础板块对应基础评价和数据更新功能，管控板块对应信息共享和空间预审功能，审批板块对应一站式并联审批功能。基础板块以空间规划整体原则和具体数据支撑管控板块，主要功能体现为基础评价和数据更新。平台基于主体功能区功能定位，结合资源环境承载能力评估，充分考虑人口、产业、生态等各类因素影响，通过平台贯彻现代化空间数据管理理念，以数字化、图形化、集成化、结构化的服务型管理模式，实现空间规划数据综合管理，保障空间规划数据高度聚合和安全。在前期"一本规划"和"一张蓝图"的技术基础上，严格实时同步、全面共享，消除传统各规划部门间的信息壁垒，实现"数据孤岛"的互连互通，强调空间预审结束后对用地红线的即时更新（见图 3）。

管控板块的主要功能体现在空间预审和信息共享上。该模块收集了开化县 28 个委办局的 138 份资料，整理出了 21 份专题数据、38 份规划数据、296 个图层，实现了规划数据、专题核心数据和基础数据的集成，此外管控模块还提供了查询统计、坐标转换（国家 2000、北京 54、西安等坐标系统）和多屏显示等辅助功能。在以上基础上，投资项目预审实现空间预审并反馈给所有相关部门。首先将整体规划中的项目红线要求导入系统，找出可能的红线冲突地块，再结合各类专项规划以及管控规则运算、

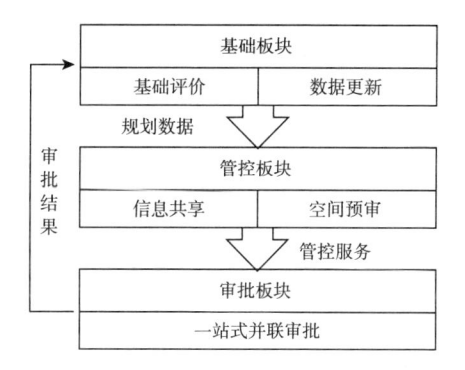

图3 "多规合一"信息平台整体架构

判断项目可行性和经济、社会、生态等多方面效益，并将结果及时反馈给相关部门和用户，以达到辅助决策的目的。相关部门结合预审结果提出决策意见后，由主管部门整合并初步决定退件或通过，通过者由系统报送分管县领导。分管领导作出决策意见后，报送县政府主要领导再进行审批决策。如果通过则自动提交一站式审批平台进入正式审批环节，未通过部门将提交规划委员会等议事协调机构进行讨论。审批板块以"一站式窗口受理、多部门并联审批、全过程留痕监管"实现网上办、一次办，主要功能体现在一站式并联审批上，该项功能有针对性地优化了投资审批、规划准入等原有串联审批流程的短板领域。基础评价技术流程见图4。

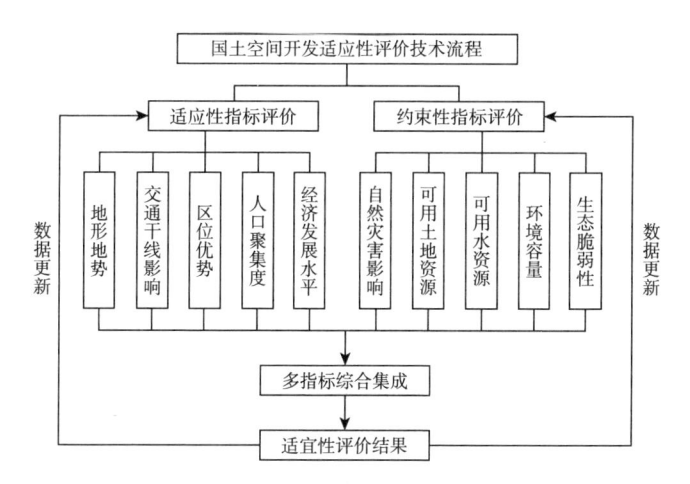

图4 基础评价技术流程

审批板块主要由浙江政务服务网统一行政权力运行系统组成，用户还可以通过审批平台实时查看及监管项目审批情况，以达到全过程、即时性监督的目的。"多规合一"信息平台对原有投资项目审批流程进行了整合优化。政府投资项目共涉及审批部门11个，行政审批事项24项，优化前平均累计用时73个工作日，通过平台实现并联审批后用时26个工作日，缩短约64%；企业投资项目共涉及审批部门13个，行政审批事项24项，优化前平均累计用时70个工作日，通过平台实现并联审批后用时16个工作日，缩短约77%。投资项目预审机制见图5。

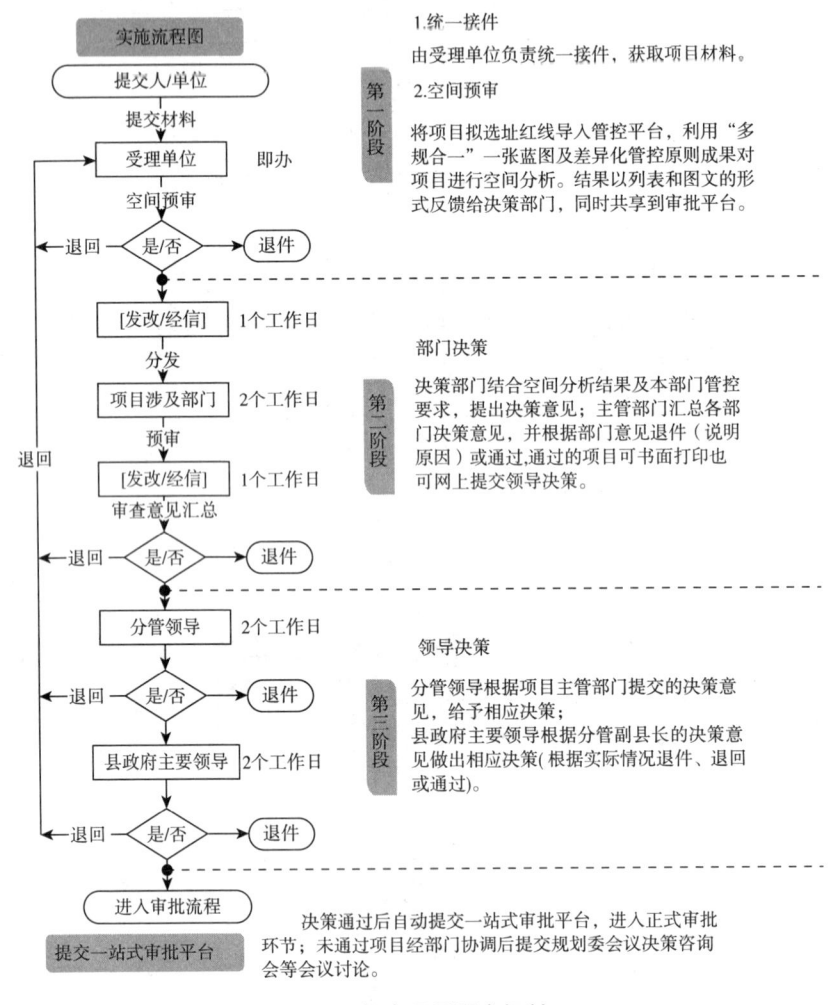

图5 投资项目预审机制

开化县通过"多规合一"信息平台建设，有效推动了规划体系、政务服务、政府职能等方面的转变和提升。在规划体系上，平台对数据的有效集成实现了从多头规划向统一规划的转变。"一张蓝图"的数据集成为部门协同提供了技术基础，同时以平台为载体承接了整体规划，实现了对于各专项规划的统领性作用。在政务服务上，平台对审批流程的并联式、线上化、自动化改造实现了从各自审批向同步审批的转变，在2018年浙江全省"最多跑一次"改革实现率和满意率考核中，开化县位列全省第二名。平台实现了相关专项规划负责部门的多个审批同步办理，线上平台也改变了单个企业、单个公民必须依次对接多个部门的冗繁现象，同时基于"一张蓝图"的数据集成还实现了自动化的大数据综合研究。例如开化县某医院的建设选址问题在平台建成前耗时半年还未完成，通过平台仅用时8个工作日就完成了项目选址工作。在政府职能上，平台对政务服务过程的优化整合倒逼推动了对政府组织机构的改革优化。开化县在"多规合一"试点工作基础上，新成立了资源环境部，整合原有的国土资源局、规划局、环保局和林业局职能，专门负责具体空间规划的编制，深化了以"退、合、并、减"为重点的大部制改革，进一步理顺了权责关系。此外，平台对于规划数据的查询、审批流程的全过程留痕监督都有利于社会民众对规划和项目审批进行监督。

尽管开化县通过"多规合一"信息平台推动治理体系开始向好发展，但还面临公众参与不足和流程再造不足两大问题。政府、市场和社会在规划编制和管理全过程中的协同参与并未实现，大部制改革的成果亦没有充分反馈到政务流程中，因此总的来看，"多规合一"改革的中间态目前仍处于第二象限，还须进一步深化改革，推动治理体系方位向第一象限运动（见图6）。

3. 改革目标：多元协同的治理关系与整合权责后的大部制相互适配

当前，"多规合一"信息平台推动下的治理体系的发展方位处于第二象限，信息过程中较高程度的系统化推动了大部制改革，形成整体性政府，但整合权责后的大部制仍和代议互动的治理体系相互错配，原因是治理目标和治理关系没有及时响应技术进步的挑战。政府组织结构理应在部门整合后呈现更强的整体效应，但此时治理目标的绩效导向和治理体系内市场、社会的弱势地位导致整体性政府形成的滞后性。首先是当下普通社会公众对空间编制和实施过程的知情、参与和监督不足。目前"多规合

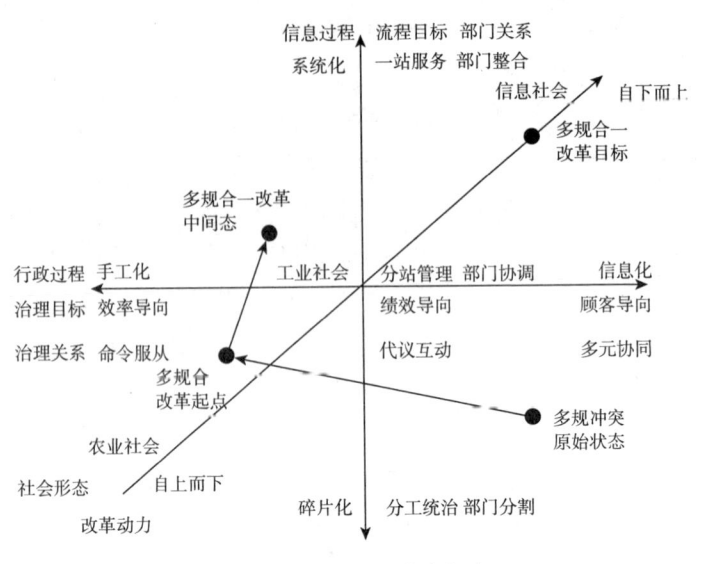

图 6 多规合一改革中间态

"一"信息平台面向公众的主要功能在于集成数据的展示、项目审批的申请、审批过程的查看，对于规划全流程的知情、参与和监督并未基于平台实现。在信息社会，数据的网络化、扁平化流通将重铸规划过程中政府的权能，这一权能重铸的过程基于信息的输入和输出的主体和位势向社会公众偏移[1]，这就要求更多的政社互动和社会监督。其次是基于信息平台建设的政府流程再造尚不根本和彻底。目前信息平台对规划成果的转化和集成有较好的创新，但对于审批流程的优化还是基于传统议事协调机构机制下的"主导部门+规划部门+分管领导+主管领导"的审批模式，并未完全突破部门利益的条块分割现状，而是以并联式审批的方式做出了妥协式的有限创新，所谓大部制改革的结果还没有充分反馈到信息平台中（见图 7）。

此时应进一步转变治理目标，牢固树立以人民为中心的顾客导向，将大部制改革的成果进一步反馈到政务流程中，从链条式、分站式管理向真正的柜台式、一站式服务转变。引导市场、社会等参与治理全过程，强化有效监督，推动多元协同的治理体系形成。治理体系的理想发展趋势是从

---

[1] 徐晓林：《"数字城市"：城市政府管理的革命》，《中国行政管理》2001 年第 1 期。

图 7 多规合一未来发展

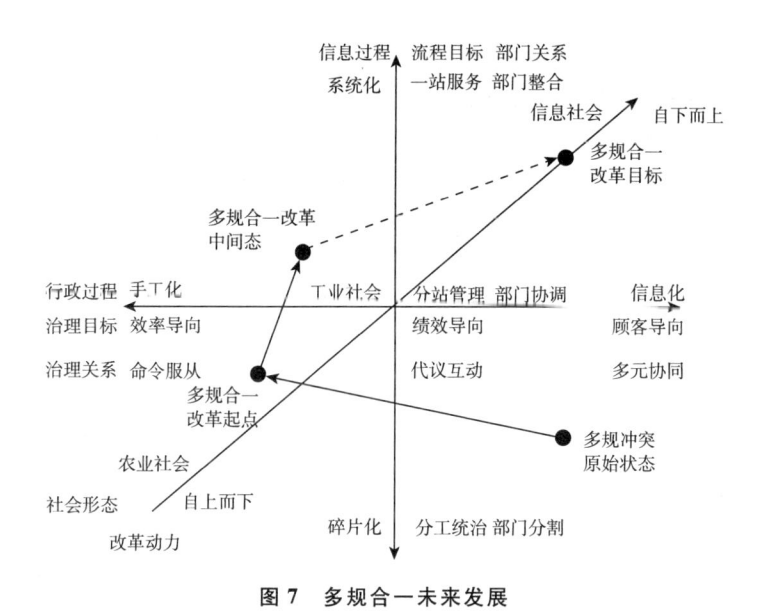

第二象限朝第一象限运动。不然,治理理念的落后会导致信息技术的运用催生更多的"数据孤岛",使得治理体系方位最终退回到第三象限内。如在某些地方规划编制和管理过程中,多类规划部门分头建设自己的线上业务系统,相互标准不一,使得"政出多门"的乱象恶化,加剧了各类规划在空间布局上的矛盾。

三 数字政府背景下的"多规合一"工作建议

1. 编制统筹全局的一本规划,为信息平台奠定基础

针对"多规"之间在战略目标、技术规程、空间布局上的差异导致的规划无序问题,应首先编制一个统领型的综合规划,对发展目标和空间安排进行统筹,引导建立统一的技术规程。① 遵循"一本规划管到位""一张蓝图绘到底"的要求,绘制凸显"三区三线"的一张蓝图,可以设置近期目标过渡年来协调各个规划。将涉及规划领域的空间数据(如分类标准、土地数据、地形图、影像图、卫星遥感图等)和非空间数据(如经济指

---

① 田志强等:《市县国土空间规划编制方法与实践》,科学出版社,2018。

标、人口增长、产业结构、规划期限等）统一梳理、统一编码，为构建"多规合一"信息平台奠定基础。

2. 逐步应用、完善规划信息平台，强化有效监管

依托现有的政务服务系统，建立、推行统一的空间规划管理系统，有效统筹相关规划部门的数据信息，形成数字政府的规模效应。若某些规划部门已有相应业务系统，以数据转移的方式实现分阶段的功能迁移；尚无专门的系统则宜直接使用统一系统，推行"前台综合受理、后台分类审批、窗口统一出件"。借助信息平台完成政务流程从而有效避免规划项目审批过程中的面对面接触，能减少送礼行贿等腐败行为的发生。另外，也可以借助信息平台落实执法监管"一次到位"机制，防止多头执法、重复检查、任性检查。[①] 以"数字政府"建设，推动信息平台、掌上应用等客户端应用，降低规划全过程政策执行变形的发生率。一方面要简化监督信息的反馈渠道，以"全过程留痕"的数据留存防止暗箱操作导致执法权滥用；另一方面，虚拟网络账号的人格化和匿名操作可为民众监督提供一定程度的安全感，有效地保护监督者的合法权益。

3. 持续优化、整合政府部门结构，实现多元协同治理

未来"数字政府"背景下的"多规合一"改革工作，要坚持以为人民服务为宗旨，借助技术进步推动政府信息过程系统化、行政过程信息化，在部门协调的基础上对政府部门原有的组织机构、服务流程进行全面、彻底的重组，推动大部制改革。面向市场、社会等主体，坚持简政放权，推动政务流程再造，进一步降低政府内各部门间的交易成本，谋求组织绩效的显著提高[②]，提高企业和群众改革获得感和满意度。

四　结语

在信息社会形态下，社会生活的全面"信息化""网络化"，以及信息传播的"扁平化""多中心化"，都对政府服务的"智能化""精准化"转型提出了更高的要求。浙江省开化县"多规合一"改革下建立的信息平台

---

① 何增科：《地方政府创新的微观机理分析——浙江省"最多跑一次"改革案例研究》，《理论与改革》2018年第5期。
② 付翠莲、申爱君：《理念·逻辑·路径：浙江"最多跑一次"改革的三重维度》，《行政科学论坛》2018年第1期。

有很好的改革推动作用，但也有一些不足。"数字政府"背景下的"多规合一"改革工作要突破固有的技术更新的自我局限性，以推进国家治理体系和治理能力现代化为改革方向，牢固树立以人民为中心的治理目标，需要整合规划体系和规划数据，逐步应用、完善统一的信息平台，提高规划全过程透明度以加强有效监管，持续优化、整合政府部门结构，实现政府、市场、社会等多元主体协同治理。

桐乡市"三治融合"的政治学分析

费海汀[*]

一　引言

如何能实现从社会管理到社会治理的转变,重点与难点都在于是否能够建立有效的基层自治机制。同时,自治机制本身需要完成多个层面和多个维度的功能,而目前,具体机构程序与各项功能之间的对应关系和因果机制尚不明晰。另外,同一机构或程序是否能推广到全国各地,是否只是本地特殊环境造成的"特例",同样也是探讨基层自治机制建设中的一个难题。

桐乡地处富庶的江浙地区,经济发展具有先天优势。但随着这一地区现代化与城市化进程的推进,农村青壮年劳动力大量流出,城乡之间的边界开始逐渐模糊,同时外来人口大量涌入,导致农村空心化、老龄化,城乡一体化,本地与外来人口倒挂等问题逐渐浮现。这些问题导致社会矛盾不断加剧,传统的治理机制、治理方式面临严重挑战。在传统治理模式中,由于群众参与的缺失,大量事务汇聚到政府身上。一方面这使政府承担责任过多、过重,无力对社会问题与社会矛盾及时作出反应,无力提供社会所需要的服务;另一方面,政府大包大揽,挤压了社会自我调节的空间,导致社会日益依赖政府,形成了一个城市治理的恶性循环。2013年5月开始,桐乡市在高桥街道试点开始自治、法治、德治融合的基层社会治理探索实践,取得了良好的效果。

---

[*] 费海汀,北京大学中国政治学研究中心助理教授。

桐乡市"三治融合"治理模式在全国产生了很大的社会反响，曾得到"耳目一新、刮目相看"的高度肯定。2018年中央1号文件和中央政法工作会议都提出了"坚持自治、法治、德治相结合"的要求。"三治融合"的创新之处在于：第一，改变了基层治理中的行政化倾向，实现了从社会管理到社会治理理念的转变；第二，改变了基层政府的角色定位，政府由包揽一切事务的管理者逐渐向社会利益的调节者、公共服务的提供者、基层自治的引导者和监管者角色转变；第三，建构了村（居）民自治的长效机制，"两会"覆盖决策的全过程，"三团"则覆盖利益调节过程中的各个环节与相关各方；第四，实现基层群众从单位人到社会人、社会人到组织人的转变，有效解决城镇化过程中村（居）民户籍和权利间脱节的问题。

二 案例概述

"三治融合"项目的重要意义正在于为基层自治建立了一个完整的决策程序和制度框架，并鼓励各社区自行选择框架中的要素进行组合，以建立适合本社区特点、针对本社区困难、解决本社区问题的自治机制。可以认为，桐乡所属各社区的治理实践本身就已成为一个内容丰富的案例库。这对于分析探索基层治理中有效的决策机制、评估机制、表达和沟通机制、利益综合机制与社会稳定维护机制具有重要意义。

"三治融合"项目的主要做法是通过"一约两会三团"，构建了一种群众参与决策和治理的常态化机制。第一，村规民约（社区公约）。根据法律、法规和相关政策，为适应村（居）民自治要求，建立了由村（居）民共同遵守的行为规范。村规民约（社区公约）坚持问题导向和效果导向，结合本村（社区）实际制订，经村（居）民会议通过执行，实现村社全覆盖，体现村社特点与通俗易懂。第二，百姓议事会与乡贤参事会。百姓议事会是在即将制定公共政策、作出重大决策时，先通过百姓议事会进行民主协商、征询民意，最后再决定决策和组织实施的治理机制。主要通过专题会议、个别访谈等方式组织议事会成员参与村社事务协商。乡贤参事会则是以参与农村经济社会建设，提供决策咨询、民情反馈、监督评议及开展帮扶互助服务为宗旨的基层社会组织。主要根据村级组织提议，以问题为导向组织参事会成员参加乡贤所能或更为适宜的村务事项。第三，百事服务团、法律服务团、道德评判团。百事服务团是以基层服务型党组织建设为抓手，以志愿服务为基础，依托村便民服务中心，整合各类服务资源为群众免费或低成本提供个性化服务项目的组织。法律服务团是以法律服务咨询、矛盾纠纷化解、困难群众维权、法治宣传教育为目的的组织。组织成员由律师和法院、检察院、公安局、司法局等基层法律工作人员组成，每个法律服务团联系2~3个村社，实现全覆盖。道德评判团是以法律法规、社会公德和村规民约、社区公约、市民公约为准则，依托文化礼堂、道德讲堂、道德馆、道德实践基地、光荣榜、曝光台等形式进行活动的组织。评判团有时与议事会整合组建，由村党组织书记担任协调人，村社干部担任联络人。成员由村两委成员、三小组长代表、党员代表、道德模范代表、乡贤或村民骨干代表组成。第四，其他社会组织，例如乌镇管家、新居民协会、企业主社会责任促进会等。

三 案例分析

1. "自治"的主要实践

（1）百姓议事会。桐乡"三治融合"中的核心措施之一是"两会"，即"百姓议事会"与"乡贤参事会"两大机构的设立。"百姓议事会"的目标是推动群众参与村事务管理，提高村的凝聚力和自治能力。其运作程序是在制定公共政策、作出重大决策时，根据有关规定和实际需要，通过百姓议事会进行民主协商、征询民意，此后，将政策草案提交村民代表大会或村民大会表决，最终组织实施。

一般而言，百姓议事会的召集人由村党组织负责人担任。协商主体包括村班子成员、部分村民代表、村经济合作社股东代表、户籍在辖区内的"两代表一委员"、"三小组长"、有威望的老党员、企业负责人和社会组织代表等组成的固定成员，以及涉及协商议题的利益相关村民代表组成的非固定成员。固定成员的人数一般控制在15人左右，以聘任的方式无偿开展工作，两年一聘；非固定成员人数一般控制在固定成员的50%左右。

协商的主要内容包括村规民约等自我管理服务制度的制订及修改；村级集体资产资源处置方案、宅基地安排使用、村民承包土地变更征用征收补偿分配使用等方案制订；村民意见比较集中的重点、难点、热点问题；涉及多数村民的重大公共事务；住宅小区拆迁整治改造；物业管理的确定、村公共设施和公益事业经费筹集方案的制订、公共福利和公共服务事项的安排落实；村里认为需要进行协商的其他事项。

例如濮院镇新联村的"百姓议事会"实践：

> 百姓议事会的成员多为退休老干部、党员、组长等在村子里有威望、有能力的人，这些人选也都是通过村民自荐或组织推荐产生的……平日里，村民议事团会经常听取、搜集党员群众对村党组织工作和村务工作的要求和意见，主动了解和收集村情民意，做好群众工作。同时还积极参与讨论涉及全村群众利益的重大决策，对重大事项提出意见建议并做好有关政策的宣传和解释工作，让村民对自家村子的发展情况做到心中有"谱"。[1]

> 村级集体经济收入的"雪球"越滚越大，财务随即成了一个敏感问题，处理不好，就可能对村务工作的进一步开展带来无穷后患。为此新联村成立了民主监督小组，每个月对村里所有财务的收支进行核准，确保每一笔收支项目的合法、公正，并及时对财务相关报表进行公示、张贴。这样一来，村民人人心中有本"村级账"，人人心中无疙瘩。[2]

又例如河山镇东浜头村的百姓议事会：

> 2005年，东浜头村搬入了现在的新村委大楼，以前的老大楼便以较低的价格租给了三家企业。2016年底，最后一个租用合同到期，企业老板因旧大楼太过破旧，便不再续租。闲置的旧楼该怎么处置？直接拆除，还是改造翻新？东浜头村书记朱树荣想到了村里的百姓议事会。朱树荣召集议事会成员一起讨论，大家也都纷纷发表自己的看法。以村民小组长钟兆平为代表的一部分人认为，这个楼几乎还是他小伙子的时候建的，年代太过久远，况且翻新改造所需花费的钱不是一个小数目，不如直接拆除复耕土地。而以党员代表吴根富为代表的另一方则认为，这房子虽然旧了点，但胜在地理位置优越，经过改造

---

[1] 桐乡市自治、法治、德治融合基层治理"桐乡经验"工作领导小组办公室：《桐乡三治融合十法百例·第三辑》，第39页。
[2] 桐乡市自治、法治、德治融合基层治理"桐乡经验"工作领导小组办公室：《桐乡三治融合十法百例·第三辑》，第39页。

翻新肯定可以租个好价钱。双方意见都有一定的道理，百姓议事会之后又多次集聚在一起分析讨论，最终大家一致建议村里通过改造翻新的形式处置旧村委大楼，虽然短期需要投入一笔资金，可一旦出租成功，能持续增加村集体收入，对于东浜头村长远发展肯定是有好处的。①

（2）乡贤参事会。"乡贤参事会"的目标相对而言则更为抽象，工作职能的范围也更加广泛。主要目标包括参与农村经济社会建设，提供决策咨询、民情反馈、监督评议，以及开展以帮扶互助服务为宗旨的公益性、服务性、联合性、地域性、非营利性活动。

乡贤参事会一般设会长、副会长、秘书长职务，任期3年，改选可与村民委员会环节同步进行。秘书长原则上由村党组织书记或村委会主任兼任。会员应是本村的老党员、老干部、复退军人、经济文化能人，出生地成长地或姻亲关系在本村的"返乡走亲"机关干部、企业法人、道德模范、持证社会工作者、教育科研人员以及在农村投资创业的外来生产经营管理人才等。会员入会前须经村党组织审核确认并经选举产生。人员构成上表现为能人、名人、有威望的人和有影响力的人，力求管用、有效，不贪大求全。

乡贤参事会的主要工作则包括弘扬优秀传统文化、促进奖教助学和乡风文明；组织慈善公益活动、开展扶贫济困活动；积极引智引才引资、助推农村经济社会发展；参与公共事务管理、为村"两委"提供决策咨询。同时也会帮助推动健全、实施村规民约，维护公序良俗，收集了解村情民意，反馈群众意见建议；参与涉及村民的重大决策事项的监督和评议，提出意见建议；协调邻里纠纷、促进基层社会和谐；同时承办政府和主管部门稳妥的购买服务事项。

例如洲泉镇东田村的"乡贤议事会"实践：

> 在东田村，乡贤人士有的人脉资源丰富，有的事业较为成功，利用自身资源，有效推动了村庄发展和村民致富，"乡贤助村""乡贤治

---

① 桐乡市自治、法治、德治融合基层治理"桐乡经验"工作领导小组办公室：《桐乡三治融合十法百例·第三辑》，第41页。

村"也成为东田村基层治理工作中的一大亮点,"有钱出钱、有力出力"更是乡贤们齐心协力共建美好家乡的真实写照。

> 东田村的乡贤大多是从农村走出去的企业家,对家乡非常有感情,社会责任感都很强……村里的道路优化、景观建设、文化设施等都有乡贤们的参与。

> 村两委+乡贤,实现了村事民议,村事民治,是基层党组织和村民自治组织相结合的有益探索……村干部通过节日慰问、互通信息等形式与在外乡贤沟通联络,带动技术回流、人才回归,从而助力乡村发展。①

2. "德治"与"法治"对"自治"的辅助作用

在桐乡案例的实践中,"自治"还得到了"法治"与"德治"的配合和辅助。其中,"法"的概念相对具体,指既有的法律法规。"法治"概念指教育群众依法办事,依法处理集体与公共生活中的人际关系和矛盾纠纷。"德"的概念则相对抽象,一方面是指优秀的传统道德文化习俗,另一方面也是指群众对公共生活所负有的责任与义务。换言之,这里的"德"至少包括个人道德、家庭道德、集体或公共生活的道德三个层次。"德治"与"法治"具体表现为"三团",特别是其中的"法律服务团"和"道德评判团"的设置与活动。如果说"法律服务团"主要是为公共生活建立基本的规则与秩序,那么"道德评判团"和"百事服务团"则是通过构建公共舆论氛围和促进互助活动来构建公共生活刚性规则之上的巨大弹性空间,不但使公共生活实质化,而非流于形式,更是赋予了某个共同体自我组织、自我发展公共生活的能力。

(1) 法律服务团。"法律服务团"的功能定位是以法律体检、法制宣传、法律咨询、化解矛盾为重点,按照"事前防范、事中控制、事后补救"的原则,完善大调解工作体系,努力推动形成办事依法、遇事找法、解决问题用法、化解矛盾靠法的良好法治环境,在法治轨道上推动各项工作。

"法律服务团"分市、镇、村三级,分别由公、检、法、司以及律师

---

① 桐乡市自治、法治、德治融合基层治理"桐乡经验"工作领导小组办公室:《桐乡三治融合十法百例·第三辑》,第40页。

等人员组成，其中镇级法律服务团不少于 7 人、村级法律服务团不少于 4 人。

例如屠甸镇汇丰村"板凳法庭"：

> 随着普法教育的发展和深入，现在大家的法治意识也增强了，不管遇到什么矛盾纠纷，村民也都开始学着用法治思维去解决，比如"板凳法庭"在村里就很受欢迎。
>
> 何谓"板凳法庭"？一张小桌、几个板凳，一个"法庭"就齐全了。接下去，就是坐"堂"问案。这个"堂"，有时是农家门口，有时是村委会大院，而"评审团"则由司法所工作人员、老党员、老干部共同组成。
>
> 前不久，一起关于是否关停榨菜厂的"案件"在村民老沈的家中"开庭"。原来，十多年前，村民老沈在村里建了榨菜厂，这些年，榨菜厂排放的废水对周边水环境、居民生活环境都造成了严重影响。
>
> 村民获悉了新的《环境保护法》的规定，便强烈要求老沈将榨菜厂关停。而老沈却是一脸的委屈和无奈：我的厂已经开了十几年，当初手续也都是合法的，现在怎么能说关就关？
>
> "审判"当天，老沈和其他村民都被喊到一起，新的《环境保护法》也被搬上了"法庭"……你一言，我一语，原本态度坚决的老沈终于动摇了。①

(2) 道德评判团。"道德评判团"的任务是组织开展内容丰富、形式多样、寓教于乐的群众性文体活动；参与家庭家教家风建设和星级文明家庭评比；对道德模范等各类先进人物进行推荐评选和正面宣传；以村容村貌、邻里家庭、生产生活、移风易俗等为重点开展评议，对不文明、不道德行为进行曝光、鞭挞假恶丑；参与调处各类矛盾纠纷，积极化解社会矛盾。

村级道德评判团协调人由村（社区）党组织书记担任，联络人由一名村（社区）干部担任。成员由村（社区）两委班子成员、三小组长代表、

---

① 桐乡市自治、法治、德治融合基层治理"桐乡经验"工作领导小组办公室：《桐乡三治融合十法百例·第三辑》，第 31~32 页。

党员代表、道德模范代表、乡贤或村民骨干代表等组成，人数一般为10~15人。

例如崇福镇店街塘村"矛盾化解在基层，大事小事不出村"的实践：

> 2013年，店街塘村成立了由党员、村民小组长、村民代表等组成的道德评判团，专门负责村里的"家长里短"。道德评判团职责之一是把法律法规难管的问题交由百姓评判，以实现群众的自我教育、自我规范、自我管理。道德评判团上任之后遇到的第一个难题就是新村集聚点的环境问题。村民习惯在房前屋后堆放杂物，导致新村集聚点的环境面貌不容乐观，村里面多次上门做工作，但有些村民还是不理解并带有一定的抵触性。道德评判团成员上门走访劝说，劝导大家要改变不好的习惯，主动美化自己的房子和院子。由于评判团成员多为村里公认有威望的人，他们说的话村民爱听也愿意听。①

（3）百事服务团。另外，桐乡还通过"百事服务团"积极组织和调动村民主动参与社区服务及公共生活，并在这一过程中培养村民对公共事务的关注，以期进一步加强"自治"的文化和心理基础。"百事服务团"的基本目标是以基层服务型党组织建设为抓手，以志愿服务为基础，整合各类服务资源组建百事服务团，公开发放"服务联系卡"，并为辖区群众免费或低成本提供村级一站式服务大厅延伸的个性化服务项目。

"百事服务团"的职责任务是定期集中服务、定点上门服务、预约入户服务，根据群众需求开展定向即时服务，希望在村（社区）党组织的统一领导下，整合社会志愿服务、专业技术服务，为村（居）民提供更贴心的组团式服务。社会志愿服务是指以党员志愿者、青年志愿者、巾帼志愿者、民兵志愿者为主体的各类志愿者，开展无偿志愿服务；专业技术服务队是指能提供农技指导、家电维修等各类专业技术的服务队，开展有偿专业服务；同时，整合基层各类服务力量，将平安、民生、人文等服务团队统一纳入百事服务团，进一步拓宽基层社会服务渠道，提升基层党组织的服务水平。

---

① 桐乡市自治、法治、德治融合基层治理"桐乡经验"工作领导小组办公室：《桐乡三治融合十法百例·第三辑》，第11页。

如高桥街道的"三社联动":

　　社区、社会组织、社会工作专业人才简称"三社"。在社会治理中，社区是综合平台，社会组织是载体依托，社会工作专业人才是一支不可或缺的专业力量，"三社联动"不是三项业务的简单拼盘，而是三个主体有机融合、相互促进。

　　在开发区（高桥街道）各村（社区）还成立了枢纽型的社会组织——社会工作站。以越丰村为例，依托区街推行"三社联动"的社区治理创新契机，越丰村社工站链接了辖区内13家社会组织，这10多家社会组织的加盟，一下子让实际提供服务的"社工"团队从原来的5人增加至300多人。

　　在"三社联动"之下，村民们既是服务的受益者，也是服务的提供者，由"局外人"变成"自家人"。在三村村居家养老服务照料中心内，时常可以看到由区街老年协会组织的民风民俗活动……一方面展示了活动的成果，另一方面，通过活动让民风民俗得到传承……各社区立足本村实际，找亮点，育特色，通过壮大服务队伍让社区服务变得更加丰富多样，多样化的活动又丰富了社区居民的业余生活，社区、社会组织和社工间形成了一个良性循环。

　　"三社联动"的目的是培育孵化社会组织，再由政府向社会组织购买服务，解决一些政府难以解决的问题。今后，区街还将进一步加大探索创新力度，及时总结提炼实践经验，不断健全"三社联动"的制度和方法，助推村社的共治共享，助力三治融合发展。[①]

四　案例效果

　　"三治融合"项目的推进，得到了广大基层群众的积极响应，获得了良好的效果。根据数据，2012年，桐乡市越丰村有户籍人口47703人，流动人口7299人，到2018年，户籍人口增加到48545人，流动人口增加到

[①] 桐乡市自治、法治、德治融合基层治理"桐乡经验"工作领导小组办公室：《桐乡三治融合十法百例·第三辑》，第26~27页。

10784人。而对比6年间的各项数据可知，2012年，街道矛盾纠纷调处184起，越丰村矛盾纠纷调处36起；2018年，街道矛盾纠纷调处152起，降低17.39%，越丰村矛盾纠纷调处6起，降低83.33%。2012年，接处警1869起，满意度97.2%；2018年，接处警2246起，满意度98.3%，数量增加377起，但满意度依然提升了1.1个百分点。2012年，刑事案件发生331起，刑事立案236起，八类严重刑事犯罪案件4起；2018年，刑事案件发生312起，减少19起，刑事立案307起，八类严重刑事犯罪案件完全消失，为0起。2012年，火警44起；2018年，火警14起，减少30起。2012年，治安行政处罚违法人员402人，行政拘留40人，在册社区服刑人员29人；2018年，治安行政处罚违法人员90人，减少312人，其中行政拘留35人，在册社区服刑人员20人。

在党政部门的引导下，村（居）民自治组织、社会组织不断涌现。登记备案的社会组织数量从1883家增长到3109家，注册志愿者达12万人，单是高桥街道，目前就已建立注册社会组织12家，备案302家，持证社工66名。自三治融合建设推进以来，桐乡市社会治理能力得到显著提高，一方面，社会问题明显减少，另一方面，桐乡市的基层自治活力得到释放，治理格局发生改变。桐乡的党群、干群关系日益密切，群众对党和政府的信任程度日益提高。刑事警情下降34.6%，安全生产事故死亡人数降低42.5%，上访下降36.2%，纠纷受理下降26.5%。

从范围的角度，"三治融合"项目不仅在桐乡市各所属社区进行推广，并且已经开始超越村民自治的范畴，向社会组织治理、城镇社区治理、企事业单位治理等领域扩展。项目已经在解决社区的出租屋问题、新旧居民融合问题、环境污染问题时取得了显著进展。这一项目的有效推广，将对改革我国城乡二元分离的政治经济社会制度，加快城乡统筹和一体化建设具有很强的借鉴意义。从问题的角度，"三治融合"项目从最初被动预防和减少各类社会问题的目标，逐渐发展为主动探索实践发挥群众自治的积极性和自主性，为社区生活提供更多、更完善、更高质量的公共服务。项目在推进过程中已经衍生出农村"信用贷"以解决村民资金周转问题，社会组织管理中心集中为社会组织的运行提供支持与指导，百事服务团通过发挥基层专业技术人员的能力解决村民日常生活困难，小区议事会采取了搭建社区、业主委员会、物业公司三方协商平台等新举措。

具体到项目实施中：

(梧桐街道)革新村和城南村两个新居民自治工作站自成立之日起,分别配备了一支新居民自治管理队伍。接下来,来自江西、河南、安徽等10余个省份的35位新居民联络员,将带着他们特有的"乡音"深入各个小区,协助做好辖区内的新居民综合治理、信访维稳、环境卫生、民生保障、计生服务、政策宣传等工作。

除梧桐街道外,目前,开发区(高桥街道)、濮院镇、乌镇镇、屠甸镇等地均已成立新居民自治组织。在这些新居民自治工作组织的组员中,有新居民党员,有包工头、小老板,也有普通务工人员,大家充分发挥自己同乡的身份优势,以乡音、乡俗、乡情传递法律政策、调解矛盾纠纷。

3年以来,全市新居民自治小组共计调解纠纷155起,调解成功率达100%。其中2018年以来,排查涉及新居民不稳定因素26起,解决租房纠纷、签订劳动用工合同纠纷、解决孩子入学困难等问题15件。同时,积极助力"六场战役",开展垃圾分类、出租房屋安全隐患宣传服务11次,参与义务巡逻3次,积极发挥矛盾融解、生活融入、服务融劲、交流融心的"四融"服务作用,初步彰显新居民集聚区自治的活力和效率。[①]

五 理论评述

政治参与是现代政治学的关键问题之一。正如亨廷顿所指出的那样,对于国家,特别是发展中国家来说,国民生产总值的增长,不会自动带来更公平的收入分配,不会自动增加下层群体的教育和就业机会,也不会自动地产生一个平衡和健康的都市长远发展模式,或实现其他一些现代化目标。[②]

根据经典政治学理论,政治参与即是指平民试图影响政府决策的活动。政治体制与公民参与之间存在一种互动关系。政治体制会形塑公民的

---

① 桐乡市自治、法治、德治融合基层治理"桐乡经验"工作领导小组办公室:《桐乡三治融合十法百例·第三辑》,第47页。
② 〔美〕塞缪尔·亨廷顿、琼·纳尔逊:《难以抉择:发展中国家的政治参与》,汪晓寿、吴志华、项继权译,华夏出版社,1988。

参与方式与参与习惯，公民的参与行为与参与效果也会影响政治体制构建。民众进行政治参与的形式则主要包括选举、游说、团体参与、个人参与、对抗性参与五种。[1] 有学者将其分为竞选活动、投票、社区活动、特殊接触四种[2]，也有学者将其分为选举、院外活动、组织活动、接触、暴力五种。[3] 但现实证明，无论是四种还是五种对参与方式的归纳对于许多国家和地区，特别是发展中国家而言，并不能涵盖政治参与的全部范围。同时，这些归纳之中，不同的参与方式所占的比例也并不是均匀的。对于许多基层政府来说，个人参与、社区活动、组织活动或接触活动虽然较为零散和间接，却更加频繁，在一定程度上甚至表现为民众影响政策的主要方式。

对于我国来说，改革开放以来，经济秩序、社会结构都在发生剧烈的变化，不平衡的地区经济发展速度、差异化的城乡二元结构、大量的人口流动以及随之遭到冲击的相对静态的宗族结构与熟人社会都对基层政府提出了越来越复杂和繁重的任务，越来越高的要求，也对我国的基层治理结构形成越来越大的挑战。

社会需求的飞速增长使基层政府所需要承担的责任和职能也日益多元化、专业化，许多基层政府在不堪重负的同时，依然难以满足社会的需求，建立起社会对政府的信任，赢得社会对政府的支持。在这样的趋势中，引进多元化、多中心的社会治理模式，引进社会力量参与分担政府职能，引进公民的积极参与是令基层政府摆脱这一困境唯一的，也是最有效的方案。

在我国的基层政治实践中，有许多地区都在努力尝试推动这一理论的实践。但在许多实践案例中，最常遇到的也恰恰是政治参与固有的政治冷漠问题。许多地区积极建立了参与甚至自治的机构与程序，却因为民众缺乏参与的热情，大量制度流于形式，最终导致失效。也有许多地区尝试建立了一系列的参与平台和参与制度，民众本身也具有参与的热情和意愿，但所建立的平台和制度并不符合民众的意愿和习惯，导致无法满足民众的诉

---

[1] 阎小骏：《当代政治学十讲》，中国社会科学出版社，2016，第168页。
[2] Sidney Verba, *Participation in America: Political Democracy and Social Equality*, University of Chicago Press, 1987.
[3] 〔美〕塞缪尔·亨廷顿、琼·纳尔逊：《难以抉择：发展中国家的政治参与》，汪晓寿、吴志华、项继权译，华夏出版社，1988。

求，民众参与和政府职能之间出现错位，最终也收效甚微。简而言之，建立参与和自治的机构并不难，难的是吸引民众持续参与机构的运转和活动。

因此，可以从参与意愿、参与能力、持续参与动机、参与秩序四个方面提取我国基层实践中提升公民政治参与程度的经验。

1. 主动组织

公民的参与行为被分为动员参与和自动参与两种。围绕政治参与问题的一个核心争论是，动员参与是否应该算作政治参与的一种。实际上，就像亨廷顿指出的那样，动员参与和自动参与并无明确界限，所有政治系统的参与，实际上也都是动员和自动参与的混合。同时，经过长时间的动员，政治参与的行为会被逐渐内化为自动行为，即动员参与和自动参与之间可能存在相互转化，且两种参与方式都会对政治系统产生重大影响。[①]归纳亨廷顿的观点可知，在对政治参与进行分析时，不可假设个人或群体天然具有政治参与的意愿。此时民众可能存在政治利益并因而存在政治诉求，但这种政治意识并不能直接等同于政治行动。无论是民众对自身利益的不同感知程度，还是民众的行动意愿，都可能影响其直接进行政治参与的程度。

对于一些发展中国家而言，民众对政治本身就具有一定的陌生感，加之缺乏政治知识和政治参与的习惯，其对政治参与的必要性、程序、方式和平台都不了解。特别是在农业社会，由于农业生产的特殊性与农村人口散居的特点，许多民众都缺乏政治参与的热情和意愿。但是，这并不意味着能够对政治参与程度的低下状况视而不见。缺乏政治参与的热情和意愿并不等同于缺乏政治参与的必要性。不参与很可能只是由于不知应该如何参与，以及没有习惯进行正常的政治参与。由于经济的发展和社会结构的变化，民众对自身权利的感知正在日益增强。如果放任低参与率的延续，那么民众将很可能会采取许多非常规的手段来表达自己的诉求。因此，对于发展中国家而言，政治参与需要被唤起、组织和引导。

桐乡的经验即很好地佐证了这一观点。在2013年推行"三治融合"试点以前，桐乡市一方面就有一部分自治机构和参与渠道，另一方面也存在不少社会问题和社会矛盾。项目推行以来，迅速在各村镇、街道都成立

---

① 〔美〕塞缪尔·亨廷顿、琼·纳尔逊：《难以抉择：发展中国家的政治参与》，汪晓寿、吴志华、项继权译，华夏出版社，1988。

了"三治融合"设计框架内的不同机构、程序和团体,甚至开始超出最初的设计框架,向社会组织治理、城镇社区治理、企事业单位治理等领域扩展。这本身就证明在群众中存在庞大的参与需求,政策才能一经推出就得到广大群众的积极响应。

2. 全环节覆盖

根据参与意愿和参与行为的不同,公民也会被分为旁观型(spectator)、过渡型(transitional)和积极型(gladiatorial)三种参与者。旁观型更多选择间接的政治参与方式,例如投票、明确表示支持某一候选人等;过渡型则会选择更加深入的参与,或倾向于直接参与政治活动,例如进行捐款、参加集会;积极型则会主动寻求融入政治活动,例如竞选或参与选战等。[①] 归纳米尔布雷斯的观点可知,在分析政治参与行为的过程中,除了不能假设民众天然具有政治参与的意愿,同样也不能假设其具有政治参与的能力。更进一步地说,还不能假设不同的个体或群体具有相同的参与能力、参与热情和参与兴趣。

这包括两方面的含义。其一,由于政治活动的复杂性,它本身同个人的劳动与生活时间是互斥的关系。从事政治参与就必然会挤占个人的工作与生活。因此不能期望民众全链条、全过程地参与政治决策的各个环节。其二,由于政治活动的专业性,不同的个人与群体之间在参与的特长、技术、能力、热情、兴趣方面都存在很大的差异,因此不能用一种模式圈定所有人进行参与。简而言之,即民众的参与热情、专长和兴趣与政府的专业职能和需求之间并非一一对应的关系,常常缺乏对接,甚至存在错位。一种常见的情况是,政府制订某种制度或建立某种机构平台来鼓励民众参与决策,但民众不但不参与,甚至感到政治参与干扰了其正常的生活秩序。另一种常见的情况则是,民众对于某一事件或某一切身相关的政策表现出了很高的参与热情,但由于参与渠道和平台的缺乏,民众诉求无门,进而出现超出规则和秩序的参与行为与政治冷漠、拒绝参与的两极分化。

桐乡经验的有益之处即在于,将政治参与拆分为多个环节,交由村民依据自己的特长、兴趣和时间,自行决定参与的具体环节,参与的深度与广度。根据政治学理论,决策通常可以分为6个阶段:政策动议(initiation)、政策预估(estimation)、政策选择(selection)、政策实施

---

① Lester W. Milbrath, *Political Participation*, Chicago: Rand McNally & Co., 1965.

（implementation），政策评估（evaluation），政策终结（termination）。桐乡经验中的"一约两会三团"实际上覆盖的就是决策过程中的不同环节，所完成的功能也完全不同。例如百姓议事会多体现政策动议和政策选择的功能，乡贤参事会则更多地体现执行政策预估与政策评估的职能。百事服务团和道德评判团则多具有通过间接手段辅助执行政策的职能。自由选择政治参与的具体环节，能在一定程度上降低参与的门槛，确保参与的质量，将不同程度的参与者都纳入到参与活动中来。

3. 利益相关方

除了主动组织群众进行政治参与，并积极引导群众参与决策的各个环节以外，另一个核心问题就是如何确保群众的持续参与。在我国，许多推动参与和自治的基层实践中，常会存在一种"运动式参与"的现象。即政府本来希望通过组织群众，创立制度、设立机构和平台来鼓励民众的政治参与，但由于民众缺乏热情，在运动过后，一系列的制度与机构都逐渐失效。事实证明，在政治参与的过程中，如果使群众利益和参与行为脱节，例如参与距离自己比较遥远的事项，或对政治参与的效果预期不佳，就会大幅降低参与的热情。换言之，单纯的动员参与如果最终无法内化为自动参与，那么某种组织群众进行参与和自治的努力就必然面临失败的结局。

在桐乡的案例中不难观察到，虽然社会结构已经发生了剧烈变化，零散而高频的个人参与在基层政治参与中占据了很大部分，但引起一些主要社会问题甚至社会矛盾的事件还是多见于不同群体之间的利益冲突。亨廷顿指出，政治参与常见的群体基础包括阶层、社会团体、邻里、政党和派别[1]，而在我国的基层治理中，常见的参与群体则包括宗亲、阶层、单位、邻里等。以桐乡的本地—外来人口矛盾为例，这一问题主要发生于街道治理范围内，矛盾双方主要是作为业主的本地人及作为租户的外地人。由于浙江地区经济比较发达，人口流动大，外来人口大量进入，已经在许多地区形成了外地—本地的人口倒挂，即外地人显著多于本地人。在这样的背景下，新旧居民很难实现融合。同时，邻里矛盾和围绕物业与出租屋的矛盾事件范围不大，激烈程度不高，但发生频率极高，因此以定期开会协调为主的常规自治与参与模式效果不佳。长此以往，由于社会问题依然存

---

[1] 〔美〕塞缪尔·亨廷顿、琼·纳尔逊：《难以抉择：发展中国家的政治参与》，汪晓寿、吴志华、项继权译，华夏出版社，1988。

在，社会矛盾依然尖锐，民众的参与热情却日益降低。

根据桐乡的经验，在面对这种问题时，灵活地在利益相关方分别组织政治参与并设立参与的机构和平台，例如在租户中设立租户委员会，在业主中设立业主委员会，让不同的参与群体各自选取适合自己的方式进行参与。这样的方式相对而言就会取得更好的效果。组织利益相关方就某个长期性的问题进行参与，实际上就意味着将政治参与的自主权交予群众，让利益和参与重新挂钩，让群众自行判断政治参与的必要性，自行平衡投入政治参与的时间与精力。通过这一机制，基层的自治尝试将能避免群众的运动式参与，形成参与的长效机制。实践证明，这一机制不仅被有效地应用于解决新旧居民之间的矛盾，同样也已经成功地被用于解决业主和物业矛盾等相似的领域。

4. 刚柔结合

我国的政治正处于发展转型的阶段，政治参与的方式也正在从传统方式向现代方式转换。

我国的传统社会是一个熟人社会，也是一个人情社会，在这样的社会中，人们对公共事务有着一定的关心。现代社会同样要求人们对公共生活进行关心，但这样的关心要建立在一定的规则与秩序之上。而正处于两种社会状态之间时，建立民众对公共事务的关心，使其关心方式、协商方式和参与方式都逐渐适应新的规则，是对每一个基层政治组织的巨大挑战。如果过于强调柔性约束，那么参与的规则与秩序很容易被融入传统人情社会的网络中；而如果过于强调刚性规则，那么现代的参与秩序又很难得到建立。同时也正如前文所提到的一样，基层政治组织如果无法将动员参与内化为民众的自动参与，那么这样的努力与尝试一定会面临失效的危险。困难之处在于，如何使一种良性的参与热情、参与秩序逐渐内化为民众的参与习惯，这一点至关重要。正如帕特南所指出的，良性循环会产生社会均衡，不断形成高水准的合作、信任、互惠、公民参与和集体福利；恶性循环则会使许多负面有害的关系不断实现自我强化。[1]

桐乡市在尝试推行"三治融合"项目时的成功经验在于其以"法治"和"德治"来促进"自治"。具体做法则是设立法律服务团和道德评判团。

---

[1] 〔美〕罗伯特·帕特南：《使民主运转起来：现代意大利的公民传统》，王列、赖海榕译，江西人民出版社，2001。

对这一经验进行归纳即是"刚柔结合",以法律为底线,同时在底线之上建构很大的弹性空间,交由集体评议。这样既能减少参与规则落地的阻力,又能使传统的集体生活形成法治的框架。实际上,"三团"中的这两个团体具有非常独特的意义:它们的目标不是直接进行政治动员,而是培育一个地区良好的社会资本与合作网络。法律服务团的目标不是直接对民众的生活进行约束和规制,而是对其进行法律知识、意识和能力的培养,这就能使得民众的互动方式日益规范化。道德评判团的目标同样不是简单地以集体的方式对个体施予压力,以制止或支持某种个体行为,而是使民众在参与评判的过程中形成自律的习惯,从而形成群体内信任与互惠的气氛。这种群体内社会资本的培育是非常宝贵的,同时也是非常牢固的,因为群体内的信任如不遭遇外来的挑战很难出现变更。一个典型的例子就是,桐乡已经通过这样的机制衍生出"信用贷"等项目,将群体内的社会资本转化为一定程度上的金融资本。这一方面能使得民众通过政治参与满足多种需求、解决多种问题,另一方面又能反过来强化民众的参与行为,最终实现参与方式从传统向现代的顺利转化,培育民众良好的参与习惯。

深圳儿童友好型城市建设研究报告
——先行示范的成就及展望

包雅钧[*]

一 对儿童友好是中国特色社会主义先行示范区建设的内在要求

2019年8月18日,新华社受权发布了《中共中央国务院关于支持深圳建设中国特色社会主义先行示范区的意见》。这份文件对深圳改革发展做出了"顶层设计",不仅承载着党与政府以及全国人民对深圳的厚望,也预示着深圳就此进入了一个担负崭新伟大使命的新发展阶段,意义极其重大。

作为我国改革开放的重要窗口,深圳经过40多年的发展,已经成为一座充满魅力、动力、活力、创新力的国际化创新型城市。随着中国特色社会主义进入新时代,深圳也必须在更高起点、更高层次、更高目标上全面深化改革、全面扩大开放。建设儿童友好型城市,本身契合这一中央文件精神,也是先行示范区建设的内在要求。

要实现以人民为中心的高质量发展,必须关注儿童权益,实现对儿童友好。中央提出的深圳作为先行示范区建设要坚持的指导思想浓缩为一句话就是,要在党的领导下实现以人民为中心的高质量发展。以人民为中

---

[*] 包雅钧,北京大学国家治理研究院研究员,北京大学城市治理研究院副院长,三亚学院三亚城市治理研究院副院长。华南师范大学曾令发教授、深圳大学谷志军教授等参与调研和资源整理,对本报告有重要贡献。

心，是我国一切工作必须坚持的原则，城市工作同样要体现为人民而建、由人民来建，成果由人民共享。儿童是"人民"这一概念的重要组成群体之一，从个体的生命周期来看，儿童对于"人民"还具有更加重要的价值：一个权益得到全面保障的儿童群体预示着一个更为强大的成人群体，必将在推动经济社会发展中展现更为充沛的发展动能。以人民为中心来推动先行示范区建设，就要把儿童工作摆在突出位置，更加重视对儿童权益的保障。高质量的发展内在要求全面协调发展、可持续发展、高效能发展。重视成人权益而忽视儿童权益的发展，不是全面协调的发展。相比儿童，成人是我们社会各项工作的主力军，但成人由儿童走来。可持续发展意味着对未来发展的投资。对儿童友好，保障儿童权益，就是在为最为重要的人力资源的未来发展投资，使"成人"更为"健全"，从而使整个社会的发展更具效能。大量研究已经证实，对儿童的投资将使整个社会的投入产出比成倍增长。

要营造彰显公平正义的民主法治环境，必须关注儿童权益，实现对儿童友好。城市汇聚多样化的人群，各种利益构成最为复杂。但儿童作为一个独特的群体，在整个社会中的话语权以及实际行动能力有限，总是居于弱势地位。而公平正义的伦理观要求每一个群体的利益都要得到同等对待。因此，要彰显公平正义，就必须保障并增进儿童权益。儿童是人民的一部分，更好地发展中国特色社会主义民主，就要体现出儿童在公共事务，特别是在直接关系他们自身利益的公共事务中拥有参与权利和一定的话语权。同时，中国传统社会虽然也重视关爱儿童，但更多是从"仁德"等思想与情感上加以体现，整个社会法律体系不承认儿童的权利主体地位，在父权至上的思想意识下，儿童的人身权与人格权利都依附于成人。新中国成立以来，特别是改革开放后，我国在法律体系上对儿童权利的保障才大大增强，承认儿童享有广泛权利，体现出了法治建设的重要成就。但大众对儿童享有各种权利的意识并不等同于意识到儿童的权利主体地位。要在先行示范区建设中促进法治的更多进步，在全社会真正树立儿童的权利主体意识，就必须以各种实实在在的举措关注儿童权益，对儿童友好。

要塑造展现文化繁荣兴盛的城市文明，必须关注儿童权益，实现对儿童友好。人创造文化，也浸染于文化。文化与儿童关系密切，少儿文化本身是文化的重要组成部分，社区文化、群体文化等社会文化及校园文化、家庭文化对儿童发展,特别是心理与认知发展具有重要影响。一个社会文化中最基础、最核心也是最为宝贵的部分往往体现在对儿童的教育之中,文化的繁荣与发展往往要以促进儿童身心发展为依归。深圳要建设先行示范区,无论是物质文化、精神文化或制度文化,从长远上看都要着眼于儿童的发展。深圳多年来重视文化发展与创新,塑造了一种相对独特的城市文明,这与汇聚的大量年轻人口以及区位优势有着直接关系。中央提出深圳要建设成为区域文化中心城市进一步彰显国家文化软实力,深圳在落实这一要求上既有优势也有挑战,要特别注重把优秀传统文化与各种外来文化融合好,更需要以对儿童友好为切入点,来展现文化的繁荣。反过来说,推动深圳文化的繁荣兴盛,也就要关注儿童权益,使文化体现出对儿童成长的正向引导功能,在全市营造一种直接展示对儿童友好的文化与社会氛围。

要打造民生幸福的标杆城市,必须关注儿童权益,实现对儿童友好。民生幸福的众多方面与儿童直接相关:幼有善育、学有优教、住有宜居、病有良医、弱有众扶。儿童的权益,不仅是儿童的幸福,更体现为一种社会的公共福祉。对儿童友好,关注儿童权益,使得儿童在教育、出行、就医、居住、玩耍、救助等各方面得到充分的权益保障,能够最大限度地增进人们的幸福感,进而增进城市的竞争力、吸引力。

最后,在某种程度上说,深圳要建设成为中国特色社会主义先行示范区,是要为全国人民而建,但首先是为深圳人而建,直接受益的群体也首先是深圳人,深圳儿童是其中最为重要的一部分。他们受益的时间将最为长久:不仅在"儿童"时期受益,在进入"成人"时期也同样受益。关注儿童权益,实现对儿童友好,从根本上使深圳人的受益最大化,本身符合中国特色社会主义先行示范区建设的内在逻辑,应当理直气壮地把它做好。

二 城市治理与儿童友好型城市理念的提出

随着各国现代化的推进,大量人口涌入了城市,城市治理的重要性已经被人们充分认识到了。城市的空间、产业等规划,城市公共服务,城市环境,城市安全,城市文化等各方面的发展与治理为整个社会所关注。对我国而言,2011年以常住人口来衡量的城市化比例首次超过50%,意味着城市人口比农村人口更多，城市治理的压力与日俱增。

在国外，主要是在英美等发达国家的现代化早期，人们就对城市中的儿童福祉问题有所关注。当时的各社会阶层都意识到需要对儿童妇女等弱势群体的权利加以保障。此后随着国家的福利化向前发展，人们意识到对儿童福祉的保障只是在理论上变得更为重要，注重生产和消费的城市对儿童的考虑并不太多。直到20世纪60年代，人们才开始呼吁城市建设中要关注儿童的多样化需求，但随后的社会制度建设中体现的却仍然是很少的关怀，对儿童的关注甚至渐渐淡出公共视野。直到21世纪初，由儿童肥胖及心理问题导致的儿童各方面的问题才再度引发社会的关注。[1]

联合国在对世界经济社会的可持续发展的关注中意识到儿童问题的重要性。为落实儿童的权利，联合国大会于1989年通过了《儿童权利公约》，要求世界各国政府必须真正重视和保护儿童权利。公约的核心是提出了四大儿童基本权利：生存权、受保护权、发展权和参与权，而公约得以签订则建立在对待儿童的四大基本原则之上：不歧视原则，儿童利益最大化原则，儿童具有生命权、生存权和发展权原则，以及尊重儿童意见原则。

1996年，考虑到城市化对人类生活质量的各种影响，联合国决定修改1976年发布的《人类居住议程》，这次大会上联合国儿童基金会（UNICEF）提出了"儿童友好型城市"（CFC）的构想（CFCI），强调关系儿童成长的居住环境、儿童的需求等要得到充分考虑。同年，联合国教科文组织也提出了"在城市中成长"计划（GUIC），强调要使儿童能够评估城市的环境质量，并参与到城市建设中。

联合国儿童基金会是儿童友好型城市理念的主要倡导者和推动者。这个机构为这一理念的传播和落实做了长期不懈的工作。事实上，早在1992年的联合国环境和发展大会上，联合国儿童基金会就已经认识到儿童问题的重要性，并形成了CFCI的想法，直到1996年才和联合国人居署一起正式以《儿童权利和居住报告》形式提出并提交给联合国大会成员。2002年5月，联合国召开了以儿童问题为主题的第27次特别会议，

---

[1] 〔澳大利亚〕布伦丹·格利森、尼尔·西普：《创建儿童友好型城市》，丁宇译，中国建筑工业出版社，2014，第1~2页。

形成《适合儿童成长的世界》报告，指出20世纪90年代是一个作出了重大承诺却成就平平的十年，因而此后要更加扎实地增进儿童福利、保护儿童权利，要求市长和地方领导人在城市发展治理中大力改善儿童的生活。[①] 21世纪以来，联合国儿基会发布多份报告，如《建设儿童友好型城市：一个行动框架》《创建儿童友好型城市的合作计划》《儿童友好型城市及社区倡议国家委员会工具包》《儿童友好型城市规划手册》《构建儿童友好型城市和社区手册》《儿童友好型城市倡议：促进儿童与青年参与——备选行动方案》等，通过明确相关内容来进一步推动这一倡议的落实。如在《儿童友好型城市行动框架工作手册》中就提出从儿童公共参与、儿童友好型城市法律支持框架、全市范围的儿童权利政策、每一项儿童权利和对应机制、儿童评估和评价、儿童财政预算、定期全市儿童状况报告、大力宣传儿童权利、为儿童开辟独立的宣传板块等主要方面来推进。现在，世界范围内23亿儿童（按国际通行定义，指18岁以下的人）的近一半生活在城市之中[②]，建设儿童友好型城市倡议已经进入全球38个国家，覆盖3000万儿童。[③]

在当前世界城市化面临着规划不足、公共服务资源分配不均、人与环境不够协调等一系列问题的大背景下，聚焦儿童权益是非常重要的。首先，儿童被认为拥有基本权利，应在社会运行和建设中发挥作用。其次，在城市建成环境中，作为弱势群体的儿童具有相当脆弱性。比如，空气污染对儿童的伤害远比对成人的伤害更大。但儿童代表着社会的未来。

根据联合国儿基会在《构建儿童友好型城市和社区手册》中的定义，"儿童友好型城市"是指致力于实现《儿童权利公约》规定的儿童权利的城市、城镇、社区或任何地方政府体系；在这些城市或社区，儿童的心声、需求、优先事项和权利是当地公共政策、程序、决策不可或缺的一部分。因此，儿童友好型城市是适合所有人栖身的城市。具体地说，儿童友好型城市要求城市或社区为儿童提供下列基本保障。

---

① 联合国第27次特别会议决议文件，《适合儿童生长的世界》，编号A/RES/S-27/2。
② 联合国儿基会城市儿童工作评估报告：An Evaluability Assessment of UNICEF Work on Children in Urban setting https://www.unicef.org/evaluation/files/TORs_Evaluability_Assessmment_of_Unicef_work_in_Urban_Settings_Individual_contract.pdf。
③ UNICEF：《构建儿童友好型城市和社区手册》，2019。

- 人身安全有保障，免受剥削、暴力和虐待；
- 人生有良好的开端，健康成长，备受关怀；
- 能获取基本服务；
- 能享有优质、参与式的教育和技能培训；
- 能对影响到其本人的一切事项自由发表意见并影响相关决策；
- 能参与家庭、文化、城市/社区和社会生活；
- 能生活在清洁、无污染、安全、有绿化空间的环境中；
- 能与朋友见面，有地方供他们玩耍和娱乐；
- 不论种族、宗教、收入、性别、能力，都能拥有平等的机会。

儿童友好型城市建设要求，地方政府和合作伙伴应当在以下五大目标领域采取行动：

第一，每个儿童和青年都应该在各自的社区中，受到地方政府的重视、尊重和平等对待；

第二，每个儿童和青年都有权表达自己的意见、需求和优先事项，任何影响到儿童的公共法律（如适用）、政策、预算、程序以及决策，需充分考虑这些意见、需求和优先事项；

第三，每个儿童和青年都有权获取高质量的基本社会服务；

第四，每个儿童和青年都有权生活在安全、可靠、清洁的环境中；

第五，每个儿童和青年都有机会与家人在一起，享受游戏和娱乐。

这五大目标基本涵盖了联合国《儿童权利公约》规定的儿童权利。联合国儿基会还确定了认可成为CFC的三大标准：

第一，在五个目标领域的范围内，为儿童带来行之有效的成果，确保采用全面的解决办法，保障儿童权利；

第二，倡导有意义和包容性的儿童参与（通过确立机制，如成立儿童和青年议会，做好儿童友好型城市倡议项目周期的各阶段工作）；

第三，高度致力于消除地方政府在政策和行动上对儿童和青年的歧视，参与儿童友好型城市倡议。

联合国儿基会还形成了一套相关的认可程序，如申请城市需要首先与联合国儿基会签署备忘录，做出相关承诺。总之，在它们的手册中，有关的策略、方式和工具一起构成了推动儿童友好型城市落地的有力指南。目前全球有不少城市已经获得联合国儿基会的儿童友好型城市认证，但中国尚没有一个城市进入这个名单。① 同时，全球3000多个参与城市或社区的单个人口规模总体上偏小。深圳2016年就表达了要加入儿童友好型城市倡议的兴趣，这是中国第一个在千万级人口总量规模上探索开展儿童友好型城市建设的大都市。而国际上这样的大都市整体推进儿童友好型城市建设的也不多。越南胡志明市在2015年向联合国儿基会表明了加入这一创新倡议的意愿。

三 深圳市在全国先行推进"儿童友好型城市"建设

联合国的《儿童权利公约》得到全世界范围的广泛认可，几乎所有国家都加入其中。中国于1992年批准该公约。儿童友好型城市建设说到底也是要落实好这些儿童权利。中国政府一贯重视儿童事业，在儿童权利保护方面取得了重大进步，但同时因为经济社会政治发展的客观条件所限，仍然存在一些不足。在众多成就中，特别值得一提的是，新发布的《中国儿童发展纲要（2011~2020年）》就明确把儿童利益最大原则纳入，与儿童优先原则一起成为最重要的指导原则，儿童福利也成为国家纲要的重要组成部分。② 不足则可以多方面分析，例如立法制度的简单和模糊，缺乏保护儿童的行政机关且行政机关保护儿童的效能不高③，缺乏跨部门的合作机制④，我国过于注重社会秩序为主的教育等而导致对儿童的赋权不足，等等。国务院妇儿工委早在2005年就指出，中国儿童的参与和发展得不到

---

① 有一种消息源指出全球现在有870多个城市获得认证。但联合国儿基会CFCI的官方网站对不同地区国家的情况进行了国别说明，其中得到联合国儿基会直接认证的显然并没有这么多。相反，这些说明涉及不同分类，有的城市是加入了这一倡议正在行动中，有的是已经获得认证。且有不少认证由UNICEF的所在国的委员会进行，比如西班牙就有277个地方政府被联合国儿基会西班牙工作委员会认可致力于履行儿童权利。联合国儿基会强调CFC是一个动态的发展过程，因此统计出来的参与到CFCI活动中的城市和社区达3000多个。参见联合国儿基会的《构建儿童友好型城市和社区手册》。
② 柳华文：《中国儿童权利保护新趋势——解读〈中国儿童发展纲要（2011—2020年）〉》，《人权》2011年第12期。
③ 尹龄颖：《〈儿童权利公约〉在中国的实施》，《研究生法学》2015年第1期。
④ 杨琨：《中国儿童权利保护的现状及对策——基于虐童案和喂药事件的反思》，《社会福利》（理论版）2014年第8期。

足够重视。①

但是，我国中央相关机构和一些地方仍然努力采取各种举措，通过倡导和落实"儿童友好"理念探索进一步做好儿童工作。国务院妇儿工委2010年甚至起草过《中国"儿童友好城市"的创建目标与策略措施》，鼓励地方政府增强管理儿童事务的责任意识，制定有利于儿童发展的公共政策。②但这个文件似乎并没有对外发布。对具体实践状况，一些研究工作对此进行了回顾，指出"我国也有很多城市已经注意到了儿童权益的重要性，北京、南京、杭州、成都、石家庄、济南、郑州等地积极响应联合国号召，但是到目前为止我国仍未有国际上认可的儿童友好城市或儿童友好社区。其原因是我国的'儿童友好型'建设更多地还是停留在倡导和政策层面，在实际的公共领域和基础设施建设层面的关注和投入总体较少，更谈不上硬件基础上的服务"。③只有深圳、上海、长沙、扬州等极少数几个地方的官方信息显示要推进儿童友好型城市建设。例如，上海市妇联2018年3月对外发表文章表示上海也要建设儿童友好型城市，认为上海市第十一次党代会提出了"城市是要有温度的"口号，这是建设儿童友好型城市的直接指引，需要加快推进本市的儿童友好型城市建设，并提出了从理念宣传、政策制定、交通环境等入手推进的思路。④长沙市则于2015年就提出创建"儿童友好型城市"目标，围绕政策友好、空间友好、服务友好，将"儿童友好型城市"创建纳入城市各项规划，此后还制定了《长沙市创建"儿童友好型城市"三年行动计划（2018—2020年）》。⑤然而，长沙虽然早于深圳一年提出这一口号，但落实却相对比较滞后，它的三年行动计划提出了十大任务，包括创建行动、研究分析、促进儿童参与、创建示范区、宣传推广等正在路上，这其中的许多工作深圳则较为系统化地在推进，并且已经取得较好的实效。江苏省扬州市的广陵区2013年提出建设"儿童友好城区"，但直到2017年才由人大代表首先提出要构建有扬州特

---

① 国务院妇女儿童工作委员会：《中国儿童发展状况国家报告》，《中国生育健康》2005年第5期。
② 上海市妇联：《推进儿童友好型城市建设》，《联合时报》2018年3月6日。
③ 石燕：《社会工作者在儿童友好社区中的定位与作用》，《南京工程学院学报》2017年第4期。
④ 上海市妇联：《推进儿童友好型城市建设》，《联合时报》2018年3月6日。
⑤ 《长沙邀青少年参与城市规划 助建"儿童友好型城市"》，中国新闻网，https://www.chinanews.com/sh/2019/09-19/8960501.shtml，最后访问日期：2020年9月19日。

色的儿童友好城市，且后续相关的具体举措则缺乏相应媒体报道。现实中，关于深圳"创建儿童友好型"城市的媒体报道和研究也就更为丰富。深圳事实上走在了全国前列。

深圳市委市政府对儿童事业很是重视。2015年12月，在深圳市委群团工作座谈会上，市妇联率先向市委建议把儿童友好型城市建设纳入深圳市国民经济和社会发展"十三五"规划。该建议得到市委采纳，并列入了2016年初市委全会报告和市委常委会2016年度工作要点。2016年初，深圳市妇联还向市政协提出了《关于积极推动深圳率先成为中国首个儿童友好型城市的提案》。同年，"积极推动儿童友好型城市"建设被纳入深圳市经济和社会发展"十三五"规划，《深圳市城市总体规划（2016～2030年）》，以及市委市政府的重点工作之中。这意味着这项工作就此开始实施。2016年6月，深圳市妇儿工委牵头制定并印发了《深圳市建设儿童友好型城市工作方案》，专项工作领导小组也得以组建，由主管副市长、市妇儿工委主任担任组长，妇联、卫生局、教育局等众多相关部门以及各区分管妇联工作领导为组员。这项工作也得到了深圳市党委的高度重视，市委第六届委员会已经召开了12次全会，10次都提到了儿童友好型城市建设。自儿童友好型城市建设理念提出以来，马兴瑞、许勤、王伟中三任市委书记都非常重视，强调要一张蓝图绘到底，并对此工作加以研究部署，多次调研或批示相关工作。具体建设路径是，以"人—社会—空间"的融合为主线，试点安排一些项目，在探索基础上形成相关规划和行动方案，并出台相关具体指导意见（建设指南），在这个过程中来宣传和贯彻"儿童友好"理念，更好地落实儿童权利。规划和行动方案已经于2018年2月印发，在友好学校、医院、社区、图书馆、公园、出行系统、母婴室7个方面的建设指引于2019年9月公开发布，一批重点试点项目建成并产生了很好的社会效应。

根据市统计局资料，2018年底深圳常住人口1302万。市妇儿工委提供的数据表明，2017年深圳日常生活和工作的人口估计有2000万，儿童约195万。深圳本地户籍人口约430万，存在数量超级巨大的外来人口，且人口年轻化是公认的客观事实。这也形成了较高的人口自然增长率，2017年底是23.2‰，而全国平均水平是3.81‰。按这个趋势，在未来，深圳将会有大量新生儿出生。深圳长久以来在社会治理中积累的经验以及已有各类基础，例如社会组织较为发达、干部队伍充满创新创造精神等，则为推进这一专项工作创造了很好的条件。与此同时，深圳发展中存在的一些短板也需要弥补。在民生方面，深圳市存在基本教育供给不足、深圳小学学位缺口50%、初中学位缺口达30%~40%等问题。① 现阶段，深圳要进一步加强基础教育建设，同时补齐医疗服务等方面的短板。在城市生活质量方面，深圳市存在城市空间开发过度、效率低下等问题，要进一步完善儿童教育资源建设，同时优化儿童的社区环境，儿童友好型城市建设为上述问题的解决提供了重要的机遇。另外，深入实践以人为本的治理理念，不仅仅要重视上述制度建设与硬件建设，更要重视社会本身运转能力的培养。总之，建设儿童友好型城市的各类举措，对于促进城市的可持续性发展，增强城市的吸引力、竞争力，建成中国特色社会主义先行示范区意义重大，而建设先行示范区的要求，也为进一步推进儿童友好型城市建设提供了新的政策支持。

四　深圳建设儿童友好型城市的规划和行动计划简介

事实上，深圳市发布的儿童友好型城市建设战略规划已经为人们勾勒出了相关的主要实质性内容，主要侧重点有三个方面。

首先是要建立完善的适度普惠型儿童社会保障制度。一是要建立儿童友好的法规政策支持网络，用完善的法规政策打击侵害儿童权益的行为，预防和减少儿童犯罪，建立儿童保护的社会支持网络。二是完善儿童医疗保障制度，优化儿童卫生资源配置，加强儿童心理健康知识普及宣传，开展出生无缺陷综合防治，保障流动儿童与本地儿童同等水平的基本卫生服务。三是促进基本公共教育服务均等化，积极探索高标准普及15年教育，改善学校"大班额"现状，保障普惠性幼儿园建设，整治校园周边午托市场环境。四是建设适度普惠型儿童生活福利服务体系，鼓励音乐厅、动物园、游乐场等经营性儿童场所举办适合儿童参加的各类公益活动。

其次是建立儿童参与社会公共事务的长效机制。一是要探索建立儿童诉求表达、权利保障的长效机制，确保儿童源头参与相关城市和社区事务。二是在涉及儿童发展的空间环境建设领域搭建儿童参与平台；在校园

---

① 《中国特色社会主义先行示范区，为什么是深圳？》，《瞭望》2019年第31期。

周边环境改善和社区改造等领域选取儿童代表积极参与。三是通过试点在学校、社区建立儿童参与议事制度，同时要对儿童进行培养，提高参与能力。四是建立儿童代表选任制度，通过网络平台、自愿报名等形式选取儿童议事代表参与城市公共事务。

最后是拓展与建设友好型城市空间。这主要从城市、街区、社区三个层面展开。就城市层面来说，主要是为儿童提供诸如母婴喂养的服务空间，通过对城市公园、广场等进行改造为儿童提供适合其游戏的公共空间，通过科学规划为儿童提供体验野外环境的自然空间。就街区层面来看，一方面通过规范机动车交通和对步行空间进行规划等措施确保街区安全空间，另一方面为儿童尽可能提供校内的自然化室外游戏场地，并探索建立学校游戏场地非教学时段对外开放。就社区层面，要确保社区配备足够面积的室内外儿童活动空间。

行动计划则主要包括五个方面内容。一是实施儿童安全保障行动，主要包括加快推动儿童保护等相关立法工作、完善儿童安全报警系统建设及推动儿童安全出行系统的试点和推广。二是实施儿童友好型空间拓展行动。该行动从城市、街区和社区三个层面展开。在城市层面开始试点和推广儿童友好型医院、儿童友好型图书馆、儿童友好型公园以及母婴室。在街区层面，实施面向街区尺度的儿童友好型空间行动，2018年完成园岭小学儿童友好型学校试点，2020年在全市推广。在社区层面，实施面向社区尺度的儿童友好型空间行动，2018年，完成福田区园岭街道红荔社区儿童友好型社区试点，2018年全市建成10个以上的儿童友好型社区；到2020年，实现全市各街道儿童友好型社区不少于1个。三是实施儿童参与实践行动，主要实施社区儿童参与专题培训、儿童议事会培育计划和儿童参与公共事务与城市发展规划议题。四是实施儿童社会保障提升行动，主要实施包括优化儿童卫生资源配置、儿童健康素养项目和妇幼安康项目在内的儿童卫生保健服务提升行动；实施包括促进基础教育优质均衡多样特色发展、加强儿童自然教育和阅芽计划在内的儿童平等受教育保障行动；实施包括提高儿童医疗保障水平、提高儿童福利水平、保护弱势儿童、社区妇女儿童之家建设和爱心妈妈小屋建设在内的普惠型社会福利供给保障行动。五是实施儿童友好宣传推广行动，主要包括组织召开深圳市建设儿童友好型城市研讨会、开展建设儿童友好型城市立体化宣传等（具体见表1）。

表1 深圳市建设儿童友好型城市行动计划不完全统计

行动计划	实施部门	时间范围
加快推动儿童保护相关立法工作	牵头单位：市人大办公厅 参与单位：市法制办、团市委	2018~2020年
完善儿童安全报警系统	牵头单位：市公安局	2018~2020年
儿童友好型医院试点及推广	牵头单位：市卫生计生委 参与单位：市医管中心、规划国土委、交通运输委、公安局、城管局、各区政府（新区管委会）	2018~2020年
母婴室示范点建设及推广	牵头单位：市妇儿工委、卫生计生委 参与单位：市发展改革委、交通运输委、文体旅游局、城管局、医管中心、机场集团、地铁公司、住房建设局、总工会、团市委、妇联、各区政府（新区管委会）	2018~2020年
面向街区尺度的儿童友好型空间行动	牵头单位：市教育局。 参与单位：市规划国土委、交通运输委、公安局、城管局、妇联、各区政府（新区管委会）	2018~2020年
社区儿童参与专题培训	牵头单位：市妇联 参与单位：各区政府（新区管委会）	2018~2020年
儿童参与城市发展规划议题	牵头单位：市规划国土委 参与单位：市妇联、团市委、市发展改革委、各区政府（新区管委会）	2018~2020年
儿童健康素养项目	牵头单位：市卫生计生委。 参与单位：市市场和质量监管委、医管中心、各区政府（新区管委会）	2018~2020年
加强儿童自然教育	牵头单位：市教育局 参与单位：市城管局、各区政府（新区管委会）	2018~2020年
保护弱势儿童	牵头单位：市民政局、残联 参与单位：市财政委、各区政府（新区管委会）	2018~2020年
组织召开深圳市建设儿童友好型城市研讨会	牵头单位：市妇儿工委 参与单位：市妇联	2019年
开辟建设儿童友好型城市宣传专栏	牵头单位：市委宣传部 参与单位：市妇联、深圳广电集团、深圳报业集团	2018~2020年

五 深圳儿童友好型城市建设的具体内容

深圳市儿童友好型城市建设主要是从四个方面展开,即政策友好、空间友好、服务友好和参与友好。

1. 政策友好

政策友好是指在推动儿童友好型城市建设过程中,地方政府应该出台各类法规、政策确保儿童权益得到保障。联合国儿童基金会在其推出的《构建儿童友好型城市和社区手册》中明确提出,应出台儿童友好型政策和法律框架:地方政府应确保,其控制的法律框架和政策的所有方面,均有助于推动和保障儿童权利。深圳市自提出建设儿童友好型城市建设以来,市、区、街道各个层级政府都出台相应的文件确保儿童权益得到保障。全市出台了相关规划、行动计划以及建设指引等顶层设计,许多区如福田、宝安、坪山甚至部分街道也制定了工作方案与计划等文件。其中战略规划的目标是到2035年,对标联合国儿基会儿童友好城市行动框架提出的主要建设板块,持续推进建设儿童友好型城市,通过前述三个方面,努力实现全市儿童友好型社区、儿童友好型公园、儿童友好型学校、儿童友好型医院等全覆盖。深圳市妇儿工委于2019年9月公开发布中英文版《深圳市儿童友好型社区、学校、图书馆、医院、公园建设指引(试行)》《深圳市儿童友好出行系统建设指引(试行)》《深圳市母婴室建设标准指引(试行)》,共涉及7个领域建设指引,除母婴室建设标准外,其他6个领域建设指引均为国内首创。其中,社区、学校、图书馆、医院、母婴室5个领域建设指引已经试行了一年。

案例1:深圳市儿童友好型社区建设指引(试行)

深圳儿童友好型社区建设的总体目标是保障儿童权利,满足儿童健康成长与天性发展的需求,指导建设安全、趣味、活力的儿童友好社区。

深圳儿童友好型社区要求建设包括社区户外儿童游戏空间、儿童友好步行路径在内的社区户外公共空间,包括儿童议事会空间、幼儿游戏空间和公共空间三种类型的社区室内儿童公共空间。同时社区要利用社区内现有的党群服务中心、社康中心、各类机构、幼儿园、中小学、儿童校外活动机构的设备,完善社区儿童卫生服务体系、社区儿童服务与家庭养育支持体系，建设开放的社区服务设施体系，健全社区服务专业支持与人才培养体系。同时还需要社区儿童议事会，建立社区儿童参与机制。

各区街也出台政策推进儿童友好型城市建设。福田区制定了《福田区建设儿童友好型城区工作方案》，由区妇联牵头建设"儿童友好型社区"项目被确定为福田区政府2017年度20项民生实事。宝安区颁布《深圳市宝安区建设妇女儿童友好型城区行动计划（2018~2020年）》，规划2018年，在街道、社区等七大实体空间开展友好型试点建设工作；2020年，妇女儿童友好型城区基本形成。建设儿童医院、儿童公园，10个街道全面推进妇女儿童友好型街道建设，全区建成儿童友好型社区不少于20个，全区新建公共场所母婴室100间。龙岗区出台《建设儿童友好型城区试点项目实施指导意见》和《建设儿童友好型城区三年实施方案》，明确了七大领域共17个试点项目，建立六大保障行动项目库，并在2018年政府工作报告中明确提出"探索推进儿童友好型城市建设"，推动试点项目纳入《龙岗区国民经济和社会发展计划》，协调国土部门将儿童友好型城市建设列入《龙岗区城市总体规划（2016~2035年）》。坪山区出台《建设儿童友好型城区工作实施方案（2018~2020年）》，明确近3年工作目标，并将目标任务分解成6大行动、21个具体项目，推动儿童友好型城区建设规划先行、精准施策、分类推进。大鹏新区出台《大鹏新区建设儿童友好型城区工作方案》，确定了2018~2020年三年的年度目标，并将目标任务分解成6大行动、26个具体项目和工作指标。与此同时，着手制定《大鹏新区建设儿童友好型城区长远规划（2018~2035年）》。此外，罗湖区还出台了《罗湖区深化教育领域综合改革方案》，推进学校、家庭教育改革等；成立校园青少年服务管理领导小组，研究校园青少年服务管理工作的政策、规划、方案，保障校园青少年心理健康。作为试点单位的宝安区福海街道，也出台相应的政策，推动儿童友好型街道的建设。2018年，福海街道制定《福海街道全面建设儿童友好型街道实施方案（2018~2020年）》，根据该实施方案，福海街道将在未来三年里推进四个试点、建设六大阵地、强化四个保障、开展两个教育项目、实施四个行动，只要是和儿童学习生活有关的教育、交通、医疗、公园、图书馆、广场、党建服务中心等建设项目都要融入儿童友好的元素。同时以此为基础配套制定了友好型学校、友好型医院（社康）、友好型社区、友好型家庭、儿童交通安全、安全事故预防、儿童心理健康、儿童权益保护、留守儿童关爱、科学育儿、校园周边环境整治等文件，从学校环境、家庭环境、社会环境三个层次，为儿童全身心打造友好孕育、友好生育、友好成长的"1+15"系列友好政策。

2. 空间友好

《联合国儿童基金会城市规划手册》提出儿童权利和城市规划的十项原则中要求，为儿童和社区提供负担得起的适当住房并保障其土地权属，让他们可以安全、有保障地生活、睡觉、玩耍和学习；为儿童和社区提供可用的医疗、教育和社会服务基础设施；为儿童和社区营造安全、包容的公共空间和绿色空间，让儿童在户外聚会和活动；发展主动交通和公共交通系统，确保儿童和社区能独自出行，让他们能够平等、安全地获得其所在城市的所有服务和机会。这事实是要求在儿童友好型城市建设过程中为儿童的健康成长建立合理的空间设施。深圳市十分注重儿童出行安全，注重在社区和医院、图书馆等其他公共场所为儿童提供足够的空间和设施，确保儿童享有应有的城市童年时光。

深圳市儿童友好型城市建设将适合儿童成长的空间打造作为重点工作，并从城市、街道和社区三个层次展开。就城市层面，主要是拓展包括母婴室、医院、图书馆等在内的服务空间，改造现有公园、扩建城市广场以适应儿童游乐，同时开辟儿童接近自然的空间。大鹏新区将"儿童公园"列入新区年度重点工作计划；"深圳昆虫科技馆"正申报儿童友好实践基地；结合中国农科院基因研究所600亩研究基地资源，建设"儿童自然研习径"；建设儿童友好型医院，依照"儿童视角"全面改造新区妇幼保健院儿科病房，给儿童营造舒适、温馨的就医环境。据调研，从2017年起，大鹏新区先行对幼儿园、中小学学校周边道路的交通安全设施和标志进行标准化建设。标志、标线设置率达100%，包括各类交通标志189套，太阳能道口标82套，广角镜15套，画人行横道线、减速带等交通标线7500平方米，设置隔离护栏3180米，反光防护桩290根。另外，大鹏新区在人大附中学校路段试点采用了荧光黄绿色钻石级反光膜，该反光膜在能见度较低的天气条件下具有更强的视觉效果。罗湖区按照市里的统一部署，推动和完善公共场所母婴设施建设，优化各大公园公厕、交通枢纽、医院、大型商场等公共场所母婴设施的配置，年内建成20个母婴室，3年内新增至少 60 间标准化母婴室，拼绘"母爱地图"。罗湖区还因地制宜，创造性地开发更多的儿童友好空间。比如，打造儿童友好型天桥，正在建设的田贝、鹏兴、深中三座儿童友好型天桥按计划在 2019 年 9 月完工并投入使用。儿童友好型医院可分为 3.0、2.0、1.0 三个等级。罗湖区妇幼保健院已基本达到儿童友好型医院 2.0 建设标准，结合医院改扩建工程，罗湖区妇幼保健院将对标儿童友好型医院的 3.0 标准，为儿童提供更加安全、舒适、友好的就诊环境。同时，罗湖区已启动独立的区级儿童友好型图书馆建设计划，整合图书馆资源，一批特色鲜明，满足儿童阅读、探索需求的街道级和社区级儿童友好型图书馆将在罗湖区出现。龙岗区率先在全市启动区级母婴室建设、率先建成全市首个市级母婴室示范点、率先制定了全市首个区级母婴室建设标准指引、率先建设行政服务大厅母婴室、率先建立母婴室经费保障机制；2018 年完成母婴室建设 62 间，超额 148% 完成建设任务。宝安区 2018 年在宝安区妇幼保健院开展儿童友好型医院试点工作。到 2020 年底，建设宝安区儿童医院，在综合医院（社康中心）推进儿童友好型医院（社康中心）建设工作，每个街道改建 1 家儿童友好型医院（社康中心），全区建成母婴室 100 间；在公厕改造工程中，加入婴幼儿换洗设备、儿童洗手盆。

在街道层面，主要是提供儿童独立、安全玩耍的街道活动空间和儿童友好的道路交通设施。宝安区西乡街道为儿童安全打造"彩虹之约"；航城街道、新桥街道分别在 2018 年底完成了一个儿童友好型公园改造；松岗街道打造"一社区一儿童乐园"；燕罗街道打造"一社区一亲子阅读区"；石岩街道打造"一社区一沙池"。福海街道是宝安区儿童友好型城市建设的试点街道，全力实施儿童空间友好行动，投入 11.63 亿元规划建设 12 万平方米的福海文化体育艺术中心和福海公园，建设 19000 平方米的福海儿童公园、8000 平方米的宝安图书馆福海分馆、1046 平方米的儿童体验中心、800 平方米的妇女儿童服务中心和母婴室等一批儿童服务阵地；扩建福新小学、新建深圳市十二高级中学和福海实验学校等一批教育设施，努力在高密度的建成区中挖掘资源，全力实施一批对儿童友好的空间项目。此外，福海街道还首创国内第一条步行巴士。

案例 2：福海街道"步行巴士"

"步行巴士"源自英国伦敦，指一群孩子在两个以上大人的护送下步行上下学的方式。参与"步行巴士"的家长会自发组织起来轮流护送孩子们，一名大人会充当"司机"走在前面带领整个队伍，另外一名则充当"售票员"跟在队伍后面。和传统的巴士一样也设有"巴士站"（沿途可以让孩子们加入步行巴士的地点）和"接站时刻"。

福海街道被深圳市妇儿工委正式确定为儿童友好型街道试点单位后开始探索建设"步行巴士"。2018年4月，该街道第一条"步行巴士"开通。桥头学校"步行巴士"1号线每天约有20名一至三年级小学生"搭乘"，一天两个"班次"，分别是早上7：30从小区、中午12：00从学校后门出发，途经幸福花园和塘尾24区两个站点，全程约400米，步行约10分钟。

福海街道全街道8所学校儿童步行巴士总体规划已经完成，"步行巴士"将成为福海街道各学校在儿童友好建设中的"标配"。

在社区层面，推进社区儿童友好型公共空间建设。罗湖利用棚户区改造，全力打造儿童友好型社区，力争将"二线插花地"棚户区改造和建设成全国标杆性儿童友好型社区。该棚户区分为木棉片区和布心片区，每个片区各有1所幼儿园、1所学校（中小学）、1个门诊医院，两个片区共有5个四点半学校，5个室内儿童活动室，6个架空层儿童活动场地。此外还设计了安全便捷的儿童友好步行路径。在木棉片区有0~5岁儿童活动场地四处，6~12岁儿童活动场地三处，13~17岁儿童活动场地三处；在布心片区有0~5岁儿童活动场地六处，6~12岁儿童活动场地两处，13~17岁儿童活动场地三处。整个棚户区改造后，儿童室外活动场地面积达到约10000平方米，公共空间达到了幼儿人均0.9平方米。其他各区也有街道根据本辖区社区特点，拓展儿童活动空间。如福海街道大洋社区，建设儿童友好步道、四点半学校、儿童友好休闲长廊、儿童友好广场、灯光篮球场和儿童文化艺术体育中心，改造图书室和榕树公园，设置儿童友好涂鸦墙，等等。

3. 服务友好

根据联合国《儿童权利公约》，儿童享有足以促进其生理、心理、精神、道德和社会发展的生活水平，并享有受教育的权利，缔约国应该提供相应的教育资源，从而确保儿童能够最充分地发展他们的个性、才智和身心能力。深圳市在推动儿童友好型城市建设的过程中，充分尊重儿童的权利，为儿童的成长提供各种服务，这些服务主要围绕亲子关系、儿童安全、儿童学习、儿童文化艺术发展、特殊儿童观照等领域展开。

罗湖区从儿童天性和身心健康发展需求出发，深入开展"世界与你童行"儿童友好系列服务项目。区妇联联合深圳实验故事妈妈阅读推广中心在全区幼儿园中开展"故事妈妈团"培养计划。该项目启动以来，在罗湖区清秀、春天、托幼、太阳岛、东乐、教工、华深、第一建筑有限公司等10所幼儿园服务家长、儿童7000余人次，培养幼儿园"故事妈妈团"10个。罗湖区为提高儿童欣赏交响乐及古典音乐的水平和能力，开展"非童凡响"——高雅艺术欣赏行动；连续三年开展"童在蓝天下"——留守儿童夏令营；长期关爱脑瘫儿童、自闭症儿童、听障儿童等各类特殊群体，开展"益心童行"——困境儿童关爱行动；为帮助儿童对家庭暴力、性侵害等行为建立正确认识，提升应对各种侵害的自我保护意识和能力，开展"童时行动"——儿童安全防护计划；为提升罗湖儿童综合素质，弘扬中华优秀传统文化，开展"非遗学童"——非物质文化遗产传承计划。宝安区开展儿童伤害预防项目，建立妇女儿童预防保护机制，建立女性社群和儿童公益社团，推广"宝妈成长在线""阅读妈妈联盟"等社群模式，并在一批有条件的企业中进行试点，推动爱心妈妈小屋、四点半课堂、0~3岁托幼等项目建设。南山区充分发挥本区域优势，建立南山区儿童科普联盟，为儿童提供学习科学知识、接触科技前沿信息的机会，让儿童真正地走进科学。目前首期联盟成员有中国建筑钢结构博物馆、雅昌（深圳）艺术中心、三诺集团深圳智慧生活创想馆、前海精准生物生命科学馆、前海港湾小学综合科普馆、奥比中光3D体感体验厅、深圳人才公园、南山区青少年活动中心、柴火空间九个成员。福田区妇儿工委、福田区妇联联合福田区公共文化体育发展中心，建设"童阅福田"儿童友好型社区阅读空间，实施"童阅福田"项目，重点关注儿童成长与家庭文明建设，提升改造区、街道、社区图书馆三级阅读网络；引入"绘本工厂""社区亲子读书会"等儿童阅读普惠型公共服务项目，逐步建立儿童阅读公共服务体系。

案例3：深圳"阅芽计划"

  阅芽计划是为0~6岁儿童和家庭提供亲子阅读资源的早期教育干预公益项目，是深圳建设儿童友好型城市行动计划中的子项目，由深圳市妇女联合会、深圳市读书月组委会办公室、深圳市卫生和计划生育委员会、深圳市教育科学研究院、深圳市阅读联合会、深圳图书情报学会、深圳市爱阅公益基金会（iRead Foundation）联合发起。它是中国第一个政府（政府机构）与民间组织（包括基金会）联袂推动的儿童早期阅读项目。阅芽计划于2015年4月启动，至今仍在进行中。

一、项目目标

深圳是一个年轻、开放、富有活力的移民城市，城市人口的平均年龄只有33岁，且每年有20万以上的新生儿出生。这一项目理论基础是联合国儿基会（UNICEF）有关专家提出的"认知资本"概念，长远目标在于强调儿童早期干预措施对儿童发展结果和社会经济增长的联动效应。不同于金融资本或社会资本，认知资本着眼于人的潜力，代表着通过对营养、卫生、教育、儿童保护和社会福利制度等影响大脑发育的方面进行早期干预所获得的经济回报。发育中的大脑具有可塑性，神经连接具有复杂性，在积极刺激作用下，认知资本的经济回报十分显著。研究表明，投资于儿童早期发展的投入和产出比为1∶18。投资于大脑发育将带来健康和福祉、教育成效、技能潜能、就业状况和生活质量等方面的改善。反之亦然，负面刺激会导致认知资本贬值、身心健康受损、教育成效降低以及人生机会减少。在生命早期，神经细胞发育处于峰值（每秒钟有700~1000个新的神经连接形成）。随着时间推移，这一速度逐渐减缓，而当既定的神经回路模式形成之后，要将其改变就十分困难了，这充分说明在幼龄阶段采取干预措施的重要性。在3~6岁，大脑发育已经逼近脑重最大值的90%，因此，对大脑实施最佳干预的窗口期是短暂的，神经元大约在6岁时达到峰值，其后十年间不断减少，这成为公平投资在生命早期开发认知资本的有力佐证。

目前，儿童早期发展已纳入全球各国政府议程。深圳作为一个注重未来投资的有远见的城市，进行持续、有重点的、有助于儿童实现大脑最佳发育的公平投资，是巩固和发展几十年发展成果的一大关键。阅芽计划正是提升儿童认知资本的优质项目。作为一座有人大立法规定读书日的城市，联合国教科文组织授予深圳市"全球全民阅读典范"称号。深圳市政府相关部门决心从孩子的早期阅读计划做起，用阅读改变城市的DNA，将这一计划作为建设儿童友好型城市的一项基础项目，纳入深圳建设儿童友好型城市行动计划项目库来持续推进。

深圳在充分吸收借鉴国外经验的基础上，根据城市的特点和现状，秉持非歧视公平原则，更加注重公共资源享有的公平性，对所有在深圳居住的儿童实行无差别公平获取原则，致力于实现以下具体目标。

（1）为在深圳出生未满六周岁的儿童免费发放"阅芽包"，目标是10年内在深圳累积发放不少于50万份，并逐步由深圳推向全国。"阅芽包"主要由一个书包和若干精选的图书组成。

（2）以"阅芽包"为媒介，系统科学地引导家长陪伴儿童进行图书阅读，提升阅读兴趣，培养孩子良好的阅读习惯，享受读书的乐趣，并为孩子的健康成长奠定终身受益的基础，如知识的增进、探索未知的好奇心、交流表达能力的提升。

（3）改进家长的育儿观念与习惯，提升亲子陪伴的质量，进而促进家庭的幸福感。

（4）以"阅芽包"为基础，推出系列举措，在深圳形成关爱儿童成长的深厚氛围。期待形成一批志愿者来推广儿童早期阅读。

（5）对项目进行全程跟踪研究，形成相关的学术研究成果。

二、实施策略

1. 发放精美阅读包让每个家庭拥有一份科学、专业的早期阅读规划

1.1 科学确定阅读包发放的顶层设计。阅读包（昵称为"阅芽包"）是阅芽项目的主要产品和基础载体。发起机构立足于初始资金规模以及深圳幼儿数量和人口出生率，通过调研论证，确定具有可行性的行动计划。即首先为生活在深圳的0~6岁儿童免费发放"阅芽包"，分为两大类，分别对应0~3岁和3~6岁两个不同年龄段。"阅芽包"由一个书包和4本图书组成。4本图书中有2本是直接适宜于儿童的绘本图书，另有2本是直接适宜于家长的图书。适用于家长的2本图书包括一本对60种儿童图书的导读，另一本是分阶段的早期阅读指导手册。

1.2 开发"阅芽包"图书内容。在"阅芽包"项目的基本框架确定后，项目发起方组建权威的专家团队来科学遴选和制定图书内容，确保图书内容对所有0~6岁儿童的适宜性和公平性。这个专家团队覆

盖了幼儿教育、幼儿心理、幼儿医学、儿童文学、儿童阅读推广、童书编辑等多个领域。与此同时，项目主办方聘请政府出版管理部门、出版发行部门、少儿图书专家和政府儿童工作主管部门的相关人员组成审核小组，对"阅芽包"产品进行内容质量方面的审核。最终确定了60本国内外最优秀且最适宜儿童阅读的儿童图书清单。

1.3 定制阅芽书包后免费发放，尊重家长及儿童意愿选择图书。为保障儿童健康，项目组织方特别定制了阅芽书包，保证书包的原料以及油墨都达到欧盟标准。在发放场地，书包中除适宜于家长的2本图书是统一的外，另2本图书按年龄从60本儿童图书中随机选择2本装入。为确保"阅芽包"有效使用，免费发放时要求家长事先预约，工作人员进行领取登记，并在领取时出示有关身份证件。

1.4 强化宣传，赢得社会支持，不断拓宽"阅芽包"领取渠道。项目组织方由少到多地联合一些医院和社区等公共场所开展试点，进行宣传和现场发放。此后，进一步扩大宣传，在书城、图书馆甚至商场等地设立领取点。发放工作一般由合作方（即医院、社区或商场的相关人员）承担，这也大大减轻了项目组织方与举办方的工作压力。与此同时，结合新兴互联网技术，开发App来宣传并服务于儿童家长，使他们方便地预约领取。现在，支持发放"阅芽包"的医院、社区、商场等场所的范围在不断扩展。

2. 开设培训课程培养专业儿童早期阅读推广人，面对面为家庭进行早期阅读指导

2017年，为了进一步培养儿童早期阅读习惯，阅芽计划开设爱阅学院，推出儿童早期阅读推广人培训课。该课程由主办方精心设计，为对儿童早期阅读感兴趣的志愿人士进行免费培训。这类志愿人士通常为一些社工，也包含部分家长。志愿人士经过培训成为推广人后，利用自身可支配时间进入社区，与儿童及家长进行沟通交流，对社区和家庭提供专业的、科学的阅读指导。

3. 建设儿童早期阅读推广服务信息平台

以专业书目、家长微课堂、阅芽计划App和爱阅公益微信公众号等多种方式，为家长建设儿童早期阅读推广服务信息平台。该平台主要致力于解决家长不知道如何选书、找不到孩子喜欢看的书等问题。为此，阅芽计划聘请专家团队，按照儿童的语言发展、想象创意、认

知发展、感官游戏、社会情绪、审美素质、生活能力七大方面,选出120册适合0~6岁亲子共读的图画书,给0~6岁家庭提供更多的优质图画书选择。为了解决家长在亲子共读时遇到的问题,在这个平台上推出了"家长微课堂",以每期不超过10分钟的视频形式为家长提供高质量的亲子阅读指导建议和方法。

4. 举办儿童早期阅读发展与教育峰会

为促进中国早期儿童阅读领域中多方力量的交流与合作,阅芽计划每两年举行一次峰会,营造社会舆论、吸引社会关注,从战略发展高度推动儿童早期阅读。2017年11月18日,深圳首次召开了以"早期阅读与更好的未来"为主题的首届全国儿童早期阅读发展与教育峰会。来自国内外著名学者、专家及一线幼教从业者与儿童阅读推广公益机构在一起交流展示前沿的研究成果以及详实的实践经验。

5. 推动儿童早期阅读从城市走向农村

为了让更多的家庭更早地理解到早期阅读对孩子的重要性,阅芽计划在深圳取得一定实践经验后,决定向农村推广,使更多家庭和儿童受益。2019年3月,阅芽计划项目开始走向乡村。据深圳市爱阅公益基金会的初步调查,湖南省郴州市永兴县是郴州市人口第二大县,县内留守儿童较多,家长及其他监护人对儿童早期发展与早期阅读的认识较弱。当前,深圳市爱阅公益基金会已经同永兴县政府与教育局进行了前期沟通,对永兴县的部分乡镇幼儿园进行了实地考察,并对一些家长和教师作了访谈,基本掌握了永兴县儿童早期阅读现状。一个全面的实施计划正在制定之中。

三、实施结果

1. 在深圳实施的直接成果

(1) 截止到2019年7月31日,"阅芽包"在深圳市发放量已达9万份。有预约近10万人。为方便市民就近领取,2016年至今已在深圳开放了62个线下领取点,全面覆盖深圳市10个行政区域。开放的领取点空间涵盖街道行政服务大厅、社区党群服务中心、妇女儿童之家、图书馆、孕妇产检医院、幼儿园、社康中心、书城和购物中心,儿童家长领取"阅芽包"非常便利。(2) 至今已培养近80名专业儿童早期阅读推广人,为深圳市民开展了834场亲子读书会及家长讲座,服务家长和儿童达到24240人次。(3) 已在App和微信公众号上为逾

30万家长用户提供科学的早期阅读内容和服务。

2. 对儿童的实际积极影响

为了了解"阅芽计划"项目的有效性，美国哈佛大学凯瑟琳·斯诺教授和陈思博士领衔的研究团队对"阅芽计划"项目进行了跟踪评估。研究团队现在已经完成了对0~3岁阶段家庭亲子阅读教育干预的有效性研究，对3~6岁阶段的项目成效的研究正在进行之中。该团队通过抽样从深圳市6个行政区选取了42所幼儿园和早教机构，以随机鼓励的实验设计（Randomized Encouragement Design）、调查实验的联合分析（Conjoint Analysis）以及家长在前测和后测时自主报告的方式开展研究，发现阅芽计划项目对深圳0~3岁儿童家庭的亲子阅读教育产生了显著的积极影响，主要体现在两个方面。一是对儿童早期词汇发展产生积极影响。在参与阅芽计划前，参与该研究的儿童理解性词汇（即儿童能够"听懂"的词汇）和表达性词汇（即儿童能够"说出"的词汇）的平均得分分别为77.26分和56.54分。在半年之后，参与阅芽计划的儿童的理解性词汇和表达性词汇的发展显著地提高。他们的理解性词汇的发展比未参加阅芽计划的儿童平均得分高出26.90分，表达性词汇的发展比未参加的儿童平均得分高出17.64分。相比于同类型的大规模实证研究，阅芽计划项目对儿童早期词汇发展的干预效果相对较为理想。二是通过家长教育观念产生积极影响进而使儿童受益。阅芽计划在深圳营造了关注早期阅读、关注家庭亲子阅读的良好氛围，整个计划对家长来说不仅包括直接的教育指导（专家的专著、多媒体资源和线下活动），也有间接的环境激励。家长在参与阅芽计划半年之后，他们的教育观念产生了显著的变化。阅芽计划对家长产生了一种信号作用，提醒、鼓励家长主动关注亲子阅读、实践亲子阅读，从而改变了家长的教育观念。许多家长在参与了阅芽计划后，更认同应该为孩子提供更多的图画书，他们在跟孩子一起进行亲子阅读时产生了更高的教育效能感和幸福感，更认同应该让儿童有充分的表达。阅芽计划还对不同教育程度或性格的家长产生了相应的激励，比如一些性情急躁的家长的一些社会行为方式也得到纠正，他们的性格变得更为平和，更懂得如何实施关爱。阅芽计划对不同职业的家长特别是母亲也产生了不同影响。比如全职妈妈认为作为家长应该同时增加自己的阅读量，拓展知识以更好地与孩子交流，而非全职妈妈在亲子阅读中更注重给予孩子充分表达的机会。

3. 阅芽计划促进了儿童权利的实施

（1）联合国《儿童权利公约》强调了对儿童权利的重视和保护。阅芽计划直接推动的是在深圳对0~6岁儿童受教育权利以及发展权利的重视和保护。阅芽计划虽然由相关政府部门和民间组织组织开展，但实际上已经成为一个多方参与的公益项目。如社区、商场、医院以及广大家长都积极响应和支持这个项目。

（2）阅芽计划项目从设计之初就秉持无差别原则，具有免费普惠性，其活动也都符合儿童友好型城市创建指南。如对儿童的无歧视原则体现为，无论是在城市或在乡村，同年龄段的儿童所得到的"阅芽包"都是一样的，开展的微课堂以及培训课程对所有家长都具有可及性。再如，它符合儿童利益最大化原则，儿童早期的阅读习惯以及家庭陪伴对儿童未来整个人生的知识、性格、心理等多方面发展具有重要的影响。阅芽计划是一种从源头上促进儿童利益最大化的实际举措。从尊重儿童表达权来看，一方面是需要家长具有平等意识，减少权威作风，赋予并鼓励儿童的表达，另一方面是儿童具有自主表达的能力基础。阅芽项目通过陪伴阅读，丰富了孩子的语汇，提升了孩子的理解能力，在指引家长陪伴阅读中注意观察孩子的反应，倾听孩子的回应，体现了对儿童表达权的尊重。在动员广泛公共参与方面，这个项目已经形成了多方参与的格局。在可持续发展方面，阅芽项目一方面得益于公众的广泛认可和支持，吸引了稳定的公益捐助资金，另一方面获得大量参与方的自愿支持，如提供发放"阅芽包"的场所并承担发放工作，使得该项目具有长期稳定性。项目启动的四年多来，"阅芽包"发放量逐年增长。

（3）阅芽计划正在世界范围内展示更多影响力。阅芽计划在深圳的成功实施，增添了项目组织方进一步倡导儿童阅读的信心。2018年9月，深圳爱阅公益基金会在国际儿童读物联盟（IBBY）设立了IBBY-iRead奖项，来促进全世界儿童阅读推广，增进中国和全球阅读推广项目和组织之间的交流，两年一次，授予在全球范围内促进阅读领域推广和发展的个人。

四、经验教训

1. 三个成功因素

（1）多元参与共同推进。政府、企业、社会组织、公民个人等多种力量共同参与是本项目的显著特点。推动儿童阅读这样的事务可以也应当由社会组织来具体开展，在本项目中它主要是指深圳爱阅公益基金会。而政府的妇女儿童工作委员会和教育部门则发挥监管与指导作用。这个项目天然地要求广大家长的响应和支持，事实上也得到了他们的有力支持。更难能可贵的是，企业等经济主体也对此项目极为认可，比如定制书包的厂商，仅收取极低的成本价但保证书包的质量，以此体现对项目的支持。许多商场专门安排人员提供场所来发放""阅芽包""。

（2）集成化服务方式。阅芽项目并不仅仅是发放书包，而是同步建立一套完整的早期阅读服务体系，包含早期阅读志愿推广讲师的培养、早期阅读信息服务平台 App 的开发和各政府机构（妇联、卫生部门等）及民间部门对"阅芽包"发放的支持。阅芽项目还注重品牌化运作。成功的公益项目一定要注重品牌建设。阅芽计划从一开始就注重形象设计，如"阅芽包"的取名，在汉语中形象而生动。"阅"指阅读，而"芽"则指刚刚新生的植物的枝叶，其发声则类似于"伢"，该字即指"孩子"。两个汉字结合在一起，直接生动地表明了整个项目的内涵。为此项目团队还设计了相应标识，印在书包之上，使品牌较快地深入人心。

（3）核心团队人员的持久奉献。在任何一个国家，发展公益项目，都需要一支精干的人员队伍，以奉献精神持久坚守。在中国，这样的民间力量较为稀少，需要培育并进而促进社会公益事业的发展。阅芽项目以共同的理念吸引到一批核心的民间力量，在坚守中不断创新，感染并带动身边人士支持该项目，也吸引了稳定的资金支持，从而保证了项目的成功和可持续性。

2. 三个挑战

（1）深圳作为移民城市，大量外来人员特别是农村流动人口的早期阅读意识不强。深圳人口中既有大量受过高等教育的精英人才，同时也有相当一部分人来自内地省份的农村。这后一部分人群通过自己的拼搏在深圳安家立业，但其文化程度一般在大学本科以下。在他们的意识里，儿童早期阅读不是那么重要。扭转这种观念并非一日之功。

（2）当前中国的儿童图书市场较为繁荣，但存在图书品质参差不齐的问题。项目方需要根据目标群体（0~6岁儿童，及其家长）来挑选相应图书，及时推荐给儿童及家长，这一工作量较大。此外，随着项目获得更多社会认可，组织方的监管压力同步增长。比如，"阅芽包"领取点不断增加，这方便了市民的领取，但同步增长的相应的预约及"阅芽包"和图书的派送工作，对项目组织方也产生了新的挑战。

（3）家长面临的工作生活压力等社会环境一定程度上制约着阅芽项目的实施。在城市，许多年轻家长仍然囿于繁重的工作生活压力而在陪伴子女上力不从心，一些低收群体少有时间陪伴孩子阅读。有的儿童则由爷爷奶奶或其他监护人负责日常照料，这些监护人中相当一部分人能力素质不高，不能对孩子进行高质量的伴读。

3. 将改变的三个做法

（1）进一步强化对阅读观念的重视与培养。从社会、家庭、学校、社区等不同角度与维度宣传阅读的重要性，并建立与之相适应的丰富的线下活动，建立差异化组合。在现有的家长讲座和亲子读书会基础上，可继续发掘其他活动，例如聘请儿童早期阅读推广人到公共图书馆，进行现场示范，聘请专业人员教授手指游戏，对爷爷奶奶等监护人群开展培训和帮扶，开发适宜的图书，如老人普遍近视，需要定制字号较大的绘本。

（2）与社会支持方进行更多互动，放大阅芽项目的社会效应。一些家长应约而来取走"阅芽包"，本身是对家长展示亲子阅读技巧的好机遇，但以往在一定程度上被忽视。项目方此后将在家长预约的时候同时现场组织集体亲子阅读活动，为家长间的沟通互动创造条件。

（3）进一步强化对家长的主动服务。在预约领取"阅芽包"的方式方面，可以增加不到场这一类别，即通过智能技术如网上审核确认家长的领取资质后，以邮寄或快递方式送达。项目方还将跟踪关注家长与儿童的需求，为特定需求提供量体裁衣式的其他服务，对阅芽项目进行不断优化，逐步增加儿童阅读量，把倡导的必读书从60本增加到100本。

五、成功经验

1. 注重项目开展前的框架设计

当工作的突破点或创意形成之后，有关发起方需要进行深入的调研，设计好明晰的行动路径。阅芽计划从2015年4月决定启动，到2016年4月"阅芽包"的领取，经过了近1年时间。在这期间，组织方进行了大量跨部门的精心准备。

2. 注重政府与社会组织的合作

在阅芽项目推进机制中，政府机构与社会组织共同参与，各自发挥组织、资源优势，政府机构发挥指导、监管以及协调服务的作用，而不是具体干预项目的运行。比如，图书出版部门参与了所赠送4本书的审查，政府的妇儿工作委员会则帮助协调有关医院和社区，提供发放场所。而具体的图书选择、分发到各派送点等工作，如何进行预约等工作都由民间组织爱阅公益基金会来组织实施。

3. 注重宣传

好的项目需要得到社会认可，也应当进行广泛的社会宣传。为使阅芽项目发挥充足的公益作用，项目组织方通过邀请社会知名人士前来参观，通过举办启动仪式以及专题论坛，以及向社区、医院的推广介绍，持续地向公众输出一种关心关爱儿童的理念和价值。阅芽计划也持续得到社会的关注和认可，获得一系列社会荣誉。例如，项目荣获了深圳读书月"最浓关爱奖"、南方都市报组织的第四届南都街坊口碑榜"优秀民生实事"、第十届深圳关爱行动"十佳创意项目"称号、第四届鹏城慈善奖"鹏城慈善典范项目"，"阅芽计划App"荣获"2017年深圳数字阅读最具创新产品奖"。

六、突出特点

第一，它体现了政府部门和民间机构的完美合作。深圳儿童友好型城市建设体现为一种自上而下的政府推动和自下而上的民间参与结合的建设机制，阅芽项目就是这个机制特点的良好例证。

第二，它切合中国文化传统。中国文化传统中对教育非常重视，注重从孩子抓起。著名的《三字经》至今仍然在学前教育中占有一席之地。这种传统在快速的经济社会变迁中似乎有没落的风险，在部分人群中甚至兴起"读书无用论"，但重视读书，把读书视作一种美好品性的文化传统仍然浸透在绝大多数中国人的血液里。注重幼儿教育，切合中国优秀传统文化，培养儿童阅读习惯，也是社会文明发展的需求。

第三，它符合深圳需求，促进了城市人文品质的塑造。作为中国改革开放先行地，深圳人不仅注重真抓实干，也非常注重学习，爱好阅读，是联合国教科文组织授予的全球全民阅读典范城市。这个城市已经形成了一个观念，即对读书的尊重。但同时一些年轻家长虽然有陪伴孩子早期阅读的意识，却缺乏相关能力和技巧，社会上也没有形成一个权威的书目清单。阅芽计划正好填补了这一空白。读书从娃娃抓起，奠定了这个阅读典范城市的基础。

第四，它遵循科学理论指导，致力于人的成长。阅芽计划是第一个在汉语情境下的大规模亲子阅读教育干预项目，而且是从低年龄段开始。它所设计的阅读内容和陪伴阅读技巧，符合儿童语言发展、心理发展和社会化发展的需求，体现了很强的专业性。这个项目不仅有益于儿童成长，对其他成人也是有益的。它使家长变得更加优秀，同时帮助志愿者提高了技能。

第五，它的设计路径是简明而又独特的，使家长深度参与。家长来领取"阅芽包"，既是为了培养自己孩子的阅读习惯和兴趣，也实现了对家长的自我帮扶，而且通过对家长的帮扶最终实现对儿童权益的最大保障。阅芽计划既是一个针对儿童权益的公益项目，也是针对作为家长的成人的一个公益项目。

第六，它产生了突出的社会成效，并注重跟踪评估。前面已经总结了项目启动4年来的成效。特别是，阅芽计划对参与其中的儿童及家长均产生了明显的影响，儿童的认知与理解能力有明显提升，家长的教育观念也得到强化。这个项目还进一步促进了深圳人爱读书的文化氛围。项目组织方指定专业机构对项目进行全程跟踪研究，并形成相关的学术研究成果，对实施项目前后的状况有客观的比较，有深度的评估和分析，为今后提升早期阅读推广的深度和广度提供了重要依据。

第七，它广泛运用互联网和信息化技术。阅芽计划在借鉴国外经验的基础上创新性地推出App和微信公众号，使更多的家长与儿童受益，极大提高了项目的社会影响力和实际成效。

第八，它普及了儿童优先理念。阅芽计划是深圳创建儿童友好型城市的一个基础性举措。在这个项目的实施与推广过程中，关爱儿童、儿童优先的理念得到广泛传播。这一传播过程也宣传了"儿童友好城市"理念，使这一理念更加深入人心。

4. 参与友好

联合国儿基会认为，儿童参与社区有助于提高洞察力和理解力。由于他们参与了规划的整个过程，城市规划可以将他们关注的问题、意见和相应的解决办法转化为技术可行、投资合理的规划方案。从愿景到战略再到执行，儿童和青年将确保项目的过程富有成效，并最终实现结构性的变革。另外，共同行动让儿童在这一过程中感受到自主权和主人翁意识，而成年人则更有可能继续发展儿童友好的规划文化。从一开始，儿童参与城市规划，无论就短期效果还是长远愿景来看，都是最佳投资。深圳市在推动儿童友好型城市建设过程中，充分尊重儿童的权利，让儿童参与到儿童友好型城市建设之中，主要是参与与儿童有关的交通设施和空间规划、参与社区公共事务管理、参与学校管理等与儿童学习生活密切相关的公共事务。市妇儿工委牵头与深圳广电合作开办了"儿童友好电台"，线上线下指导社区学校成立儿童议事会，组织儿童为公共事务建言献策。2013年以来深圳连续举办六届儿童国际论坛，一年一个主题。

各区也都有相应的活动。福田区红荔社区中央的街心公园，是深圳首个由儿童参与规划的社区公园，公园改造前期，社区儿童充分参与、发表意见，最后吸纳儿童的提议，增设了秋千、沙池、蹦床、攀爬墙等兼顾儿童不同喜好的设施。盐田区的儿童对中英街历史文化景点进行实地调查，并提出6条改进建议提交给政府部门。宝安区妇儿工委组建了亲子观察团，用儿童的眼睛发现社会公共服务空间的友好和不友好，鼓励儿童参与到社会服务和社区治理中去。目前亲子观察团已走访全区25间母婴室，参与宝安区最美母婴室评选活动。各街道社区也纷纷行动起来，结合自身实际情况，开展各具特色的儿童议事活动。如桥头学校成立了宝安首个儿童议事会，开辟了50平方米的儿童议事会专属空间。福永街道聚福社区开展了"少年议事厅"活动；福海街道塘尾社区开展儿童议事活动，讨论社区亲子空间应具备哪些功能和设备；沙井街道后亭社区成立儿童议事队伍、制定议事规则、确定议事章程。坪山区于2018年举办"我的公园我做主"坪山区儿童议事成长营活动，让孩子们参与到城区规划设计中，儿童代表为坪山区儿童公园的建设建言献策，与公园设计师共同商议如何建设儿童友好型公园。到2019年4月坪山区首个由孩子参与设计的坪山区儿童公园规划编制完成并取得了相关批复，基本完成了建设前期工作。自2018年全市开始全面建设儿童友好型城市以来，光明区结合自身实际，持续推进儿童友好型城区建设，成果丰硕。该区联动教育部门，成立区级儿童议事会，以辖区7所学校为试点，建立区级儿童议事员库，选拔区级儿童议事员56名，观察员56名，探索儿童参政议政的光明新模式。2018年罗湖区在田贝、鹏兴、深中等学校密集区域建设儿童友好型天桥以改善儿童出行环境。罗湖区妇儿工委办联合区城管局和区教育局开展天桥设计征稿活动，全区30所小学的学生参与活动并踊跃投稿，天桥规划设计单位充分吸纳儿童设计创意融入天桥整体设计方案，并形成了《罗湖区儿童友好型天桥设计导则》。同时，设计师从众多优秀儿童作品中归纳设计创意，并借鉴国外优秀案例，在功能植入、形体结构、细节设计、景观铺装、色彩、照明及标识各方面贯彻儿童友好理念，规划造型简洁、细节友好、功能与趣味一体化的儿童友好型天桥。此外，罗湖区深入推行儿童议事会，各街道、社区因地制宜地开展各具特色的儿童议事活动，探索建立儿童诉求表达、权利保障的长效机制和反馈机制，培养儿童参与社区公共事务的意识。具体而言，街道社区为儿童提供具有举行会议、培训、开展活动等功能的议事场所，并配备相应设备。引导协助儿童成立儿童议事会，招募、评选儿童代表，制定议事会章程，保障儿童从源头参与涉及儿童的社区事务，充分听取儿童意见，并给予采纳和回应。

六　深圳儿童友好型城市建设具有突出的示范先导性

深圳在儿童友好型城市建设方面做了大量扎实工作，成效显著，在国内这一领域当之无愧地具有标杆地位，发挥着示范先导功能。党政重视、目标明确，以需求为导向整合资源，强化宣传并精心策划各类活动和试点推进，形成了上下联动的儿童友好型城市建设局面。

1. 吸引国内外强烈关注，产生广泛社会影响

自2016年起提出建设中国第一个儿童友好型城市目标，倡导"从一米高度看城市"理念以来，与儿童生存和发展紧密相关的社区、学校、图书馆、医院、公园、安全出行、母婴室等领域试点建设取得良好的效果。截至2019年9月，深圳市7个领域的儿童友好试点达100多个；各类儿童议事会119个，开展议事活动近千场；建成母婴室542间，预计2020年底将再新增400间，实现公共场所母婴室全覆盖。众多媒体对此给予报道，如联合国儿童基金会官网、人民网、新华网、参考消息网、央广网、凤凰网、搜狐网、新浪网、《中国妇女报》、《瞭望东方周刊》、《南方日报》、《南方都市报》、《羊城晚报》、《深圳晚报》、《深圳都市报》、《深圳侨报》、《深圳商报》、《深圳特区报》等国内重要数字媒体和平面媒体都多次报道深圳市儿童友好型城市建设。

联合国高度肯定了深圳市的做法，并在其网站上刊发了深圳儿童友好型城市建设的经验，这是目前该网站刊发的唯一的中国案例。深圳市妇联被邀请参加各类国际会议介绍经验，如联合国儿童基金会在印尼举办的泗水儿童国际会议、在泰国举办的曼谷儿童国际会议、在德国举办的科隆儿童国际会议，在美国举办的城市"95"国际专家会议，以及2018年国际城市可持续发展论坛。2019年10月，深圳市被邀请赴德国参加首次儿童友好型城市全球峰会，市相关分管领导及妇联领导在会上向各国介绍了深圳的成就，得到主办方和与会者高度评价。由于深圳市推动的儿童友好型城市建设的成就与意义，在2019年4月25日至27日举行的第二届"一带一路"国际合作高峰论坛上，国家发改委和联合国儿童基金会共同发起沿线国家"关爱儿童、共享发展，促进可持续发展目标实现"的合作倡议。

在国内，深圳市妇联也经常被邀请参加一系列公共活动，如在北京举办的首届中国城市治理创新选拔与颁奖大会，在成都由中国城市与小城镇发展研究中心与联合国人居署共同举办的第三届国际城市可持续发展论坛上介绍经验。这一建设成果获得了首届中国城市治理创新优胜奖（2019）、全国优秀城乡规划设计奖（2017）。基于深圳市在建设儿童友好型城市方面取得的成果，联合国儿童基金会连续两年与深圳共同举办世界儿童日点亮城市纪念活动。

2. 重视顶层设计，实现多元参与共建共治，全方位保障儿童权益，具有鲜明的地方特色

深圳首先将儿童友好型城市建设理念融入到城市的整体发展和治理理念之中，不仅在全国率先出台了专项规划，而且将之纳入了经济社会发展"十三五"规划，列入了市委市政府的重点工作之中。在实际推动中，也形成了自上而下推动与自下而上参与和总结相结合的工作机制。一方面政府统筹，各部门齐抓共建，市、区、街道、社区层层抓落实，另一方面企业、社会组织、媒体、公众都被动员起来，在探索摸索过程中总结经验。

深圳儿童友好型城市建设中对儿童的权益保障不仅体现在传统的教育、卫生、安全等方面，还格外突出了儿童参与，以一系列参与机制和参与活动，营造了很好的儿童参与氛围。对儿童参与来讲，参与主体具有全面性：深圳市儿童友好型城市相关的建设不对任何儿童设置参与门槛，同时格外重视存在健康缺陷的儿童等弱势群体。儿童参与的领域也是全面的。儿童除了享有各种服务之外，"深圳市建设儿童友好型城市行动项目库"还为儿童参与城市治理搭建了平台。深圳的工作不仅立足当前，更着眼长远，注重深层次高效能地提高儿童福祉。"阅芽计划"项目就是一个典型例证。七个不同建设领域指引都结合了深圳的实际，在调研基础上制定，选择了50个项目来重点推进，走的是"试点—普及"的改革创新路径。特别要指出的是，深圳社会力量发达，为儿童友好型城市建设也贡献了地方特色。在市妇儿工委的推动下，儿童友好理念因为符合社会总体规范和公共利益，不仅在政府部门也在社会领域内形成高度认同。此外，深圳市的儿童友好型城市建设理念在宣传方面还强调视角创新，也获得社会高度认同。比如，"从一米高度看城市"理念，有助于引导社会对儿童权利保障有更加切实的理解和重视，进而推动解决城市儿童空间受挤压和儿童保障体系不够完善等问题，在城市规划的根本理念中注入儿童视角。

3. 做实理念宣传普及与建设成果考核验收，夯实了深圳儿童友好型城市建设成功的根基

深圳儿童友好型城市建设之所以能顺利推进、成果累累，首功在于把一个好的理念推广开来。这个宣传推广从一开始就呈现起点高的特征，并和实际工作的成效相印证，实现了宣传与成果相互协调的良性互动局面。一方面全市营造了全社会参与儿童友好型城市建设的氛围，将建设儿童友好型城市作为深圳创建全国文明城市的有机组成部分。深圳市通过市委宣传部、文明办、广电集团的公益宣传渠道，在公交地铁站台灯箱、户外立柱，以及深圳的"四报一网"发布儿童友好型城市公益广告，通过全方位地普及儿童友好型城市相关知识来促进全社会形成儿童友好的风气与观念。另一方面是策划举办了儿童友好型城市系列主题活动，如举办深圳儿童国际论坛，并利用各种场合组织儿童代表与政府部门官员、城市建设相关领域专家进行跨界对话，如在2018年深圳设计周融入"儿童参与设计的可能"，邀请儿童参与儿童友好公园设计。深圳还开通"儿童友好地铁专列"，在地铁1号线专列展示各具特色的儿童绘画作品；设立了儿童友好电台，让儿童能够参与到儿童友好型城市建设需求调研、纲领出台、试点建设等各个环节，培养儿童主人翁意识。与此同时，深圳市积极与联合国儿童基金会合作，在世界儿童日发起"点亮城市，点亮儿童未来"统一行动。在具体建设成果的验收方面，深圳市格外重视在地化考核标准的制定。深圳市对儿童友好型城市建设编订了相应课题，并在全市范围内发放调查问卷，在市级党政等部门发放调查表。在当地数据基础上，深圳市通过收集整理国内外资料，研究联合国儿基会最新儿童友好型城市建设手册，完成了《深圳市建设儿童友好型城市需求调研报告》，并在此基础上，进一步编制了《深圳市儿童友好型城市评估指标体系（试行）》。这些工作使儿童友好型城市建设成果质量得到了保证。

4. 助推基层社会治理，提升了政府效能，促进了社会整合

对深圳市来说，儿童友好型城市建设是全市工作中的一个重要领域，对妇联工作来说，儿童友好型城市建设成为本身职能领域的新亮点，对基层政府来说，儿童友好型城区、街道或社区建设也成为推动整个层级或区域内社会治理的抓手。后两者的工作成就汇总构成了全市在儿童友好型城市建设领域的成就。妇儿工委牵头推动横向上各职能部门与纵向上各政府层级形成合力，承担妇儿工委日常工作的妇联工作人员在这个过程中也得到提升，不仅增长了知识，磨炼了才干，更重要的是开阔了眼界、拓展了情怀，有利于对标国际，把深圳打造成国际一流都市。同时基层政府也意识到，推动儿童友好型城市建设，也大大促进了当地的社会治理。比如，这需要发动社区、社会组织的支持，在本地形成较好的软环境：要更多地沟通，要更好地与居民互动，听取居民和儿童的意见。这些都是社会治理的精髓，也是地方社会治理最需要改进的地方，从而有助于政府重视民众意见这一意识的增强，并形成和发展听取意见的民主机制。同时，相应的硬件建设，如儿童活动空间或场所建设，本身也具有拉动经济发展的属性。在调研中，不少地方反映，儿童友好型城市建设可以成为而且事实上已经成为社会治理的重要切入点，并在街道、社区产生了积极效应：社区更加融洽，居民对街道及政府部门的工作更加认同。

七 国外的探索实践

当今世界范围内的儿童友好型城市建设，总体上都是在联合国儿基会的相关指导框架下开展的。我国学术与理论研究领域对国外相关建设的研究总体上比较少，而且这一方面的研究集中在儿童友好空间设计等技术层面，很少有比较全面的介绍。比较有代表性的介绍有如下几篇。一是关于美国波特兰市珍珠区的儿童友好型城市建设介绍。该区首先通过城市规划表达了对儿童友好的政策支持，并从住房、交通和户外空间等方面制定行动计划来重点落实。① 二是关于荷兰城市友好理念下的安全街区与步道的介绍。荷兰通过城市儿童友好程度评估，在全国城市中采取了限制机动车速度、规划儿童出行路径、促进居住区道路的儿童共享程度等举措来提升城市儿童友好程度。② 三是对澳大利亚儿童友好型城市建设的综合介绍。在澳大利亚，联邦政府及各州政府围绕城市规划和发展纲要为儿童权益提供较好的制度保障，并强调建设中要实现政府部门之间、政府与社会社区之间的顺畅融合，注重创造条件促进儿童参与。③ 四是对尼泊尔儿童参与的介绍。作为一个欠发达国家，尼泊尔在国际上被认为是社会幸福程度较高的国家，它有一些做法可圈可点，重视儿童参与即是其中之一。尼泊尔的儿童参与具有强有力的法律政策保障，有稳定的资源和评估支持，有完善的组织体系。④

　　国外对此的关注相对更为丰富。比如保罗·特兰特介绍了澳大利亚在社会资本或"社会纽带"方面促进儿童友好型城市建设的成果，罗宾·卡恩斯与达米安·科林斯介绍了奥克兰市的儿童步行校车个案。⑤ 弗里特和卡尔斯腾介绍了全球化背景下的儿童友好型城市建设的相关做法的类型学及由此而来的观察发现。他们认为在私人行动领域，儿童及其父母被当作了消费者，而在公共行动领域，儿童被当成是成人的合作伙伴，全球化及都市化对儿童成长及机会是双向的，在评估各地的儿童友好型城市建设方

---

① 韩雪原、陈可石：《儿童友好型城市研究——以美国波特兰珍珠区为例》，《城市发展研究》2016年第9期。
② 曾鹏、蔡良娃：《儿童友好城市理念下安全街区与出行路径研究——以荷兰为例》，《城市规划》2018年第11期。
③ 江文文、韩笋生：《澳大利亚儿童友好城市建设及启示》，《现代城市研究》2019年第1期。
④ 郭铭鉴：《经济欠发达国家儿童友好型城市视域下儿童公共参与考察——以尼泊尔为例》，《少年儿童研究》2019年第1期。
⑤ 转引自〔澳大利亚〕布伦丹·格利森、尼尔·西普《创建儿童友好型城市》，丁宇译，中国建筑工业出版社，2014。

面，全球标准并不总是有效或合适，儿童友好型城市建设是涉及代际互动的进程。[1] 布里德曼对加拿大的儿童友好型城市的参与及规划设计进行了案例介绍。[2] 雷斯莉斯等学者对菲律宾城市社区中贫困儿童在友好城市建设中的权利保障问题进行了探索，特别强调对官方及其合作伙伴在儿童友好城市建设上的成效评估。[3]

我们对国际范围若干国家的儿童友好型城市建设也做了初步考察。[4] 在芬兰，我们发现这里的儿童友好型城市建设也遵循着国际组织的指导，强调儿童的参与，并重视对相关活动的评估，所选择的试点领域是在体育方面，鼓励探索利用城市基础设施和创新的途径，通过创造足够的步行空间和减少交通工具的使用，促进儿童进行体育活动。在蒙古国，儿童友好社区发展策略集中在服务（以教育、健康、保护和发展为重点）、家庭、环境和治理四个方面。在越南胡志明市，规划与监督、儿童参与、政府机构和市民社会的合作，以儿童和青少年为中心的组织和学术研究被当作取得预期目标的重要工具。日本于2018年才开始启动儿童友好型城市创新，相关建设模块与联合国儿基会的指导内容高度契合，但在实际操作中更加重视社区和城市间的合作网络。白俄罗斯早在2007年就开始了相关建设，目标在于为儿童成长创造一个赋能的环境、在儿童相关性问题上促进部门合作、在决策过程中促进儿童的参与，用儿童友好指数来评估并推动工作。在德国，儿童友好型城市建设是由一个社会团体来主导推动，主要目标是增强儿童权利意识，并为儿童的民主参与创造空间。英国于2017年11月开始加入这一创新倡议，在6个城市试验，由联合国儿基会英国委员会启动并指导。和地方政府合作并强化对相关人员包括社工的培训，英国的儿童友好型城市建设主要致力于改变政府处理儿童事务的方式或机制，使儿童获得关系自身利益事务的发言权。

但是综合来看，全世界范围内的儿童友好型城市建设的历程并不长

---

[1] Willem van Vliet and Lia Karsten, "Child-Friendly Cities in a Globalizing World: Different Approaches and a Typology of Children's Roles," *Children, Youth and Environments* 2 (2015).

[2] Rae Bridgman, "Child-Friendly Cities: Canadian Perspectives," *Children, Youth and Environments* 2 (2004).

[3] Mary Racelis and Angela Desiree M., "Aguirre: Child Rights for Urban Poor Children in Child-Friendly Philippine Cities: Views from the Community," *Children, Youth and Environments* 2.

[4] 源于联合国儿基会的资料介绍。参见 https://childfriendlycities.org/initiatives/。

久，多数国家是在近些年来才开始重视这个项目。即使是在发达国家，建设儿童友好型城市也面临很多艰巨任务。然而，已有的实践表明，通往儿童友好型城市的道路可以从日常生活的领域，从专业领域和政策领域的实践，结合本国及本地的政治经济文化环境加以突破。儿童友好型城市建设是一个立体全面的任务，涉及城市治理与发展的多个层面。政府在推动儿童友好型城市建设上负有重要职责，而且需要儿童的积极参与。

八 深圳下一步的展望

深圳的儿童友好型城市建设在国内走在前列，即使放在国际上比较也是相当成功的实践。同时，这个项目强调因地制宜，是在适应本地的制度文化结构与经济社会已有基础上向前推进，因而国际上可供深圳借鉴的经验与做法并不多。在这种背景下，下一步推进儿童友好型城市建设，总体来说，应当是继续把已经制定的规划和行动计划落实好。深圳妇联作为市妇儿工委的办事机构，已经做出很多努力，但儿童友好型城市建设需要更多部门的高效合作来推动。结合中国城市治理创新的一般经验以及国际上若干典型做法，在深圳继续推进儿童友好型城市建设，以下方面或可供参考。

第一，明确以获得联合国儿基会认证支持为阶段性目标，在全市进一步营造儿童友好的氛围，进而带动全国的儿童友好型城市建设。深圳不仅是深圳人的深圳，更是全国人民的深圳，获得联合国儿基会的认证对于推动本地及全国的儿童友好型城市建设十分必要。因而在行动策略上，宜尽快由市妇儿工委代表市政府和联合国儿基会驻华代表处签署备忘录，并结合相关承诺和深圳的儿童友好型城市发展战略来推进。此外，考虑到当前国内相关国家治理要求，建议由市妇儿工委寻求国内相关机构特别是有影响力的科研机构合作共建中国儿童友好型城市建设推进委员会，借助社会力量，在中国国内先行自我认证。在这一方面，西班牙的众多儿童友好城区就是所在国的一个委员会进行认证的。在国内先行认证的基础上，可以通过这样的专门委员会与联合国儿基会沟通，使深圳市的经验和成就走向国际。这不仅体现了我国政府在处理众多国际事务中"以我为主"的原则，也有利于使深圳市的成就和经验更快走向国际社会，从而展现深圳的活力。

第二，领衔制定中国儿童友好型城市建设标准，引领其他城市的儿童友好相关建设工作。作为先行示范区，深圳市在儿童友好型城市建设中不仅要自身确实领先，更要发挥示范引领作用，把自己的探索转化为可供其他城市借鉴参考的智慧方案。为此，深圳市亦在前述建议倡导建立全国推进委员会的基础上，立足于深圳实践为全国制定出一个中国标准。此外，同样立足于深圳实践，和全国推进委员会合作来推动某类别的相关建设，如街道、社区、学校。目前在北京由永真公益基金会牵头推动了全国儿童友好型社区评比申报及社区标准的制定。考虑到深圳在这一领域所做的突出工作，深圳市宜支持市妇联获取在全国推广这一工作的话语权，组织全国范围内的儿童友好型街道、社区、学校的评比认证工作，以评促建，在全国掀起对儿童友好的新热潮。深圳市还可以同步考虑组织全国儿童友好工作的培训班，编辑出版相关案例教材，组织全国各地有志于推动儿童友好工作的实务者出国考察或进行国内的考察交流活动。

第三，加强立法保护儿童权利。作为经济特区，并结合我国法治改革的相关规定，深圳拥有相当的自主立法权。国际经验表明，以立法来保障儿童权益是十分必要的。但现阶段，我国虽然签署了《儿童权利公约》，但具体的法律保障仍是滞后的。国家的儿童发展规划，以及深圳本地虽然出台了规划和行动计划，但其效力显然和法律法规不能相比。国家的未成年人保护法，也有操作性和实用性不强的特点。相比起来，国外有些立法就比较细致可操作。如在国外很多发达国家或地方的州/市强制规定不能将一定年龄下的未成年人单独留在家中，否则监护人要面临处罚责任。建议深圳可以探索更多相关法律法规，把保护儿童权利落到实处，如《深圳市保护未成年人条例》。

第四，更多探索儿童空间供给和建设的规划友好政策。深圳现阶段的城市建设以"存量开发"为主，有关社区儿童空间建设的要求和各方利益博弈重点主要集中于公共服务设施的配套规模和布局。为保障儿童在社区中拥有足够的活动空间，应致力于将社区儿童活动空间的规划要求体现为明确的规范条文，切实保障儿童能就近拥有安全、自然化、促进交往的友好活动空间，对社区户外儿童公共空间、室内儿童公共空间的类型、空间布局、游戏设施、植物配置、场地建设等方面提出具体的建设要求。比如说，要明确要求在社区更多建立儿童与成人的互动空间。同时，对儿童友好型空间建设给予奖励支持。深圳市政府宜出台相关政策，鼓励开发商、社区、社会组织参与支持各类儿童友好型空间建设。特别是在住房开发建设中，我国不少地方的开发商因利益驱动，缺乏进行儿童友好型空间建设的动力。这就需要在容积率、资金支持方面给予特别鼓励。

第五，重视把儿童友好理念落实到城市建设规划之中。不仅要重视儿童博物馆、公园、动物园、少年宫等正式空间或载体的建设，也要在城市街道、建筑院落等儿童日常生活与玩耍中需要的公共空间考虑实现儿童友好。各种建设中，规划先行。市妇联可以加强同规划机构与人员的沟通协调，甚至可以协商培训，使他们在各类规划中都自发地贯彻儿童友好理念，从儿童角度，以及成人与儿童互动角度来展开设计。特别是要尽可能使儿童与自然有更多的接触机会，构建连接自然的儿童友好城市空间网络，实现人与自然的高度融合。要充分考虑儿童的行为特征和心理需求，在以"建筑森林"为主的城市环境中，以自然化设计提升家园、校园、公园积极空间的吸引力，以友好街道线性空间串联起一个城市与自然相融的空间网络系统，不仅为儿童也为城市其他居民提供生态宜居的城市环境。

第六，更加注重儿童参与建设。首先，要培育成人引导儿童参与的能力。儿童参与需要儿童与成人的互动。一方面我们需要更加重视对儿童参与的能力与意识的教育，但另一方面也要加强对成人的宣传与训练，使他们有重视容纳儿童参与的意识，也要有适度地与儿童沟通的技巧与能力。事实上，鼓励和发展儿童参与，主要的责任在于成人。同时，成人要确保儿童的知情权，要把相关信息做到公开透明，对于成人而言也是一种民主训练。其次，要建立全流程、长效的儿童参与机制。儿童参与权是儿童权利的核心，也是儿童友好型城市建设的灵魂。深圳市应进一步规范、深化儿童对公共事务的参与，使儿童更多地参与到更为实质的对社会问题的调研、分析研究中去，培养起儿童公共参与的意识和发现问题的能力。特别是在社区层面，有效的儿童参与可以反映社区儿童的真实空间需求。在儿童参与社区公共事务时，应通过确立需求表达、方案制定、决策公示、评估反馈四个关键环节，建立儿童需求从表达到落实的完整机制。同时，整合儿童代表制度与公共事务参与机制，建立长效性的需求表达和决策反馈机制，将儿童日常需求通过各级儿童代表提请社区工作站评估决策，并给予反馈。最后，以多方共建制度激发儿童参与城市社区建设和城市治理的动力。宜推动社会组织共建，培育一批为儿童提供专项服务的社会组织，建立家庭服务支持联盟，形成以家庭为基础、学校为主导、社区为依托的儿童参与支持系统。

第七，建立儿童友好型城市建设监测和评估机制与指标体系。例如编制深圳市儿童友好指数来评估各类儿童友好型设施或空间的建设成果。深圳市正在通过一些指引来引导建设各类儿童友好设施与空间，是一个好的努力尝试，但可以进一步完善对各种同类设施的指数评级，如对所有公园的儿童友好程度评级。各类监测评估获得的关于保障儿童权利的进展、影响和结果及相关证明材料，也可以用于相关的宣传倡导活动。在此基础上，可以探索更为规范全面的儿童友好型城市建设模板以及考核方式。

第八，调动更多社会资源参与儿童友好型城市建设。深圳市场经济发达，可以加大力度引进市场化机制，提升各类企业参与儿童友好型城市建设的积极性。如鼓励企业积极立足需求，进一步探索相关儿童友好的产品，并鼓励民众参与对已有的儿童友好型城市建设的评议，鼓励项目开发方之间开展同行评议。社区及各类社会组织也是儿童友好型城市建设的重要支撑力量，要重视社区作用的发挥，积极培育、推动社会组织承担更多职能。深圳市在当前阶段可推动儿童友好型城市建设重心由"市级"到基层社区的转移。社区作为儿童友好型城市与儿童之间直接联系的平台，需要进一步承担起为社区内儿童提供综合型服务的职能。社会组织作为潜在的多元化服务的提供者应被给予更高的重视。可积极鼓励不同类型的社会组织全方位参与儿童友好型社区建设，如为社区儿童提供兴趣课程、提供简易医疗、提供参与公共服务的机会等，让儿童友好型城市真正从"设施友好"走向"服务友好""发展友好"。

第九，发挥科技优势，建设有助于实现儿童友好的网络空间。深圳高科技产业较为发达，而网络等技术则已经成为人类未来工作生活必备的技能，且对未来社会发展与治理有重大影响。深圳市可以开发适用于儿童的专门网络，使儿童在网上能学习、互助、参与，接触最新的人工智能等科技前沿，并能远离各类不良信息及潜在的伤害风险。

第十，加强儿童友好型城市自身文化建设。在下一阶段，深圳市可进一步促进儿童友好型城市理念自身的文化建设，从而让儿童友好理念成为整个城市文化的一部分。如通过建设小型儿童友好文化博物馆、设计完善相应的行动口号等多种形式让带有深圳市特色的儿童友好理念有更加直观的文化产出，进而让儿童友好理念以更为具体的方式走进城市治理中。与此同时，深圳市也可进一步探索我国本土文化中和儿童教育相联结的关键要素，引导儿童关注古典文化、美学，从而为个人的教育、美育、公民意识奠定更为扎实的基础，让儿童更好地在精神层面获得更加优质的成长环境。

　　第十一，把儿童友好型城市建设经费作为专项经费纳入到城市公共预算体系内。儿童友好型城市的建设，无论是从空间规划建设、交通系统改善，还是服务儿童项目和推动儿童参与，都需要一定的经费投入。尤其是在儿童友好型城市建设的初期，基础设施投入的比重比较大。因此，需要将儿童友好型城市建设的经费纳入到深圳市公共预算的一般项目之中，这样才能保证深圳儿童友好型城市建设得到持续不断的财政支持，从而让儿童友好型城市建设步入常态化、持续化的轨道。

　　第十二，更加重视对儿童成长诸领域的研究。深圳市可以更多委托社会研究机构对深圳市儿童在卫生、营养、安全、心理等多方面的成长状况以及需求加以研究，每年定期发布一个专题报告，并同期召开研究报告发布会。此类研究应当成体系地预先谋划，例如先支持一个课题组对整个深圳儿童现状作一个综合把握，使之发挥类似于联合国人类发展报告的功能，只是将其主题缩小集中在深圳的儿童成长方面，此后再有组织地在不同年度有针对性地选择不同主题发布，这些年度主题共同服务于深圳儿童发展这个大主题。举行发布会时，可广泛邀请国内外媒体、专家学者、政府官员、企业和社会组织负责人参与。

传统媒体参与城市治理功能转向的路径研究
——以《南方都市报》"城市治理榜"为例

曾令发　蔡天润[*]

一　问题的提出

一直以来，党和国家都非常重视新闻媒体在国家治理中的作用。早在新中国成立之前，毛泽东就强调报纸是"组织一切工作的一个武器"。[①] 新中国成立后，所有媒体被纳入到国家政治体系之中，发挥新闻宣传的功能。改革开放伊始，中共中央发布《关于当前报刊新闻广播宣传方针的决定》，要求"各级党委要善于运用报刊开展批评，推动工作"[②]，新闻媒体被赋予发挥舆论监督的功能。随着改革的进一步深入，媒体的舆论监督功能被进一步强化。党的十四大报告强调："重视传播媒介的舆论监督，逐步完善监督机制，使各级国家机关及其工作人员置于有效的监督之下。"[③] 党的十八大以来，习近平总书记高度重视舆论媒体的作用。2016 年习近平总书记在党的新闻舆论工作座谈会上强调："做好党的新闻舆论工作，事关旗帜和道路，事关贯彻落实党的理论和路线方针政策，事关顺利推进党

---

[*] 曾令发，华南师范大学政治与公共管理学院副教授；蔡天润，浙江科技学院大数据学院学生。
[①] 郑保卫：《毛泽东对〈晋绥日报〉编辑人员谈话的背景、价值及意义——写在谈话发表 70 周年之际》，人民日报网，http://media.people.com.cn/n1/2018/1017/c421845-30347095.html，最后访问日期：2020 年 11 月 11 日。
[②] 《十三大以来重要文献选编》中，人民出版社，1991，第 740 页。
[③] 《改革开放三十年重要文献选编》上，人民出版社，2008，第 665 页。

和国家各项事业,事关全党全国各族人民凝聚力和向心力,事关党和国家前途命运。"① 在新时代,面临着新媒体的挑战,传统媒体该如何发挥作用,尤其是国家推动治理体系和治理能力现代化的背景之下,传统媒体应该如何适应时代的需求,在自己赖以生存的城市治理体系中发挥作用,成为传统媒体面临的重要挑战。作为中国具有代表性的媒体部门之一,《南方都市报》推出广州"城市治理榜"。这是全媒体时代《南方都市报》的一次报业"供给侧改革"的尝试,也是传统媒体参与城市治理功能转向的标志,广州"城市治理榜"融合了传统媒体作为信息中介和活动平台的功能,使得传统媒体在城市治理中更具有建设性功能,它同时也融合了精英民主和大众民主,为社会精英和普罗大众提供参与的平台,并借助大数据,推动了城市治理。

二 传统媒体的困境与新时代城市治理的需求

1. 传统媒体的困境

进入 20 世纪以来,随着信息技术的高速发展,尤其是互联网技术以及微信微博等社交媒体的广泛使用,传统媒体陷入生存和发展的困境。

一是移动社交媒体冲击传统媒体的内容生产机制。② 20 世纪以前,传统媒体通过对社会信息的采集、整理和编辑,在社会信息的生产和传播过程中处于垄断地位,成为社会关系生产不可缺少的信息中介。因此,在网络及移动通信技术尚不发达之前,无论是社会发生、发展变化的信息,还是商家营销推广类信息,除传统的口耳相传外,传统大众媒体是唯一的传播渠道,渠道具有绝对垄断优势地位。③ 也正因为如此,传统媒体凭借渠道的垄断地位,既可以通过社会信息的内容生产提高其影响力,同时也可以通过渠道的垄断性为其获得经济来源,因为渠道的垄断能够为其吸引更多的广告收益。但随着移动社交媒体的出现,更多富有个性化、针对性的社会信息内容被生产出来,并且"内容产品沿着关系脉络不断扩散,参与者关注、评论、转发与再加工行为生成了一个没有边界、难以掌控的流动

---

① 《习近平谈治国理政》第 2 卷,外文出版社,2017,第 331~332 页。
② 胡沈明:《传统媒体内容供给侧改革的三条路径》,《新闻界》2016 年第 13 期。
③ 胡沈明:《从信息中介到活动平台——改革开放以来新闻媒体变迁考察》,《新闻界》2016 年第 14 期。

性内容链,克莱·舍基将这种'非专业人士'广泛参与媒体内容生产的现象称为'出版的大规模业余化'。"① 相比较传统媒体无特定对象的内容或者说一次性生产的内容,移动社交媒体在内容生产上更容易被特定对象所关注,并且每一位读者都可以对内容进行再加工,因此更具有吸引力。二是信息源的多样化破解了传统媒体信息供应的垄断地位。随着互联网的兴起,公众获得信息的渠道越来越多样化。通过互联网获得的信息更为实时,并且呈现出多媒体的特征,更容易为公众所接受。与此同时,信息发布的多渠道也同样影响到传统媒体的获利途径。电商网络平台吸引了更多的商家,网络广告逐步取代传统媒体的广告。三是出于体制的原因,传统媒体"在体制上都隶属于党委或者政府部门,这种体制上的隶属关系,使得新闻媒介无法完全发挥'第四权力'的监督功效。在上下级的隶属关系中,媒体的真实性和权威性难以保障,不仅自身的公信力受到影响,公众的知情权也会受到损害。"② 因此,传统媒体对社会缺乏建设性。有人感叹,传统媒体"告别黄金时代"。③

传统媒体所面临的困境也影响其参与到城市治理之中。一方面由于传统媒体在内容生产上所面临的困境以及建设性缺乏既让传统媒体参与城市治理的能力下降,同时也使得传统媒体参与城市治理的影响力下降;另一方面各种互联网媒体和政务微博、政务微信公众号的兴起也让传统媒体在连接政府和公众方面的优势地位丧失殆尽,传统媒体作为公众参与城市治理的平台作用开始逐步式微。

2. 现代城市治理的需求

新中国成立以来,党和国家高度重视城市工作,并多次召开城市工作会议。党的十八届三中全会提出推进国家治理体系和治理能力现代化以来,如何推进城市治理也成为国家的重点工作。2015年召开的中央城市工作会议强调:"统筹政府、社会、市民三大主体,提高各方推动城市发展

---

① 张才刚、赵亿:《内容生产与关系建构——移动互联时代传统媒体转型的双重挑战》,《中国编辑》2020年第6期。
② 毛志勇、侯江华:《新闻媒体对村务管理的介入及功能——以南方农村报参与南农实验为例》,《东南学术》2011年第2期。
③ 陈敏、张晓纯:《告别"黄金时代":——对52位传统媒体人离职告白的内容分析》,《新闻记者》2016年第2期。

的积极性。"① "尊重市民对城市发展决策的知情权、参与权、监督权,鼓励企业和市民通过各种方式参与城市建设、管理。"② 因此推动城市治理就意味着治理主体的多元化,让政府、社会和市民共同参与,尤其是为市民和企业提供更多的参与渠道,赋予市民更多的权利,真正实现城市的共治共管和共建共享。

党的十八大以来,政府通过向社会组织购买服务等方式让更多的社会力量参与到城市治理之中,推动城市治理主体向多元化发展。但目前对于市民参与城市治理而言还存在诸多难题。一是市民参与的渠道依然不够。尽管各级政府通过互联网、城市微信公众号等方式为市民参与城市治理提供平台,但市民的参与都是被动性的参与,即要么只是被告知、要么是自己遇到困难寻求政府解决,而不是主动对城市治理中的问题献计献策,进行评论监督,并且都是单个市民个体对城市政府提出要求,难以形成市民群体的合力。二是市民参与的能力不足,这里的能力不足包括两点,即要么是自身的知识能力不足从而无法有效参与到城市治理之中,要么是缺乏足够的信息或者也无法获得组织的信息从而参与到城市治理之中。三是市民参与的权利有限,即一方面市民参与城市治理的权利范围有限,只能在有限的范围里参与,影响面有限;另一方面市民参与城市治理的影响能力有限,即便市民参与了,但是并不能真正影响到政府的管理行为,市民的参与更多像在自说自话,对城市的发展并没有真正的影响。因此,需要扩大市民参与城市治理的范围和提升市民参与城市治理的效度,才能真正符合党和国家对城市治理的要求,推动城市的发展。

总之,对于传统媒体而言,由于移动社交媒体的冲击,其内容生产机制受到影响;而信息源的多样化也影响到传统媒体在信息供应链中的垄断地位,这些都影响到传统媒体的生存和发展。而受到体制的影响,传统媒体的公信力也受到限制。而市民在城市治理中参与不足,城市治理需要更多的参与平台或渠道,并切实提升市民参与的能力,使其真正有效地参与到城市治理之中。

---

① 《十八大以来重要文献选编》下,中央文献出版社,2018,第91页。
② 《十八大以来重要文献选编》下,中央文献出版社,2018,第92页。

三 《南方都市报》"城市治理榜"发展历程

《南方都市报》隶属于南方报业传媒集团，南方报业传媒集团为原成立于1998年的南方报业集团。南方报业集团的成立很大程度上是在20世纪末为了回应主流媒体遭遇的社会同市场的双重冲击而进行的改革，从而构建其母报即《南方日报》同子报即《南方周末》《南方都市报》《21世纪经济报道》《南方农村报》之间互相依靠的关系，母报和子报之间是"龙头和经济支柱"的关系，母报作为龙头关系到集团的前途和命运，子报为母报提供经济支持，主报子报结合提高了集团整体的竞争力。21世纪之后，南方报业传媒集团的主流媒体受到移动互联网和新媒体的影响，面临着转型的问题。《南方都市报》顺应时代潮流，正从"办中国最好的报纸"向"做中国最有影响力的智库型媒体"转型。2013年党的十八届三中全会提出要推进国家治理体系和治理能力现代化。作为扎根广州的报纸，《南方都市报》希望参与到广州城市治理的过程之中，共同构建共建共享共治的新格局。2014年，《南方都市报》发布"城市治理榜"，通过专业的数据分析和媒体的力量，它发挥城市治理大数据的测评、服务和监督作用，推动城市治理的进步。到2019年，广州"城市治理榜"已经连续发布五期，成为南方都市报社最具影响力的智库产品之一，是媒体参与城市治理的重要形式。

2014年，《南方都市报》推出"城市治理榜"，对2013年广州市各市直部门和11个区的施政进行测评，共推出行政透明度榜、财政透明度榜、经济发展能力榜、生态环境榜、反腐倡廉榜和改革行动力榜，这些榜单是根据党的十八届三中全会所部署的改革内容确定，如党的十八大后确定的"五位一体"总体布局，此次就推出生态环境榜；党的十八大后加大反腐败力度，此次推出反腐倡廉榜；党的十八届三中全会推出众多的改革内容，此次就推出改革行动力榜。2015年，《南方都市报》将榜单增加到8个，新增公共事务蜗牛榜和公共服务感知度榜，加强对政府公共服务能力的测评。2016年《南方都市报》榜单仍然为8个，新增科技创新力榜。2017年在保留了传统的行政透明度榜、改革创新榜、经济竞争力榜、科技创新力榜、基础设施公共服务友好度榜、公共事务蜗牛榜之外，新增人类发展指数榜和街坊点赞榜，强化了对衣食住行满意度的测评，并将市民的意见纳入评价体系。2018年,《南方都市报》榜单增加到11个,新增高质量发展榜、河长履职榜、文化软实力榜、司法服务满意度榜等,以此回应党的十九大报告中提到的注重发展质量。2019年,《南方都市报》的榜单增加到12个,新增数字政府服务力榜、最具发展潜力功能区榜、公共服务"好差评"榜、民企满意度榜、湾区政策创新榜。其中具体数据和名单见表1。

表1 《南方都市报》"广州城市治理榜"历年榜单

年份	榜单数量	具体榜单
2014	6	行政透明度榜、财政透明度榜、经济发展能力榜、生态环境榜、反腐廉政榜、改革行动力榜
2015	8	行政透明度榜、财政透明度榜、区市竞争力榜、改革创新榜、公共事务蜗牛榜、生态环境榜、公共服务感知度榜、反腐倡廉榜
2016	8	行政透明度榜、财政透明度榜、区市竞争力榜、区招商力榜、区生态环境治理榜、公共服务指数榜、改革创新榜、科技创新力榜
2017	8	行政透明度榜、改革创新榜、经济竞争力榜、科技创新力榜、基础设施公共服务友好度榜、公共事务蜗牛榜、人类发展指数榜、街坊点赞榜
2018	11	行政透明度榜、改革创新榜、人类发展指数榜、公共服务友好度榜、科技创新力榜、街坊点赞榜、高质量发展榜、营商环境榜、河长履职榜、文化软实力榜、司法服务满意度榜
2019	12	高质量发展榜、人类发展指数榜、司法服务满意度榜、河长履职榜、改革创新榜、营商环境榜、街坊点赞榜、数字政府服务力榜、最具发展潜力功能区榜、公共服务"好差评"榜、民企满意度榜、湾区政策创新榜

可以说,《南方都市报》推出的"城市治理榜"是主流媒体深度参与城市治理的重要产品形式,是媒体发挥监督和评价职能转型的有益探索,体现了媒体智库所呈现出来的创新力量。

四 《南方都市报》"城市治理榜"参与城市治理的路径分析

《南方都市报》推出"城市治理榜"参与城市治理,从两个路径实现传统媒体参与城市治理,一是传统路径,即通过对事实的宣传,引导舆论，同时通过媒体监督，推动城市治理；二是通过功能转向，运用绩效评估、提供参与平台、提出建议等方式，更为直接地参与城市治理。

一方面，就传统路径来说，《南方都市报》的"城市治理榜"采取宣传的路径参与城市治理。在媒介化时代，人们头脑中90%以上关于这个世界的认识均源于媒介传播的"塑型"。① 媒体最为主要的功能就是信息的传播，因此主流媒体参与城市治理的传统路径就是通过宣传，让公众知道党和政府做了什么，让政府知道公众的需求是什么。2017年习近平总书记在会见中国记协第九届理事会代表时的讲话中指出，新闻媒体要"深入宣传党的理论和路线方针政策，深入宣传全国各族人民为实现'两个一百年'奋斗目标、实现中华民族伟大复兴中国梦进行的奋斗和取得的成就"。②《南方都市报》推出的"城市治理榜"首先就是宣传，宣传在过去的一年里，广州市各级政府及其职能部门都做了些什么，做的效果如何。如2013年的"改革行动力榜"就是宣传政府部门在落实党的十八届三中全会所提出的改革措施中的优秀部门，其"出头鸟奖"颁给广州市黄埔区计生局，因为该局率先简化计生办证程序。另外，整个榜单其实都可以看成是一个宣传，宣传广州市政府市直部门以及各区在经济竞争力、营商环境、环境治理等方面所取得的成就。另一方面，"城市治理榜"在城市治理中还发挥着舆论监督的作用。20世纪80年代后，媒体在舆论监督方面发挥的作用日益明显。习近平总书记也强调："舆论监督和正面宣传是统一的。新闻媒体要直面工作中存在的问题，直面社会丑恶现象，激浊扬清、针砭时弊，同时发表批评性报道要事实准确、分析客观。"③"城市治理榜"的舆论监督功能从两个层次来实现，一个层次是直接设立榜单，对政府部门的管理进行监督，如2014年和2015年"反腐倡廉榜"，2015年和2017年的"公共事务蜗牛榜"，2019年的"公共服务'好差评'榜"，这些榜单的公布就是对上榜人员或部门公众的一种监督；另一个层次是对榜单中排名比较靠后的部门进行的一种舆论监督。如在2013年的生态环境榜单中，白云区垫底，这对白云

---

① 喻国明：《"关系革命"背景下的媒体角色与功能》，《新闻与写作》2012年第3期。
② 常雪梅、程宏毅：《习近平论新闻舆论工作》，中国共产党新闻网，http：//cpc.people.com.cn/n1/2018/0822/c64094-30242818.html? from = singlemessage，最后访问日期：2020年11月11日。
③ 《习近平谈治国理政》第2卷，外文出版社，2017，第333页。

区的环境治理工作来说是一种督促,有利于推动白云区政府采取有效措施进行环境治理。

当然,"城市治理榜"更为主流媒体参与环境治理开辟了新的道路。一是主流媒体对政府管理进行绩效评估,并对评估的结果进行公开宣传。当代的政府绩效评估是伴随着新公共管理运动而兴起,20世纪70年代末英国保守党执政后推行雷纳评审拉开当代政府绩效评估的序幕,后来美国颁布《国家绩效评论》《戈尔报告》《1993年政府绩效与结果法案》,极大地推动绩效评估在政府管理中的运用。澳大利亚、新西兰等国也纷纷开始推出政府绩效评估,绩效评估成为20世纪末以来公共管理的重要工具,当代政府绩效评估的重要特征是强调"结果导向"和外部责任。结果导向意味着评估侧重点从投入、过程、产出的转变,从繁文缛节和遵守规则向公民所期望的结果的转变。外部责任原则强调,绩效评估不能像传统实践那样局限于层级控制和内部管理的改进,而应着眼于向公民展示绩效水平并为此承担相应的责任。① 从国内外政府绩效评估的实践来看,政府绩效评估是由政府主导推动,其主要目的是要评估公共财政的投入与产出,防止出现资源浪费,从而达到解压财政收入,并对结果负责的一种管理活动。但是"城市治理榜"在某个意义上来说是由非政府机构的第三方发起并组织的政府绩效评估,并且是市、区两级政府的全面评估,涵盖改革创新、经济发展、社会治理、公共服务、营商环境等各个方面。尽管"城市治理榜"不是一个完整或者说规范的绩效评估结果,但是"城市治理榜"各榜单的评分体系是《南方都市报》在国内外城市治理研究的基础上根据广州市城市治理的特点而制定出来的,如"人类发展指数榜"是参考联合国开发计划署人类发展指数的评价方式,设计指标体系进行评价。其他一些相关榜单的评价体系也是《南方都市报》同中国社科院城市与竞争力研究中心、北京大学公众参与研究与支持中心、中山大学政治与公共事务管理学院等国内最有影响力的研究机构共同合作而制定出来的,科学严谨,因此从"城市治理榜"本身来说,具有政府绩效评估的科学性。尽管"城市治理榜"并没有对投入进行评估,但是对产出的评估非常精确,符合绩效评估的"结果导向"原则。同时"城市治理榜"也符合政府绩效评估中的

---

① 周志忍:《政府绩效评估中的公民参与:我国的实践历程与前景》,《中国行政管理》2008年第1期。

"外部责任"原则。这体现在三个方面,其一,政府重视程度不断提高。首先是政府官员出席"城市治理榜"榜单发布的级别不断提升,"城市治理榜"的发布最初少有政府人员参与,现在各区、市政府职能部门都有人参加发布,并且一些区的书记或区长亲自参与,甚至广州市委常委都参与榜单发布。其次是政府将榜单排名作为工作的业绩予以引用,天河区、白云区曾在政府工作报告中引用榜单排名,作为工作总结。最后是有关部门将榜单中的获奖案例树立为典型,如市政协将其在"改革创新榜"的获奖案例写进常委会报告中。其二,政府的参与面在不断扩大。越来越多的市直部门和区主动参与到"城市治理榜"的评选活动之中,主动申报,积极配合进行调研等。其三,基于"城市治理榜"的影响,广州市各级政府部门积极响应,提高城市管理水平。如天河区将"城市治理榜"对创新的评价体系纳入到政府对企业创新管理的评价体系之中,并且借鉴该评价体系对创新成效良好的企业进行补贴。

二是为广大的市民提供参与城市治理的平台。城市治理同城市管理不同,因为城市管理强调只有政府为单一主体。治理的主体则是多元的,除了政府外,还包括企业组织、社会组织和居民自治组织等。[①] 因此城市治理的主体是除政府之外,还有其他主体参与。但是其他主体,尤其是广大的市民,既缺乏参与的能力,也缺乏有效参与的渠道。"城市治理榜"实现了大众参与同精英参与的统一。就大众参与来说,"城市治理榜"是通过公众参与到具体榜单的评选实现,如 2015 年设立的"公共服务感知度榜"、2016 年设立的"公共服务指数榜"、2017 年开始设立的"街坊点赞榜"等。这些榜单上的排名要么是通过调查市民而得出,要么是通过市民的投票而得出。尤其是"街坊点赞榜",更是吸引众多的市民参与到投票之中。如 2019 年的"街坊点赞榜"中排名第一的案例"永宁街'无忧'花园、提升群众幸福指数"共获得 51258 票,排名前十的案例都获得超过 2 万张得票。[②] 除了普通市民的参与外,"城市治理榜"还为城市精英提供参与渠道,如"改革创新榜""湾区政策创新榜"等,都是吸纳广州市各界精英讨论投票的结果,包括律师、企业家、学者等。此外,在"城市治理

---

① 俞可平:《推进国家治理体系和治理能力现代化》,《前线》2014 年第 1 期。
② 林春妮:《永宁街无忧花园获广州街坊点赞榜第一名》,增城之窗,http://www.zcwin.com/content/201906/18/c122102.html,最后访问日期:2020 年 11 月 11 日。

榜"的评选过程中，南方都市报社在每年发布治理榜的基础上，还逐步开发出动态化的治理榜单，即南都测评，对城市主要的公共服务质量进行测评。到目前为止，南方都市报社先后对母婴室、城市公共厕所、广州地铁换乘、广州社区图书馆等进行服务测评，并进行排榜，这些都成为普通市民参与城市治理的重要途径。可以说，"城市治理榜"为广大市民提供了有效参与城市治理的渠道。因为，经过这些大众和精英投票产生的结果切实地影响到城市治理，推动政府采取更为优化的措施提升城市治理的水平，提高广大市民的幸福指数。

三是媒体同政府合作，共同推动"城市治理榜"的制定，实现信息互通共享。作为非政府机构，媒体在参与政府治理过程中的一大难点就是信息的缺乏，这更是普通公众参与城市治理的难点。在此次"城市治理榜"的制定过程中，《南方都市报》同政府部门合作，依靠主流媒体的体制内角色，获取政府内部信息，从而保证"城市治理榜"各类数据的准确性和权威性。如2018年的"河长履职榜"的制定就充分利用市环保局和市河长办的海量数据进行测评，在这个过程中使用政府提供的基础数据有60多万条。

四是可以直接向政府部门提供城市治理的建议。传统媒体向政府提出城市治理建议一般来说是通过在媒体上发表文章，不提出具有针对性的建议。但是《南方都市报》利用"城市治理榜"的影响力推出治理榜衍生产品，助力城市治理。每年广州"城市治理榜"发布后，一些区和市职能部门会根据自己在榜单中的排名找到自己的差距或优势，寻求南方都市报社帮助提出整改措施。如天河区为进一步提升自己的高质量发展能力，要求南方都市报社为其定制《天河区创新载体高质量发展成长报告》，越秀区也要求南方都市报社为其定制《越秀区人类发展指数报告》，这些报告说明主流媒体不再仅仅是进行宣传报道，而是直接参与到城市治理的政策制定之中。

五 结论

在互联网和移动通信技术的快速发展之下，全媒体对传统媒体构成挑战。如何在新时代转型以适应时代发展的需要成为传统媒体不得不面对的挑战。党的十八届三中全会提出国家治理体系和治理能力的现代化为传统媒体的转型提供契机。城市治理要求治理主体的多元化，城市市民需要有参与城市治理的平台。《南方都市报》面对时代挑战，通过供给侧改革，推出"城市治理榜"。它在实现传统媒体的舆论宣传和监督的同时，也实现了参与城市治理的功能转向。通过内容的再生产和新型平台的构建，《南方都市报》由城市治理主体的边缘开始走向中心，在城市治理中发挥建设性作用。

上海市长宁区居民区分类治理清单模式案例研究

孙宽平[*]

长宁区地处上海市中心城区西部，区域面积为37.19平方公里，下辖9个街道，1个镇，185个居委会，1041个居民小区，户籍人口57.83万人，常住人口77.38万人。长宁区经济发达、环境宜居、国际化程度高、文化底蕴深。从20世纪90年代开始，长宁区根据上海市要求，结合自身实际，持续探索推进社会治理。近几年，实践探索以房屋类型为基点，根据居户人口特点及需求，形成了以问题和需求清单、社会资源清单、公共服务清单为依据的精准施治的治理模式。这一模式的实施，推动形成了房屋类型合理区分、治理难点梳理清晰、公共服务精准配置、社区资源有效对接、治理方法普通会用、社区活力充分激发的治理格局。

"居民区分类治理清单模式"被评为首届"中国城市治理创新奖"全国十佳优胜奖。

一 居民区分类治理清单模式的实施背景

长宁区地处上海中心城区，在住房制度改革和城市改造中，形成了大分散、小聚居、房屋类型多样的居民区。根据"需求导向、清单管理、精准施策、循类推进"的精细管理原则，2015年起，长宁区将居民区分为售后公房小区、普通商品房小区、涉外商品房小区、老洋房小区、动迁安置房小区，并依

---

[*] 孙宽平，北京大学城市治理研究院兼职研究员，国家信访局退休干部。

据问题和需求、社会资源、公共服务三张清单，形成了精准施治的治理模式。

这一模式，首先是落实上海市委要求的具体措施。2014年，中央领导考察上海时指出上海城市管理应像绣花一样精细，随后上海市委就城市精细化治理提出工作要求。长宁区针对社区治理体系建设存在的不足，如多元主体参与社区治理的格局还不完善、居民群众参与社区治理的平台载体还不丰富、政府部门对公共资源的配置还不精准、基层队伍社区治理的专业化水平还不高等，提出了从房屋分类入手推动社区精细化治理的工作思路，不断推动从"管理"到"治理"的转型，探索形成符合长宁区实际的治理路径。其次是社区治理的现实需要。从长宁区社区治理中的问题看，单一治理模式难以满足社区多元发展需求。尤其是作为老城区，值得关注的是，社区治理中的问题引发小区居民不满增多。政府逐年增加投入，街道、居委会干部工作也很努力，但居民仍有诸多不满，甚至有些问题逐渐发展成为难以化解的矛盾。有些小区业主与物业管理的矛盾、小区业主之间的矛盾逐渐累积，形成上行和外溢态势，演化成对街道、居委会的不满。分类治理、按需施策，构建适应社区内在发展需求的精细化治理模式，是推进社区治理创新的客观需要，更是提升居民获得感、满意度的责任要求。最后是进一步深化社区治理的实践探索。近年来，长宁区在推进社区治理精细化的过程中，所采用的居民区治理体系分类指导、注意发挥群众自治在社区治理中的作用等方法，都取得了较好效果，这为长宁区的创新提供了思路。他们以房屋特点对居民区进行分类，以此梳理出问题和需求清单、社会资源清单以及公共服务清单，并根据各小区的类别与三张清单，建立以居民区党组织为核心、居委会为主导、居民为主体，业委会、物业公司、驻区单位、社会组织与群众团队等共同参与的治理架构，并且形成各具特色的居民区自治载体和协商议事规则，同时根据社区的主要问题，确定治理目标，如创建无违居委、精品小区、生活垃圾分类减量等。

二 长宁区居民区的分类及其治理清单

长宁区住房制度改革和城市改造的过程中，形成了大分散、小聚居、房屋类型多样的居民区，根据社区住房特点和居民人口特点，把居民区分为五类（具体见表1~表5）。

表 1 售后公房小区问卷调研情况（问卷有效填写人数 2061 人）

问题和需求排序	勾选人数	占比
1. 停车难情况突出	1798	87.24%
2. 房屋设施老化严重、公建配套不足	1752	85.01%
3. 环境卫生管理难度大	1352	65.60%
4. 电梯、无障碍等基础设施缺乏	1294	62.79%
5. 业委会及物业不健全	1004	48.71%
6. 人户分离增加管理难度	823	39.93%
7. 特殊人群服务需求多元	762	36.97%
8. 社区安全管理不到位	579	28.09%
9. 社区文体活动设施不足	573	27.80%
10. 纠纷调解和维权力量有待增强	368	17.86%

表 2 普通商品房小区问卷调研情况（问卷有效填写人数 1564 人）

问题和需求排序	勾选人数	占比
1. 停车资源少难以满足需求	1353	86.51%
2. 房屋设施逐年老化	1137	72.70%
3. 居民参与自治的积极性和广泛性不足	878	56.14%
4. 业委会及物业管理矛盾突出	847	54.16%
5. 环境卫生管理难度大	847	54.16%
6. 生活性服务设施不健全	670	42.84%
7. 特殊群体关爱服务需求多元	660	42.20%
8. 电梯安全隐患显现	566	36.19%
9. 存在高空抛物隐患	454	29.03%
10. 人防、物防、技防不完善	408	26.09%

表 3 涉外商品房小区问卷调研情况（问卷有效填写人数 301 人）

问题和需求排序	勾选人数	占比
1. 社区发动参与难	220	73.09%
2. "新移民"深度融入难	177	58.80%
3. 公共事务管理难	165	54.82%
4. 高品质精神文化提供难	143	47.51%
5. 居委干部上门难	116	38.54%
6. 多语种服务难	82	27.24%

表4 老洋房小区问卷调研情况（问卷有效填写人数479人）

问题和需求排序	勾选人数	占比
1. 房屋设施老化严重	458	95.62%
2. 厨卫合用现象普遍	429	89.56%
3. 停车难情况突出	343	71.61%
4. 物业管理普遍缺失	334	69.73%
5. 违法搭建现象较多	211	44.05%
6. 楼道堆物情况严重	202	42.17%
7. 大树扰民情况较多	176	36.74%
8. 弱势群体关爱需求大	122	25.47%
9. 人防、物防、技防不到位	120	25.05%

表5 动迁安置房小区问卷调研情况（问卷有效填写人数506人）

问题和需求排序	勾选人数	占比
1. 流动人口多增加管理难度	411	81.23%
2. 停车资源少难以满足需求	346	68.38%
3. 环境卫生管理难度大	244	48.22%
4. 业委会及物业管理矛盾突出	211	41.70%
5. 特殊群体关爱服务任务繁重	146	28.85%
6. 人防、物防、技防不完善	89	17.59%
7. 纠纷调解和维权力量有待增强	71	14.03%

第一类为售后公房小区，共有408个13.79万户。房屋特点：建设时间较早，公建配套设施先天不足，公共空间较少，房屋设施老旧，技防、物防设施比较欠缺，停车难、楼道堆物、违法搭建、大树扰民等问题突出，物业管理不到位，居委会承担了较多物业公司的职责。人口特点：随着居民子女辈成年独立后迁出，外来人员等租住，小区居民人群结构表现为老年人口、低收入等困难群体占比较高。但这类小区多为熟人社区，一些老住户较熟悉且互动较多，居民参与自治基础较好。

第二类为普通商品房小区，共有261个6.87万户。房屋特点：早期商品房多为"蝶式房"，容积率较高，普遍存在房屋设计标准不高、公建配套陈旧老化、维保管理不到位等问题，但基础设施和公建配套设施较为齐全，小区绿化环境较好；2000年后的商品房多为"板式房"，房屋结构更为合理，这类小区平均房龄20年，已进入"规模维修期"，物业管理中的矛盾集中凸显。人口特点：困难、老年群体占比较小，居住人群经济条件较好，对于生活品质有较高要求，但邻里关系较为疏远，居民对社区公共资源依附度较低，对社区公共事务参与性不高，参与社区事务的群体较为单一，以退休居民为主。

第三类为涉外商品房小区，共有66个1.51万户。房屋特点：涉外商品房多为高端住宅，住宅密度低且居住面积较大，小区环境较好，绿化覆盖率较高；小区自身和周边生活配套设施较为齐全；物业公司提供的物业管理服务质量较高。人口特点：人口密度较低，人口结构国际化，最多的涵盖了50多个国家和地区的中外居民；社区文化构成元化，不同民族、文化背景、思维方式的成员交融共生；居民具有高学历、高职位、高收入、高素质等特征；人口流动较频繁，外籍居民在小区居住时间从数月到数年不等，因工作调动回国或者搬迁等情况较常见。

第四类为老洋房小区，共有75个5084户。房屋特点：独户居住的老洋房保护修缮情况较好；合住的老洋房中大多为五户以上共同居住，最多可达20余户，居民居住空间狭小，厨卫合用，房屋使用超负荷；安全隐患较为突出，常见水表未分户、私拉电线、楼道堆物、白蚁侵蚀等问题。人口特点：从居住人群看，原住居民占60%左右，居民彼此相对熟悉，社区认同感相对较高；老年人和困难人群占有较高比例，租户中有外籍人士、企业金领、外来务工人员等不同群体。

第五类为动迁安置房小区，共有24个1.53万户。房屋特点：长宁区动迁安置房小区相对集中，有的小区动迁安置房与商品房混合；小区基础设施相对较新，但还存在设施维护不及时、门禁系统不到位、车辆无序停放等问题。人口特点：动迁安置房小区居住人群以动迁的本地居民为主，邻里之间熟识，沾亲带故情况较多；闲置房屋出租率较高，新上海人和本地动迁居民混合，外来人口占有一定比例，人员流动性较大，利益诉求多元，增加了服务管理难度。

在分类的基础上，对每类小区进行问题与需求、社会资源和公共服务资源的梳理，并形成治理的"三张清单"。

其一，问题和需求清单。从基础设施、物业管理、科教文卫、特殊群体关爱等角度，梳理各类小区治理的问题和需求及其具体表现，为精准施治找准切入点和突破口。其二，社会资源清单。从组织资源、人力资源、阵地资源等方面，梳理出小区可以调动整合的社会资源及其主要内容，为小区治理调动整合资源提供指引。其三，公共服务清单。从基础设施建设、为老服务、文体服务、法律服务等层面，对公共服务资源进行梳理，形成公共服务的项目、具体内容及其对接的责权单位，为居民区科学合理运用公共服务资源提供指引。同时，指导居民区在三张共性清单的基础上，确定符合本居民区实际的阶段性重点治理项目。

售后公房小区分类治理清单见表6~表8。

表6 售后公房小区治理的问题和需求清单（10项）

序号	问题和需求	具体表现
1	停车难情况突出	小区建造时停车位配备不足，居民停车时常挤占小区绿地等公共空间，紧急通道堵塞、抢占停车位等问题时有发生
2	房屋设施老化严重、公建配套不足	房龄长且硬件设施老化，有的存在墙面开裂脱落、房顶漏水、水管老化、房屋倾斜、路面损坏等情况，日常维修缺乏经费保障；仍有部分非成套房屋，存在厨卫合用、私拉电线等情况，容易引发邻里矛盾和安全隐患
3	环境卫生管理难度大	楼道堆放杂物情况较多，挤占公共通道，存在安全隐患；建筑垃圾、大件垃圾清运不及时等情况时有发生；宠物随地便溺、扰民、伤人等问题时有发生，流浪宠物管理难度大；小区内有的树种选择不科学，修剪维护不及时，影响居民日常生活
4	电梯、无障碍等基础设施缺乏	无障碍设施布设合理性有待提高，社区居民尤其是老年居民和行动不便的居民出行难度大；老公房加装电梯需求大，但协调难度大
5	业委会及物业不健全	业委会规范运作难，维修基金使用及续缴难；小区物业多为政府托底管理，仅提供基本的维修服务，保洁、保绿和保安难以保障到位，较多通过居委会代管或居民自治方式补位；物业管理成本增加，需求与供给不平衡，物业公司、业委会、居民之间存在矛盾
6	人户分离增加管理难度	小区人户分离情况较多，增加了居委会及时掌握居民情况的难度；房屋出租情况多，群租扰民、安全隐患时有发生
7	特殊人群服务需求多元化	小区老龄化比例较高，老人关爱需求多元，对居委会较为依赖；困难群体、外来人员等群体比例较高，关心帮扶工作较为繁重

续表

序号	问题和需求	具体表现
8	社区安全管理不到位	防盗门、IC门禁系统、视频监控等物防、技防设施修缮不及时；部分非机动车棚存在电线老化、违规住人等问题，电瓶车充电乱拉电线安全隐患大，无人认领和随意停放的非机动车挤占公共空间
9	社区文体活动设施不足	小区文化设施配套不足，社区活动室面积小、功能单一；社区健身设施布局不合理，建设安装和后期维护不完善，针对居民多元化需求的服务活动不够多
10	纠纷调解和维权力量有待增强	因不文明养宠、楼道堆物等行为引发的邻里矛盾较多；针对老年遗嘱、家庭财产处置等新领域的法律咨询、援助维权等服务还不普及，老年居民等防诈骗意识有待增强；专业调处类社区社会组织和自治团队较为缺乏

表7 售后公房小区治理的社会资源清单（3类12项）

类别	序号	社会资源	具体内容
组织资源	1	"双报到"党组织	到居民区党组织报到的驻区单位党组织和"两新"党组织
	2	业委会、物业公司	小区所在的业委会、物业公司
	3	驻区单位	小区所在街镇的派出所、城管中队、市场监督管理所、卫生服务中心等政府部门派出机构；小区周边的党政机关
	4	社区单位	小区周边的学校、医院等事业单位，国有企业、民营企业、外资（中外合资）企业
	5	社会组织	小区内或周边的社会团体、民办非企业单位、基金会；街镇、居委购买服务项目的社会组织
	6	群众团队	环境整治、群防群治、睦邻点、文化沙龙等各类自治团队、工作室等
人力资源	7	社区党员	向居民区报到的在职党员，组织关系在居民区的在册党员
	8	社区能人	从事律师、医护、教师、财会等行业拥有一技之长或具有一定管理协调能力的居民
	9	社区志愿者	楼组长、居民骨干、社区文体团队成员等
	10	两代表一委员	居民中或者联系所在居民区的各级党代表、人大代表、政协委员

续表

类别	序号	社会资源	具体内容
阵地资源	11	政府公共性资源	社区党建服务中心、社区文化活动中心、社区综合为老服务中心、街镇社会组织服务中心、社区青年中心、居民活动室、健身苑（点）等
	12	社会开放性资源	由社区单位提供、面向社区居民开放的资源，包括小区周边的红色基地、名人故居（旧居）、文化科技馆、电影院、学校运动场馆、民防地下空间等

表8 售后公房小区治理的公共服务清单（7类21项）

类别	序号	公共服务	具体内容	提供部门
基础设施	1	精品小区建设	每年推进不少于100万平方米精品小区建设	区房管局
	2	非成套房屋改造	到2020年基本完成全区非成套房屋改造	区房管局
	3	二次供水改造	对2000年之前竣工售后公房和商品房小区实施二次供水改造	区房管局
	4	既有多层住宅加装电梯	鼓励既有多层住宅加装电梯，竣工验收完成后，政府给予40%的施工费用补贴，最高不超过24万元/台	区房管局
	5	家门口工程	每年通过"自下而上"机制，对居民区上报的加装雨棚、晾衣架安装、楼道整治、扰民大树修整、自行车棚整治、停车场地改造等项目进行立项实施	区地区办
	6	无障碍坡道和楼道扶手的建设	每年完成15处坡道、15处楼道扶手建设	区建设管理委
	7	适老化及无障碍居家改造	对符合条件的老年人、残疾人家庭开展安全性、整洁性室内扶手安装等适老性改造	区民政局 区残联
	8	垃圾箱房改造	推进"两网协同一体化"居民生活垃圾分类投放、分类收集，完成区属垃圾箱房分类改造	区绿化市容局
健康服务	9	家庭医生签约服务	开展家庭医生签约服务工作，为签约居民提供便利可及的医疗服务	区卫生健康委
	10	社区卫生服务点	每3~5个居委会配置1个社区卫生服务点，提供健康指导、基础诊疗等服务	区卫生健康委

续表

类别	序号	公共服务	具体内容	提供部门
为老服务	11	公共养老服务	为符合条件的社区居家老人提供居家养老（助餐、助洁、助浴、助行、助医、助购等）、日托、短期托养（长者照护之家）、康复护理、长期护理保险、老年综合津贴、精神慰藉、紧急援助、老年教育、养老顾问等服务	区民政局
文体服务	12	文体服务项目配送	根据居民区活动室的情况和人群需求特点，向每个居民区配送；文艺演出、文化讲座、艺术导赏、公益电影、体育健身、图书等服务项目不少于2项	区文化局
文体服务	13	市民修身云课堂	借助互联网搭建在线学习平台，让社区居民不出小区就能共享丰富的修身课程资源	区文明办
文体服务	14	社区健身设施	每年更新一批社区健身点的健身器材，新建一批社区健身点和健身步道	区体育局
生活服务	15	社区托育点	每年将社区托育点建设列入区政府实施项目，完成当年度新建社区托育点指标	区妇联 区教育局
法律服务	16	公共法律服务工作室	为全区185个居委会配备法律顾问	区司法局
法律服务	17	社区法官工作室	社区法官每月第一个星期周四进社区开展司法调解、便民审判、落实司法便民措施、法治宣传等工作，发挥社区法官在解决区域纠纷方面的积极作用	区法院
公共安全	18	老旧电梯安全风险评估	对15年以上老旧电梯进行安全风险评估	区市场监管局
公共安全	19	视频监控	在封闭式居民小区安装小区智能监控，加强技防措施，降低小区发案率	区委政法委 区公安分局
公共安全	20	智能安防	安装公共通道监控、智能门禁等感知设备，加强基层社会治理，提升小区安全能级	区委政法委 区公安分局
公共安全	21	居委会综治中心规范化建设	为每个居委会配备综治工作站、社区警务室、微型消防站、心理服务点等，发挥其在平安建设中的整体合力和集聚优势	区委政法委 区公安分局

普通商品房小区分类治理清单见表9~表11。

表9 普通商品房小区治理的问题和需求清单（10项）

序号	问题和需求	具体表现
1	停车资源少难以满足需求	小区现有车位难以满足居民停车需求，停车占用公共空间、堵塞消防通道等情况时有发生
2	房屋设施逐年老化	随着房龄增长，房屋设施开始老化，维修管理需求和成本逐年递增
3	居民参与自治的积极性和广泛性不足	参与社区活动的人群相对单一，以社区退休居民和未成年人为主，在职人员对社区活动的关注度和知晓度不高，服务和活动的信息获取途径不够畅通，参与社区自治的比例较低
4	业委会及物业管理矛盾突出	业委会人选难、成立难、规范运作难；现有物业费难以维持上涨的物业管理成本，物业服务质量下降，居民满意度不高，维修基金使用、筹措、监管难度大
5	环境卫生管理难度大	楼道堆放杂物情况较多，挤占公共通道，构成安全隐患；建筑垃圾、大件垃圾清运不及时等情况时有发生；宠物随地便溺、扰民、伤人等情况时有发生，流浪宠物管理难度大
6	生活性服务设施不健全	部分普通商品房小区周边的菜场等生活性服务设施布局不够便利，针对在职居民的智慧生活类服务产品和设施内容还不够完善
7	特殊群体关爱服务需求多元	小区老人对于居家服务、精神慰藉、文化活动等方面的需求较强，现有服务和供给主体还不能满足其需求；双职工家庭未成年子女的托育、托管需求较强，现有托育或托管服务资源还较为有限，具有专业资质的机构数量不足
8	电梯安全隐患显现	高层房屋较多，随着电梯使用年限的增加，故障发生率增大，维修成本高，如维修不及时，将造成安全隐患
9	存在高空抛物隐患	高空抛物、高空坠物等不文明现象时有发生，容易造成人身或财产安全问题
10	人防、物防、技防不完善	智能安防设施管理不够有效，部分探头等监控设施年久失修

表10 普通商品房小区治理的社会资源清单（3类12项）

类别	序号	社会资源	具体内容
组织资源	1	"双报到"党组织	到居民区党组织报到的驻区单位党组织和"两新"党组织
	2	业委会、物业公司	小区所在的业委会、物业公司
	3	驻区单位	小区所在街镇的派出所、城管中队、市场监督管理所、卫生服务中心等政府部门派出机构；小区周边的党政机关
	4	社区单位	小区周边的学校、医院等事业单位，国有企业、民营企业、外资（中外合资）企业
	5	社会组织	小区内或周边的社会团体、民办非企业单位、基金会；街镇、居委购买服务项目的社会组织
	6	群众团队	环境整治、群防群治、睦邻点、文化沙龙等各类自治团队、工作室等
人力资源	7	社区党员	向居民区报到的在职党员，组织关系在居民区的在册党员
	8	社区能人	律师、医护、教师、财会、企业高管等拥有一技之长的居民或具有一定管理协调能力的社区意见领袖
	9	社区志愿者	楼组长、居民骨干、社区文体团队成员等
	10	两代表一委员	居民中或者联系所在居民区的各级党代表、人大代表、政协委员
阵地资源	11	政府公共性资源	社区党建服务中心、社区文化活动中心、社区综合为老服务中心、街镇社会组织服务中心、社区青年中心、居民活动室、健身苑（点）等
	12	社会开放性资源	由社区单位提供、面向社区居民开放的资源，包括小区周边的红色基地、名人故居（旧居）、文化科技馆、电影院、学校运动场馆、民防地下空间等

表11 普通商品房小区治理的公共服务清单（7类17项）

类别	序号	项目名称	具体内容	提供部门
基础设施	1	既有多层住宅加装电梯	鼓励既有多层住宅加装电梯，竣工验收完成后，政府给予40%的施工费用补贴，最高不超过24万元/台	区房管局
	2	无障碍坡道和楼道扶手的建设	每年完成15处坡道、15处楼道扶手建设	区建设管理委

续表

类别	序号	项目名称	具体内容	提供部门
基础设施	3	适老化及无障碍居家改造	对符合条件的老年人、残疾人家庭开展安全性、整洁性室内扶手安装等适老性改造	区民政局 区残联
	4	垃圾箱房改造	推进"两网协同一体化"居民生活垃圾分类投放、分类收集，完成区属垃圾箱房分类改造	区绿化市容局
健康服务	5	家庭医生签约服务	开展家庭医生签约服务工作，为签约居民提供便利可及的医疗服务	区卫生健康委
	6	社区卫生服务点	每3~5个居委会配置1个社区卫生服务点，提供健康指导、基础诊疗等服务	区卫生健康委
为老服务	7	公共养老服务	为符合条件的社区居家老人提供居家养老（助餐、助洁、助浴、助行、助医、助购等）、日托、短期托养（长者照护之家）、康复护理、长期护理保险、老年综合津贴、精神慰藉、紧急援助、老年教育、养老顾问等服务	区民政局
文体服务	8	文体服务项目配送	根据居民区活动室的情况和人群需求特点，向每个居民区配送；文艺演出、文化讲座、艺术导赏、公益电影、体育健身、图书等服务项目不少于2项	区文化局
	9	市民修身云课堂	借助互联网搭建在线学习平台，让社区居民不出小区就能共享丰富的修身课程资源	区文明办
	10	社区健身设施	每年更新一批社区健身点的健身器材，新建一批社区健身点和健身步道	区体育局
生活服务	11	社区托育点	每年将社区托育点建设列入区政府实施项目，完成当年度新建社区托育点指标	区妇联 区教育局
	12	智慧微菜场	以企业化运营方式，在1998年后建造的、居民户数300户以上的商品房小区开设智慧微菜场	区商务委
法律服务	13	公共法律服务工作室	为全区185个居委会配备法律顾问	区司法局
	14	社区法官工作室	社区法官每月第一个星期周四进社区开展司法调解、便民审判、落实司法便民措施、法治宣传等工作，发挥社区法官在解决区域纠纷方面的积极作用	区法院

续表

类别	序号	项目名称	具体内容	提供部门
公共安全	15	老旧电梯安全风险评估	对15年以上老旧电梯进行安全风险评估	区市场监管局
	16	视频监控	在封闭式居民小区安装智能监控，加强技防措施，降低小区发案率	区委政法委区公安分局
	17	居委会综治中心规范化建设	为每个居委会配备综治工作站、社区警务室、微型消防站、心理服务点等，发挥其在平安建设中的整体合力和集聚优势	区委政法委区公安分局

涉外商品房小区分类治理清单见表12~表14。

表12 涉外商品房小区治理的问题和需求清单（6项）

序号	问题和需求	具体表现
1	社区发动参与难	居民民主意识较强，对社区事务协商议事规则的规范性要求较高；居民对社区事务参与度还不高，适合中青年居民参与社区事务的平台和载体还不丰富
2	"新移民"深度融入难	中外居民价值观多元，文化差异较大，沟通交流渠道还不够畅通，容易造成邻里矛盾；外籍居民流动性大，一定程度上增加了人口管理的难度，也影响了小区活动及项目推进的持续性
3	公共事务管理难	部分小区停车位配备不足，资源紧张；不文明养宠、高空抛物、噪声扰民等问题时有发生
4	高品质精神文化提供难	居民对亲子类、公益类、慈善类等高品质活动需求较多，现有服务资源和供给主体尚无法满足
5	居委干部上门难	外籍居民注重隐私保护，受语言障碍影响，居委干部"门难进"现象时有发生
6	多语种服务难	针对外籍居民在出入境、居住、工作等方面的多语种事务办理、咨询尚不能满足需求

表13 涉外商品房小区治理的社会资源清单（3类12项）

类别	序号	社会资源	具体内容
组织资源	1	"双报到"党组织	到居民区党组织报到的驻区单位党组织和"两新"党组织
	2	业委会、物业公司	小区所在的业委会、物业公司
	3	驻区单位	小区所在街镇的派出所、城管中队、市场监督管理所、卫生服务中心等政府部门派出机构；小区周边的党政机关
	4	社区单位	小区周边的学校、医院等事业单位，国有企业、民营企业、外资（中外合资）企业
	5	社会组织	小区内或周边的社会团体、民办非企业单位、基金会；街镇、居委购买服务项目的社会组织
	6	群众团队	市民议事团、环境整治、群防群治、睦邻点、文化沙龙、全职太太俱乐部等各类自治团队、工作室等
人力资源	7	社区党员	向居民区报到的在职党员，组织关系在居民区的在册党员
	8	社区能人	律师、医护、教师、财会等拥有一技之长或具有一定管理协调能力的居民
	9	社区志愿者	楼组长、居民骨干、社区文体团队成员等
	10	两代表一委员	居民中或者联系所在居民区的各级党代表、人大代表、政协委员
阵地资源	11	政府公共性资源	社区党建服务中心、社区文化活动中心、社区综合为老服务中心、街镇社会组织服务中心、社区青年中心、古北市民中心、居民活动室、健身苑（点）等
	12	社会开放性资源	由社区单位提供、面向社区居民开放的资源，包括小区周边的红色基地、名人故居（旧居）、文化科技馆、电影院、学校运动场馆、民防地下空间等

表 14 涉外商品房小区治理的公共服务清单（7 类 16 项）

类别	序号	项目名称	具体内容	提供部门
基础建设	1	二次供水改造	对 2000 年前竣工的售后公房和商品房小区实施二次供水改造	区房管局
	2	适老化及无障碍居家改造	对符合条件的老年人、残疾人家庭开展安全性、整洁性室内扶手安装等适老性改造	区民政局 区残联
	3	垃圾箱房改造	推进"两网协同一体化"居民生活垃圾分类投放、分类收集，完成区属垃圾箱房分类改造	区绿化市容局
健康服务	4	家庭医生签约服务	开展家庭医生签约服务工作，为签约居民提供便利可及的医疗服务	区卫生健康委
	5	社区卫生服务点	每 3~5 个居委会配置 1 个社区卫生服务点，提供健康指导、基础诊疗等服务	区卫生健康委
为老服务	6	公共养老服务	为符合条件的社区居家老人提供居家养老（助餐、助洁、助浴、助行、助医、助购等）、日托、短期托养（长者照护之家）、康复护理、长期护理保险、老年综合津贴、精神慰藉、紧急援助、老年教育、养老顾问等服务	区民政局
文体服务	7	文体服务项目配送	根据居民区活动室的情况和人群需求特点，向每个居民区配送；文艺演出、文化讲座、艺术导赏、公益电影、体育健身、图书等服务项目不少于 2 项	区文化局
	8	市民修身云课堂	借助互联网搭建在线学习平台，让社区居民不出小区就能共享丰富的修身课程资源	区文明办
	9	社区健身设施	每年更新一批社区健身点的健身器材，新建一批社区健身点和健身步道	区体育局
生活服务	10	社区托育点	每年将社区托育点建设列入区政府实施项目，完成当年度新建社区托育点指标	区妇联 区教育局
	11	智慧微菜场	以企业化运营方式，在 1998 年后建造的、居民户数 300 户以上的商品房小区开设智慧微菜场	区商务委

续表

类别	序号	项目名称	具体内容	提供部门
法律服务	12	公共法律服务工作室	为全区185个居委会配备法律顾问	区司法局
	13	社区法官工作室	社区法官每月第一个星期周四进社区开展司法调解、便民审判、落实司法便民措施、法治宣传等工作，发挥社区法官在解决区域纠纷方面的积极作用	区法院
公共安全	14	老旧电梯安全风险评估	对15年以上老旧电梯进行安全风险评估	区市场监管局
	15	视频监控	在封闭式居民小区安装小区智能监控，加强技防措施，降低小区发案率	区委政法委 区公安分局
	16	居委会综治中心规范化建设	为每个居委会配备综治工作站、社区警务室、微型消防站、心理服务点等，发挥其在平安建设中的整体合力和集聚优势	区委政法委 区公安分局

老洋房小区分类治理清单见表15~表17。

表15 老洋房小区治理的问题和需求清单（9项）

序号	问题和需求	具体表现
1	房屋设施老化严重	房屋建造年代久远，多为砖木结构，存在超负荷使用，房屋损耗较严重，电线老化、白蚁侵害等情况多，具有较大安全隐患；老洋房大多属于国有产权，主要靠政府拨款进行维修，维修资金有限，只能保证最基本、最急需的维修
2	厨卫合用现象普遍	除少数一房一户外，基本都为厨卫合用，水表合用，私拉电线，卫生、安全情况差，居民生活较为不便，容易引起居民纠纷
3	停车难情况突出	房屋原有车库基本用于住人，停车占用弄堂道路，停车难现象突出
4	物业管理普遍缺失	物业管理目前只是托底管理，除了房屋的基本保修外，保绿和保安基本不能到位
5	违法搭建现象较多	部分居民擅自对房屋进行改造，通过过道、花园等公共空间搭建违法建筑，增加使用面积解决厨房、卫生间、储物间问题，影响房屋结构和承重
6	楼道堆物情况严重	部分居民在过道等公共区域堆放杂物，挤占了公共空间，增加了消防隐患

续表

序号	问题和需求	具体表现
7	大树扰民情况较多	小区中的水杉等高大树木未能及时修剪,影响居民房屋采光;小区绿化缺乏专人打理,容易成为卫生死角
8	弱势群体关爱需求大	老年人、困难群体占有一定的比例,服务关爱工作更多依赖居委会,关心帮扶等工作任务较重
9	人防、物防、技防不到位	有的弄堂无门卫管理,无视频监控等设施或监控设施损坏,外来人员随意进出,存在安全隐患

表16 老洋房小区治理的社会资源清单(3类12项)

类别	序号	社会资源	具体内容
组织资源	1	"双报到"党组织	到居民区党组织报到的驻区单位党组织和"两新"党组织
	2	业委会、物业公司	小区所在的业委会、物业公司
	3	驻区单位	小区所在街镇的派出所、城管中队、市场监督管理所、卫生服务中心等政府部门派出机构;小区周边的党政机关
	4	社区单位	小区周边的学校、医院等事业单位,国有企业、民营企业、外资(中外合资)企业
	5	社会组织	小区内或周边的社会团体、民办非企业单位、基金会;街镇、居委购买服务项目的社会组织
	6	群众团队	环境整治、群防群治、睦邻点、文化沙龙、弄管会等各类自治团队、工作室等
人力资源	7	社区党员	向居民区报到的在职党员,组织关系在居民区的在册党员
	8	社区能人	律师、医护、教师、财会等拥有一技之长或具有一定管理协调能力的居民
	9	社区志愿者	楼组长、居民骨干、社区文体团队成员等
	10	两代表一委员	居民中或者联系所在居民区的各级党代表、人大代表、政协委员

续表

类别	序号	社会资源	具体内容
阵地资源	11	政府公共性资源	社区党建服务中心、社区文化活动中心、社区综合为老服务中心、街镇社会组织服务中心、社区青年中心、居民活动室、健身苑（点）等
	12	社会开放性资源	由社区单位提供、面向社区居民开放的资源，包括小区周边的红色基地、名人故居（旧居）、文化科技馆、电影院、学校运动场馆、民防地下空间等

表17 老洋房小区治理的公共服务清单（7类17项）

类别	序号	公共服务	具体内容	提供部门
基础设施	1	老洋房修缮	对列入修缮计划的小区总体环境、建筑外立面和建筑内部等进行修缮，重点保护部位严格按原样式、原材料、原工艺进行修缮	区房管局
	2	家门口工程	每年通过"自下而上"机制，对居民区上报的加装雨棚、晾衣架安装、楼道整治、扰民大树修整、自行车棚整治、停车场地改造等项目进行立项实施	区地区办
	3	无障碍坡道和楼道扶手的建设	每年完成15处坡道、15处楼道扶手建设	区建设管理委
	4	适老化及无障碍居家改造	对符合条件的老年人、残疾人家庭开展安全性、整洁性室内扶手安装等适老性改造	区民政局 区残联
	5	垃圾箱房改造	推进"两网协同一体化"居民生活垃圾分类投放、分类收集，完成区属垃圾箱房分类改造	区绿化市容局
健康服务	6	家庭医生签约服务	开展家庭医生签约服务工作，为签约居民提供便利可及的医疗服务	区卫生健康委
	7	社区卫生服务点	每3~5个居委会配置1个社区卫生服务点，提供健康指导、基础诊疗等服务	区卫生健康委
为老服务	8	公共养老服务	为符合条件的社区居家老人提供居家养老（助餐、助洁、助浴、助行、助医、助购等）、日托、短期托养（长者照护之家）、康复护理、长期护理保险、老年综合津贴、精神慰藉、紧急援助、老年教育、养老顾问等服务	区民政局

续表

类别	序号	公共服务	具体内容	提供部门
文体服务	9	文体服务项目配送	根据居民区活动室的情况和人群需求特点，向每个居民区配送；文艺演出、文化讲座、艺术导赏、公益电影、体育健身、图书等服务项目不少于2项	区文化局
	10	市民修身云课堂	借助互联网搭建在线学习平台，让社区居民不出小区就能共享丰富的修身课程资源	区文明办
	11	社区健身设施	每年更新一批社区健身点的健身器材，新建一批社区健身点和健身步道	区体育局
生活服务	12	社区托育点	每年将社区托育点建设列入区政府实施项目，完成当年度新建社区托育点指标	区妇联 区教育局
法律服务	13	公共法律服务工作室	为全区185个居委会配备法律顾问	区司法局
	14	社区法官工作室	社区法官每月第一个星期周四进社区开展司法调解、便民审判、落实司法便民措施、法治宣传等工作，发挥社区法官在解决区域纠纷方面的积极作用	区法院
公共安全	15	视频监控	在封闭式居民小区安装小区智能监控，加强技防措施，降低小区发案率	区委政法委 区公安分局
	16	智能安防	安装公共通道监控、智能门禁等感知设备，加强基层社会治理，提升小区安全能级	区委政法委 区公安分局
	17	居委会综治中心规范化建设	为每个居委会配备综治工作站、社区警务室、微型消防站、心理服务点等，发挥其在平安建设中的整体合力和集聚优势	区委政法委 区公安分局

动迁安置房小区分类治理清单见表18~表20。

表18 动迁安置房小区治理的问题和需求清单（7项）

序号	问题和需求	具体表现
1	流动人口多增加管理难度	闲置动迁房出租率高，外来流动人口多，群租、装修扰民、邻里纠纷、治安隐患等问题较多

续表

序号	问题和需求	具体表现
2	停车资源少难以满足需求	小区现有车位难以满足居民停车需求，停车占用公共空间、堵塞消防通道等情况时有发生
3	环境卫生管理难度大	部分居民乡土情结重，存在毁绿种菜、不文明祭奠等行为； 楼道堆物、高空抛物等情况较多，构成安全隐患； 建筑垃圾、大件垃圾清运不及时等情况时有发生； 宠物随地便溺、扰民、伤人等情况时有发生，流浪宠物管理难度大； 电梯、楼道墙面等公共区域张贴小广告较多
4	业委会及物业管理矛盾突出	业委会人选难、成立难、规范运作难； 动迁安置房小区物业费率较低，难以维持上涨的物业管理成本，物业服务质量下降，居民满意度不高，维修基金使用及筹措难度大
5	特殊群体关爱服务任务繁重	小区老龄化比例较高，老人关爱需求多元，对居委会较为依赖； 困难群体、外来人员等群体基数较大，关心帮扶工作较为繁重
6	人防、物防、技防不完善	小区防盗门、摄像头、消防栓、报警装置等覆盖率不高，智能安防设施管理不够有效，部分探头等监控设施年久失修
7	纠纷调解和维权力量有待增强	因不文明养宠、楼道堆物等行为引发的邻里矛盾较多，纠纷类型多，法律调解服务需求大； 专业调处类社区社会组织和自治团队较为缺乏

表19　动迁安置房小区治理的社会资源清单（3类12项）

类别	序号	社会资源	具体内容
组织资源	1	"双报到"党组织	到居民区党组织报到的驻区单位党组织和"两新"党组织
	2	业委会、物业公司	小区所在的业委会、物业公司
	3	驻区单位	小区所在街镇的派出所、城管中队、市场监督管理所、卫生服务中心等政府部门派出机构；小区周边的党政机关
	4	社区单位	小区周边的学校、医院等事业单位，国有企业、民营企业、外资（中外合资）企业
	5	社会组织	小区内或周边的社会团体、民办非企业单位、基金会；街镇、居委购买服务项目的社会组织
	6	群众团队	环境整治、群防群治、睦邻点、文化沙龙等各类自治团队、工作室等

续表

类别	序号	社会资源	具体内容
人力资源	7	社区党员	向居民区报到的在职党员，组织关系在居民区的在册党员
	8	社区能人	律师、医护、教师、财会等拥有一技之长或具有一定管理协调能力的居民；动迁居民中德高望重、具有一定号召力的社区领袖
	9	社区志愿者	楼组长、居民骨干、社区文体团队成员等
	10	两代表一委员	居民中或者联系所在居民区的各级党代表、人大代表、政协委员
阵地资源	11	政府公共性资源	社区党建服务中心、社区文化活动中心、社区综合为老服务中心、街镇社会组织服务中心、社区青年中心、居民活动室、健身苑（点）等
	12	社会开放性资源	由社区单位提供、面向社区居民开放的资源，包括小区周边的红色基地、名人故居（旧居）、文化科技馆、电影院、学校运动场馆、民防地下空间等

表20 动迁安置房小区治理的公共服务清单（7类20项）

类别	序号	项目名称	具体内容	提供部门
基础设施	1	既有多层住宅加装电梯	鼓励既有多层住宅加装电梯，竣工验收完成后，政府给予40%施工费用补贴，最高不超过24万元/台	区房管局
	2	二次供水改造	对2000年之前竣工售后公房和商品房小区实施二次供水改造	区房管局
	3	家门口工程	每年通过"自下而上"机制，对居民区上报的加装雨棚、晾衣架安装、楼道整治、扰民大树修整、自行车棚整治、停车场地改造等项目进行立项实施	区地区办
	4	无障碍坡道和楼道扶手的建设	每年完成15处坡道、15处楼道扶手建设	区建设管理委
	5	适老化及无障碍居家改造	对符合条件的老年人、残疾人家庭开展安全性、整洁性室内扶手安装等适老性改造	区民政局 区残联
	6	垃圾箱房改造	推进"两网协同一体化"居民生活垃圾分类投放、分类收集，完成区属垃圾箱房分类改造	区绿化市容局

续表

类别	序号	项目名称	具体内容	提供部门
健康服务	7	家庭医生签约服务	开展家庭医生签约服务工作，为签约居民提供便利可及的医疗服务	区卫生健康委
	8	社区卫生服务点	每3~5个居委会配置1个社区卫生服务点，提供健康指导、基础诊疗等服务	区卫生健康委
为老服务	9	公共养老服务	为符合条件的社区居家老人提供居家养老（助餐、助洁、助浴、助行、助医、助购等）、日托、短期托养（长者照护之家）、康复护理、长期护理保险、老年综合津贴、精神慰藉、紧急援助、老年教育、养老顾问等服务	区民政局
文体服务	10	文体服务项目配送	根据居民活动室的情况和人群需求特点，向每个居民区配送；文艺演出、文化讲座、艺术导赏、公益电影、体育健身、图书等服务项目不少于2项	区文化局
	11	市民修身云课堂	借助互联网搭建在线学习平台，让社区居民不出小区就能共享丰富的修身课程资源	区文明办
	12	社区健身设施	每年更新一批社区健身点的健身器材，新建一批社区健身点和健身步道	区体育局
生活服务	13	社区托育点	每年将社区托育点建设列入区政府实施项目，完成当年度新建社区托育点指标	区妇联 区教育局
	14	智慧微菜场	以企业化运营方式，在1998年后建造的、居民户数300户以上的商品房小区开设智慧微菜场	区商务委
法律服务	15	公共法律服务工作室	为全区185个居委会配备法律顾问	区司法局
	16	社区法官工作室	社区法官每月第一个星期周四进社区开展司法调解、便民审判、落实司法便民措施、法治宣传等工作，发挥社区法官在解决区域纠纷方面的积极作用	区法院

续表

类别	序号	项目名称	具体内容	提供部门
公共安全	17	老旧电梯安全风险评估	对15年以上老旧电梯进行安全风险评估	区市场监管局
	18	视频监控	在封闭式居民小区安装小区智能监控，加强技防措施，降低小区发案率	区委政法委区公安分局
	19	智能安防	安装公共通道监控、智能门禁等感知设备，加强基层社会治理，提升小区安全能级	区委政法委区公安分局
	20	居委会综治中心规范化建设	为每个居委会配备综治工作站、社区警务室、微型消防站、心理服务点等，发挥其在平安建设中的整体合力和集聚优势	区委政法委区公安分局

三 以基层党组织为核心形成治理机制

居民区治理组织架构既是基层治理体系的载体，又是基层治理运行的组织保障，也是社区治理的主体。

1. 强化组织建设

完善且有力的组织是社区的政治保障和组织保障。我们应当理顺党的基层组织与居委会的关系。居委会是居民自我管理、自我教育、自我服务的基层群众性自治组织，是居民自治的组织者、推动者和实践者，但从具体实践中看，居委会要发挥作用，必须有居民区基层党组织的引领和政治、组织保障。为此，长宁区非常重视社区党的基层组织建设，确保党组织在社区治理中发挥领导核心作用，指导、支持并帮助居委会实现对物业公司、业委会和业主组建的各种自治组织的领导，支持和保障居委会、业委会、物业公司依法履行职责。同时，也重视促使和指导业委会、物业公司及其他社区组织积极配合居委会依法履行自治管理职能，接受居委会指导和监督。

居委会由主任、副主任、委员等5~9人组成，并由居民依法选举产生，按照属地化原则，每个居委会配备2/3以上的全日制成员，居委会下设居民委员会，根据人民调解、综合治理、公共卫生与计划生育、社会保障、文化体育、环境和物业管理等工作需要设立若干委员会，依法开展自治活动，依法协助政府及其派出机关做好有关工作。

以地缘、业缘、趣缘等为基础，引导社区居民，发掘社区能人，因地制宜地建立各类文体团队、兴趣小组、志愿者团队等社区自治组织。注重将社区自治组织转化为社区自治资源，如将文体团队骨干转化为社区志愿者、团队带头人；将自娱自乐活动性组织转化为功能性组织，将自治组织的作用发挥与社区重点项目或中心工作相结合等。

2. 完善治理机制

一是健全治理格局。建立健全以居民区党组织为领导核心，居委会为主导，居民自治组织为主体，业委会、物业公司、驻区单位、群众团体、社会组织、群众活动团队等共同参与的居民小区治理架构。

二是搭建协商平台。通过优化联席会议平台建设，结合听证会、协调会、评议会等制度，对涉及居民小区和群众切身利益的重要事项，由居民区党组织或居委会组织社区民警、业委会、物业公司、驻区单位和社区居民代表等共同协商决策，加强民主监督，推进居民小区难题化解和工作开展。各居民区在居委会和六个专业委员会的基础上，拓展居民小区的治理资源，探索建立自治家园理事会，代表社区居民管理自治事务，统筹协商处理社区公共事务，回应居民多元化需求。同时，根据阶段性工作需要建立各类自治组织，如售后公房小区在环境和物业管理委员会的指导下设立加装电梯自治小组；老洋房小区设立老房修缮自治小组等；涉外商品房小区在人民调解委员会的指导下设立小联合国涉外法律服务自治小组。

三是组织居民有序参与。注意动员参与治理各个环节的组织、团体、人群等，居民区分类治理参与主体除了居民区党组织、居委会、业委会、物业公司外，还包括驻区单位、群众团体、社会组织，同时注意组织动员本小区居民组织的各种活动团队、退休党员、社区志愿者等。如在售后公房小区，以开展精品小区建设、家门口工程等实施项目为契机，引导维修、理发、调解等一技之长的"社区能人"参与社区治理。在普通商品房小区注意发掘律师、医生、教师等有职业专长的"社区达人"积极参与社区事务，激发小区在职人员参与社区事务的热情和意愿。在涉外商品房小区注意动员热心社区公益事业的外籍居民、全职太太、驻家家政人员等参与社区事务。在老洋房小区注意动员"老克勒"等原住居民代表参与社区事务，也要动员外来租户参与社区治理。在动迁安置房小区注意动员动迁地或征地村队中的居民骨干、村队干部、家族长者以及外来租户代表等参与社区事务。

为了动员居民充分参与社区治理，长宁区采取三个方式挖掘社区带头人。一是走访联络。利用"双报到、双报告"工作发现在职党员中有特殊专长并乐于参与社区事务的志愿者；通过"四百"走访活动和基层开展的各类活动，听取和收集居民群众的诉求以及对社区管理与服务的意见、建议，发掘志愿者和社区能人，引导动员社区居民参与社区治理。二是线上动员。通过建立微信群、微信公众号、社区论坛等线上平台，加强居民之间的联系，动员居民参与社区事务。三是通过社会组织服务拓展参与主体。注重发挥社会组织提供服务、反映诉求、协调利益的优势，扩大居民参与。引导、鼓励社会组织在社区开展各类服务的过程中，通过各种方式动员鼓励社区志愿者参与社区治理。如在为老服务、助残服务中发展"健康使者"，在垃圾分类项目中发掘"环保达人"，在社区更新项目中发动"弄长""路长"等。

3. 凝聚社区共识

一是确定治理目标和主题。治理目标是指在党的领导和政府指导下，居民区根据小区的不同类型，梳理居民意愿，找准治理难点，整合社会资源，传承社区文化，构建治理机制，在居民共同参与中凝练社区的治理目标和共同愿景。不同类型的居民区可以根据实际，引导社区成员确立小区治理目标，由此形成了不同社区的治理目标。如售后公房类居民小区，针对安全管理有待加强、环境卫生管理难度大等问题，通过民主协商达成共识，确立安全有序精品小区的治理目标。普通商品房类居民小区针对物业管理公司与业主之间存在的矛盾、居民参与自治积极性不高、小区弱势群体缺乏关爱等问题，突出以"礼让和谐"为治理目标，围绕"乐邻文明、乐邻团队、乐邻平安、乐邻关爱、乐邻物业、乐邻调解"六大内容开展居民自治，激发激活社区自治组织功能。涉外商品房类居民小区，针对居民深度融入难、社区参与发动难、居委社工上门难等问题，聚焦多元互通和文化融合，立足国际社区实际，围绕"融合"主题，以"多元融合"为治理目标，通过聚焦社区多元需求，提供介绍家教、保姆，提供法律咨询等，通过开展节庆、志趣等公益文化活动，引导居民认同社区、融入社区，引入为外籍人士服务的社会组织开展各项公益活动和服务，提升社工的英语口语能力和人际沟通能力，加强与外籍居民的沟通交流。老洋房类居民小区，针对老洋房设施老旧、物业管理缺失、外来人口混居等问题，聚焦历史文化传承和小区安全文明，以"传承包容"为治理目标，通过发动居民参与老洋房寻访、老洋房摄影展、联合社区内社会组织和区域企业开展社区营造和社区节等活动,优化小区环境,增进邻里和睦;建立社区环境管理小组,努力化解停车难、大树扰民等问题,通过自我服务、自我管理和自我约束,弥补物业管理的缺失,实现社区共建、共治、共享。动迁安置房类居民小区,针对农民动迁房小区家庭矛盾、邻里纠纷多,与同小区商品房混合、管理难度大,居民文明养成难等问题,以"睦邻友善"为治理目标。通过创设自治载体,引导居民有序表达、自我教育、互相协商,依靠自治力量化解治理难题,广开言路集民意民需、全面动员聚民心民力、搭建平台议民生民事、观念融合立民规民约,引导居民变"种菜毁绿"为"美化家园",变守旧陋习为文明新风,变混合小区隔离栏为共建家园同心路,变扎堆聊天为议事协商,等等。

二是形成公共议题。社区公共议题是社区成员普遍关注聚焦,与公共利益相关的议题,具有群众性、普遍性和争议性等特点。社区公共议题是居民自治的前提和关键,它可以来自对居民需求的分析,社区公共服务的提供,也来自对社区公共事务的思考等多个层面。首先是议题征询。议题征询是公共议题的发起阶段,居民区聚焦各自特点、亟待解决的问题和公众需求等方面征询议题,为了使议题更好地反映居民需求,长宁区在实践中创新了多种方式征询公共议题。如会议方式征询,即通过居民代表会议、居民区多位一体会议、居民区议事会、居民自治小组会议等征集社区公共议题。书面方式征询,即通过议题征询单、调查问卷等方式征集公共议题。网络方式征询,即通过网络微平台、社区微信群、社区论坛、社区微博等征集公共议题,还有在走访居民、接待来访居民、党员双报到、文体团队活动中收集公众诉求和意见,并把公共议题分进行分类。其一,客观类公共议题,如停车难、加装电梯、垃圾分类、宠物管理、楼道堆物等;其二,转换类公共议题,如将无法上门投递快递转化为在居民区设置快递箱,广场舞扰民转化为小区广场的管理公约等;其三,创造类公共议题,如打造公共客厅、举办小区摄影作品展等。

为了使征询的公共议题更符合各类小区的需要,并形成社区居民共识,长宁区注意依靠社区成员参与,对涉及公共利益,社区成员的迫切需求或矛盾突出的议题进行梳理,通过讨论协商达成共识,形成社区公共议题。如售后公房类居民小区公共议题多集中在改善房屋设施老旧、公建配套不足等问题;改善业委会及物业不健全的问题;解决"停车难"问题;

改善居民区环境卫生；优化电梯、无障碍等基础设施；增设安全技防设施；为社区特殊人群提供多元化服务；出租房屋与外来人群管理；居民区纠纷调解；等等。普通商品房类居民小区公共议题多集中在缓解业委会及物业管理矛盾；早期商品房设施老旧，物业维修基金不足；解决"停车难"问题；化解宠物扰民问题；整治高空抛物；健全生活服务设施；等等。涉外商品房类居民小区公共议题多集中在如何做好涉外服务管理；促进居民多元思想和文化融合；发动社区居民参与；如何满足居民亲子类、公益类等多元需求；等等。老洋房类居民小区公共议题多集中在改善房屋设施老化；改善厨卫合用问题；整治违法搭建；解决"停车难"问题；弥补居民区物业管理缺位；整治楼道堆物；缓解大树扰民问题；完善居民区人防、物防、技防；居民区弱势群体关爱；等等。动迁安置房类居民小区公共议题多集中在外来租户的管理；业委会及物业管理矛盾；居民文明养成、家风民风塑造；环境卫生管理；等等。与商品房混合管理的小区还存在协调两边物业管理矛盾、邻里友善、和睦相处等问题。

三是公共议题的确定。公共议题确定是居民参与协商议事的载体和平台，也是民意汇集和体现的过程。长宁区非常重视公共议题的确定，并以规范化的步骤进行程序保障。议题讨论。将初步确定的公共议题提交居民代表会议、"四位一体"联席会议、居民议事会议、微信群会议等，经过充分讨论和协商，通过听证、表决等形式确定社区公共议题。议题公布。将公共议题转化为具体的治理项目，明确项目主题、推进方法、参与方式等，制定实施方案，并通过居委会宣传栏告示、网络发放公告等形式进行公示，接受居民的监督，提升居民对公共议题开展情况的知晓度、参与度和满意度。

4. 确定治理清单

居民区治理资源是指社区治理过程中可运用、可整合的各类由政府、社会、市场提供的资源，也包括社区的内生资源，如党组织、社区单位、群众团队等组织资源，社区党员、社区能人、社区志愿者等人力资源，政府公共资源和社会开放资源等阵地资源，以及其他各类有利于社区治理的资源。一是形成"3+X"清单。前文梳理了五类居民小区分类治理清单，分析了每类小区的特点，形成了分类治理"问题和需求""社会资源""公共服务"三张清单，为居民小区准确查找问题、把握居民需求、用好公共服务、汇集各方资源提供指引。各居民小区在梳理三张清单以外，可根据实际情况和需求，梳理具有小区特点的清单"X"。如居民小区自治项目清单、社区能人清单、社会组织服务清单等。自治项目清单是指居民小区拟开展或者正在开展的自治项目，可说明项目名称、项目内容、参与的社会组织、投入金额、受益人群、时间节点等内容。社区能人清单是指居民小区中热心社区事务、对社区的建设发展有推动作用的人，包括社区能人的基本信息、擅长领域、已参与或拟参与的社区事务等。社会组织服务清单是指已参与社区治理项目或者有益于居民小区治理的社会组织目录，包括社区组织基本信息、主要业务领域、已经参与的治理项目、项目成效等。二是供需对接。将各类型居民小区梳理的议题清单与公共服务资源、社会资源等进行对接和匹配。供需对接可以通过居民区区域化党建平台，采取共建联建、项目认领方式，可以通过基层邀约政府相关职能部门，也可以通过购买社会组织服务、公益创投等形式加强与社会组织的合作。三是群众自筹。可聚焦居民帮困救助、小区绿化提升、楼道美化、文化活动开展、道路修缮等社区治理的重点难点问题和居民关心的热点问题对接内外资源，发起众筹和自筹，获得项目开展所需的全部或者部分资金，推进项目开展。另外，可借鉴点赞网筹集资金模式寻找外部资源，吸引居民在微信或者网络平台上点赞，每赞一次由平台匹配一定的金额，积赞越多，匹配的资金越多，用于支持居民区自治项目开展。

5. 制定治理规则

为了探索居民区治理中自下而上的议题形成机制和监督评价机制，各居民区可根据实际，创设和完善议事协商的形式和方法，如议题征询会、民主恳谈会、监督合议会等，也可形成与"三会"相配套的会议制度，如听证会配套公示制、协调会配套责任制、评议会配套承诺制等，丰富自治内容和途径，提升自治的系统性和有效性。各类议事协商会议的召开，要合理确定参会人员范围，如利益相关方代表、社区公信人士、居委社工、政府相关部门代表等，拟定会议程序，宣布议事规则和决策办法。

一是制定自治章程。制定自治章程是居民自治制度的重要基础，是居民自治实践的基本依据。居民委员会应当根据本居民小区的实际，立足于发展愿景，围绕治理目标，通过开展民主协商引导居民制定居民自治章程，经居民会议讨论通过后实施。居民自治章程应当报街道办事处或者乡镇人民政府备案。居民自治章程的内容，不得与宪法、法律、法规和国家的政策相抵触。居民委员会及其成员、居民应当遵守居民自治章程。二是用好"三会"制度。"三会"制度是指在区有关职能部门的支持下，在街镇和居民区基层党组织的领导下，由居委会主持召集的听证会、协调会和评议会，即"事前听证、事中协调、事后评议"。听证会是政府有关部门或居委会在实施社区治理项目前，或涉及居民群众切身利益的重大事项作出决策前，由居委会或自治家园理事会组织部分社区成员代表召开会议，广泛讨论，并提出具体意见的会议制度。协调会是对涉及社区成员间的公益性、社会性事务以及一般矛盾、利益冲突，进行协商解决的会议制度。评议会是由居委会或自治家园理事会组织居民区成员代表对被评议的事项、机构和对象及其工作进行考察评议的会议制度。三是形成解决方案。组织引导社区成员开展各种形式的议事协商，通过决策程序形成协商成果，并在此基础上形成自治项目及实施方案。明确项目参与方或承接主体，明确时间节点和责任人，发动志愿者有序参与，建立项目运行机制，建立项目跟踪监督反馈机制等，并将方案进行公示。四是形成居民公约和行为准则。居民公约是指居民根据法律、法规和政策，就某一问题或者某些方面，经居民会议讨论制定的自我管理、自我约束、自我监督的公共约束和行为准则。居民公约由居委会监督执行，各类居民小区根据不同治理目标和治理内容，逐步形成不同类别的居民公约和行为准则。售后公房、老洋房、动迁安置房类居民小区公约可突出小区环境改善、居民文明习惯养成、和睦共处等方面。普通商品房、涉外商品房类居民小区公约可突出居民文明和谐、社区氛围营造、多元居民融合共处等方面。

居民区自治章程范例

第一章　总则

第一条　为进一步规范社区自治组织的工作，增强广大居民的社区意识、民主意识和参与意识，适应社会利益多元、诉求多样的客观需要，加强基层民主政治建设，结合本居民小区实际情况，特制订本章程。

第二条　居民区自治理事会在居民小区党组织的领导下，通过征集酝酿、民主协商、表决确定等流程对涉及社会性、公益性、群众性的小区事务，进行议事、协商、评议、监督。

第二章　组织机构

第三条　居民区自治理事会由居民代表大会推荐产生，其组成要体现广泛性和代表性。自治理事会委员一般由居委会、业委会、物业、居民代表、驻区单位代表等5~7名人员组成，每届任期与居委会一致。

第四条　居民区自治理事会下设六大自治工作小组，分别为文明组、物业组、团队组、平安组、关爱组、调解组。

第三章　职责和任务

第五条　议事。居民区自治理事会在居民区党组织的领导下以居委会为主导，吸纳业委会、物业公司、驻区单位、群众团体、社区居民和社会组织等代表通过面对面倾听、网对网沟通，了解征询群众的意见建议。

第六条　协商。居民区自治理事会围绕社区服务零缺失、文化交流零距离、共驻共建零障碍、社情民意零盲点、生态环保零污染、矛盾纠纷零激化"六零"自治目标，将民情民意提炼为自治议题，组织居民、驻区单位开展民主协商、民主恳谈，形成共识，确定自治项目方案。

第七条　监督。组织成立项目监督小组对自治项目的启动、内容公示、定期评估、专业指导、协调完善、整体收尾等环节全程、深度参与实施监督。

第八条　评价。对已经实施完成的自治项目，从居民知晓度、参与度、满意度三个方面，通过"即时评价"和"长效评价"等方式进行满意度测评，形成项目绩效评价结果。

第四章　工作制度

第九条　为确保居民区自治工作的有序、稳妥推进，本章程配套三个工作制度，分别为《居民小区自治项目议事制度》《居民小区自治项目监督制度》《居民小区自治项目评价制度》。

第五章 附则

第十条 本章程在执行过程中，如与相关法律、法规及规范性文件相冲突以法律、法规及规范性文件为准。

第十一条 本章程由社区自治理事会负责解释。

各类居民小区解决问题案例

售后公房类居民小区加装电梯案例

周家桥街道在梳理社区居民的问题和需求清单中发现，"上不去、下不来"是售后公房小区老年住户迫切希望解决的出行难问题，加装电梯成为满足售后公房"悬空老人"期盼最切实有效的举措。中五居委会迅速行动起来，一是通过走访联络，摸清居民的意愿，联系政府相关部门提供咨询，挖掘社区能人、楼组骨干。二是开展循环往复的居民协商，对反对加梯的居民做好政策的解读和宣传，通过听证会、协调会进一步明晰安装电梯的步骤、所得的实惠及所需承担的义务。三是居民自发成立"悦居中五加梯联盟"工作小组。此外，居民区还引入社会组织"慧加美"老房咨询中心，为居民提供实地勘察、材料报审、各方联络等多项专业服务。

普通商品房类居民小区文明养宠案例

新泾镇绿八居民区的淞虹公寓是老式商品房小区，经过对问题和需求清单的梳理，发现宠物扰民、流浪猫泛滥，养宠人士与厌烦猫狗居民存在矛盾，影响社区和谐。淞虹公寓小区一是运用"四位一体"机制，召开利益协调会、对话会。"四位一体"各方分工协作，业委会划出专门场地将分散在小区各处的流浪猫进行集中管养，减少跳蚤、病菌传染；物业公司资助兴建猫舍；爱宠人士筹措3万余元对流浪猫进行管理。二是组织爱宠志愿者成立"爱宠宠物管理团队"，并分为"汪星人"组和"喵星人"组。三是通过微信、网络等方式联系爱心人士领养流浪猫。爱宠团队逐步摸索出宣传引导、集中管养、养宠讲座、志愿保育等七步工作法，宣传引导居民既要有爱心也要讲公德，化解了养宠矛盾、促进了社区和谐。

涉外商品房类居民小区推进垃圾分类案例

涉外商品房小区人员结构多元、租户流动率高、家政人员多，楼层设有垃圾桶，居民一时难以接受撤桶、转变投放方式。虹桥街道华丽家族小区根据涉外商品房小区特点，开展有针对性的治理工作。一是居委会、物业、业委会"三驾马车"同频共振，研究小区试行垃圾分类的问题和难点，对解决措施和推进方案达成共识，并共同上门开展入户宣传。二是由派出所依据消防法相关规定，开具整改单，对影响消防通道的楼层垃圾桶进行撤除，并在小区内增设垃圾定时投放点，方便居民投放。三是引入社会组织力量，以宣传活动和培训课程等方式，让垃圾分类这件有意义的事变得更有意思。四是发挥小区楼长、志愿者等骨干作用，建立居民共督机制。小区居民对于垃圾分类的支持率从最初的60%上升至90%。

老洋房类居民小区缓解停车难案例

新华路街道泰安居民区卫乐园是老洋房小区，公共空间少，物业管理不到位，无停车位的统一设计规划，停车矛盾日益成为较为突出的管理问题。居民区党总支、居委会一是组织小区志愿者，走访居民和驻区单位，了解小区居民和社区单位现有的车辆数量和需求。二是组建"卫乐平安坊"自治小组，并邀请社区居民中具有专业知识的城市规划工作人员共同参与。三是自治小组多次召集小区居民车主和社区单位车主沟通协商，在平衡各方利益的基础上，起草了小区停车公约，并在专业人员的指导下，对现有车位的设置进行了优化，缓解了小区停车困境。

动迁安置房类居民小区破解物业费收缴难案例

新泾镇虹康新苑是一个农民动迁房小区，2016年前小区物业费收缴率不高，维持在60%~70%，物业公司工作消极，小区环境有待改善，居民对物业服务不满意。虹康新苑小区一是通过走访联系、充分动员，引导小区组建强有力的业委会班子，并开通了小区维修资金账户，解决了小区道路拓宽、居民楼更换防盗门等多个历史遗留问题；二是利用好"四位一体"联席会议制度，商议解决历年来拖延的维修和改造项目，小区环境提升促使居民增强缴纳物业费的意愿；三是业委会制定激励机制，即每年从公益收入中提取一部分抵扣每户的物业管理费，利用激励机制促进居民遵守居民公约，自觉按时缴纳物业费，并积极配合垃圾分类等小区其他管理事务。2016年至今，小区物业费收缴率每年都达到了100%，小区管理进入了良性循环。

6. 加强监督评议

监督评议是对治理效果的反馈和推动落实的重要措施，也是社区治理的重要环节。一是确定能够代表居民并具有权威的监督评议主体。由居委会牵头，组织监督评议力量，完善组织架构，构建自下而上的监督评议机制。参与监督评议的人员应包括居民区党组织代表、居委会成员代表、利益相关方、自治家园理事会等自治组织代表、社区单位代表、居民代表、社区公信人士等。二是明确监督评议内容和行之有效的监督方式。监督评议内容包括政府提供的各类公共服务，居委会的工作绩效及社工工作的满意度、自治组织的规范运作、自治项目治理成效等。各类社区公共服务，如精品小区建设、家门口工程、旧小区综合改造、房屋修缮工程等；自治家园理事会开展的自治项目，如美丽楼道、垃圾分类、文明养宠、业委会规范运作、物业公司的服务等；社会组织提供的服务，如为老服务、纠纷调解、扶贫帮困等。监督评议可以根据各居民区实际情况和评议对象内容采取不同的方式。如对某项工作或者某个治理项目开展公众满意度调查、召开项目报告会、亮红黑榜、设评议台，也可以在治理项目过程中组织力量进行跟踪评估、反馈意见等。三是明确监督评议成果，切实把居民监督落到实处。居民区通过自行组织或者委托第三方对治理项目的执行情况和成效进行监督评议，通过必要程序向居民区通报评议情况和结果，并将评议意见反馈给被评议对象及其上级主管部门。被评议对象收到评议意见后，应对提出的问题和建议提出书面整改目标、措施和计划。对被评议对象执行整改承诺的情况进行跟踪监督，适时向其上级主管部门报告并向居民通报。

四　加强科学评价和工作指导

为了使社区分类治理工作有序开展取得实效，长宁区围绕工作措施和要求，确定了7大类15项治理指标，进行科学、定量赋值，形成分类治理绩效评估导则,对各居民区的治理成效进行评价,检验各居民区的工作成效和公众满意度,查找不足短板,推动工作改进提升。社区分类治理绩效评估导则见表21。

表21 社区分类治理绩效评估导则

一级指标	二级指标	分值	评分说明
确立治理目标（9分）	目标清晰准确	9	居民区治理目标清晰明确,符合社会治理发展要求和居民区分类治理实际,为社区成员广泛认同,则 $6<X \leq 9$
			居民区治理目标较为清晰,基本符合社会治理发展要求和居民区分类治理实际,为部分社区成员认同,则 $3<X \leq 6$
			居民区治理目标不太清晰,与社会治理发展要求和居民区分类治理实际不太相符,社区成员认同度不高,则 $0 \leq X \leq 3$
动员参与主体（12分）	参与主体动员	6	动员方式丰富,参与渠道多元,社区成员参与数量众多,自我服务和互助意识强,则 $4<X \leq 6$
			动员方式比较丰富,参与渠道有待拓展,社区部分成员参与,居民自我服务和互助意识一般,则 $2<X \leq 4$
			动员方式较为单一,参与渠道狭窄,社区成员参与较少,居民自我服务和互助意识较弱,则 $0 \leq X \leq 2$
	参与主体作用发挥	6	参与主体热情高,参与有序,作用发挥明显,则 $4<X \leq 6$
			参与主体热情一般,参与有序性有待提高,作用发挥有待提升,则 $2<X \leq 4$
			参与主体热情不高,参与无序,作用发挥不明显,则 $0 \leq X \leq 2$
建立自治载体（16分）	组织架构完善	8	居民区治理架构完善,各专业委员会和理事会建立完整,自治载体内部治理结构清晰,分工明确,则 $6<X \leq 8$
			社区治理架构基本清晰,各专业委员会及理事会基本建立,自治载体内部治理结构基本清晰,有分工,则 $3<X \leq 6$;
			社区治理架构繁琐或过于简单,各专业委员会及理事会建立不完整,自治载体内部治理结构不清晰,无明确分工,则 $0 \leq X \leq 3$
	运行机制完善	8	居民区"四位一体"机制作用发挥明显,各类资源梳理充分,自治组织依据章程规范运作,则 $6<X \leq 8$
			居民区"四位一体"机制作用较为明显,各类资源梳理比较充分,自治组织基本依据章程规范运作,则 $3<X \leq 6$
			居民区"四位一体"机制作用不明显,各类资源梳理不够充分,自治组织依据章程运作不规范,则 $0 \leq X \leq 3$

续表

一级指标	二级指标	分值	评分说明
形成公共议题（12分）	公共议题征询	6	议题征询形式多样、渠道丰富、范围广泛，社区成员参与积极性高，则 $4<X\leq 6$
			议题征询形式和渠道有待拓展，社区成员参与积极性一般，$2<X\leq 4$
			议题征询方式单一、范围狭窄，社区成员参与积极性不高，则 $0\leq X\leq 2$
	公共议题确定	6	议题明确可行，并可转化为治理项目，形成社区成员广泛参与的行动自觉，则 $4<X\leq 6$
			议题可转化为治理项目，但社区成员参与的意愿不强，则 $2<X\leq 4$
			议题难以转化为切实可行的治理项目，社区成员参与意愿不强，则 $0\leq X\leq 2$
梳理治理资源（15分）	形成清单	9	准确把握居民需求及治理难点，清晰梳理社会资源和公共服务资源，结合居民区实际，梳理具有各自特点的3张清单及"X"清单，则 $6<X\leq 9$
			基本把握居民区治理需求及治理难点，基本了解社会资源和公共服务资源，结合居民区实际，梳理具有各自特点的3张清单，但并未形成"X"清单，则 $3<X\leq 6$
			对居民区治理需求及治理难点把握不准确，对社会资源和公共服务资源梳理不清晰，未梳理具有自己特点的3张清单及"X"清单，则 $0\leq X\leq 3$
	供需对接	6	良好运用区域化党建平台，共治自治等多渠道、多方式促进资源和需求的对接，资源利用和共享成效明显，则 $4<X\leq 6$
			区域化党建平台作用发挥一般，促进资源和需求对接的方式不够多元，资源利用和共享成效一般，则 $2<X\leq 4$
			区域化党建平台作用发挥不足，促进资源和需求对接的方式较为单一，资源利用和共享成效较差，则 $0\leq X\leq 2$

续表

一级指标	二级指标	分值	评分说明
开展沟通协商（18分）	用好"三会"制度	6	"三会"制度在居民区议事协商中运用充分，有完善的议事规则和决策程序，有配套的制度机制，则 4<X≤6
			"三会"制度在居民区议事协商中基本能运用，议事规则和决策程序基本完善，有部分配套的制度机制，则 2<X≤4
			"三会"制度在居民区议事协商中运用一般，议事规则和决策程序不够完善，缺乏配套的制度机制，则 0≤X≤2
	形成解决方案	6	形成协商成果，把协商成果转化为项目方案及行动计划，解决方案可操作、可落地，则 4<X≤6
			形成协商成果，把协商成果转化为项目方案及行动计划，解决方案操作性有待提升，则 2<X≤4
			未形成有效协商成果，且未形成项目方案及行动计划，则 0≤X≤2
	形成居民公约和行为准则	6	形成居民公约和统一的行为规范，为社区居民普遍认同和遵守，则 4<X≤6
			形成居民公约和行为规范，为社区居民基本认同和遵守，则 2<X≤4
			未形成居民公约和统一行为规范，社区居民认同度低，则 0≤X≤2
加强监督评议（18分）	监督评议结果	6	组织监督评议力量，社区成员自我监督意识强，形成自下而上的监督评议机制，则 4<X≤6
			社区成员自我监督意识较强，自下而上的监督评议机制有待完善，则 2<X≤4
			社区成员自我监督意识一般，未形成自下而上的监督评议机制，则 0≤X≤2
	监督评议内容和标准	6	评议内容和对象清晰，有明确评价标准和体系，则 4<X≤6
			评议内容和对象比较清晰，缺乏明确的评价标准和体系，则 2<X≤4
			评议内容和对象不够清晰，缺乏明确的评价标准和体系，无法对项目开展评估，则 0≤X≤2

续表

一级指标	二级指标	分值	评分说明
加强监督评议（18分）	监督评议结果	6	开展监督评议，形成监督评议结果，制定落实整改方案，则 $4<X\leqslant 6$
			监督评议实施环节欠妥，形成监督评议结果，但未及时制定和落实整改方案，则 $2<X\leqslant 4$
			未开展监督评议，对项目缺乏监督，则 $0<X\leqslant 2$
总分		100	优秀：$90\leqslant X\leqslant 100$； 良好：$80\leqslant X<90$； 一般：$60\leqslant X<80$； 较差：$X<60$

注：X 表示评估因子赋值。

五 长宁区推进居民区分类治理清单模式的成效与启示

城市管理要有绣花精神，上海正在努力走出一条符合超大城市特点和规律的社会治理新路，用细心、耐心和巧心绣出上海的城市精神。经过几年的探索，长宁区已经在创新社会治理、加强基层建设方面跨出了可喜的一步。

1. 居民区分类治理清单模式的实施成效

一是社区治理格局不断优化。形成了较为完备的政策体系和制度安排，居民区多位一体治理架构不断完善，多元主体参与社区治理氛围日益浓厚。在治理架构上：区层面，建立了创新社会治理加强基层建设工作领导小组及其工作机构；街镇层面，建立了社区党委，加强区域化党建、两新党建、居民区党建，促进其融合发展，办事处科室设置了自治办负责此项工作；居民区层面，健全以居民区党组织为领导核心，居委会为主导，居民为主体，业委会、物业公司、驻区单位、群众团体、社会组织、群众活动团队等共同参与的居民区治理架构。在政策制度上，坚持党建对社区共治自治工作的引领，出台了《长宁区关于推进居民区治理体系的分类指导意见》《在城区精细化管理中发挥群众自治作用的实施意见》《长宁区社区工作者管理实施方案》《长宁区关于加强和改进社区民警参与居民区治理工作的实施意见》《上海市长宁区关于开展全国社区治理和服务创新实验区工作的实施方案》《2019年长宁区关于进一步深化社区分类治理工作的实施方案》等文件，逐步形成了完善的政策体系和制度安排。

二是精细化治理水平不断提升。分类治理为不同类型居民区提供了不同"钥匙"，促进了社区治理向精细化、科学化不断升级。

针对售后公房类小区房屋设施老旧，技防、物防设施欠缺，物业管理不到位，老年人口、低收入等困难群体占比较高等问题，突出以"安全有序"为治理目标，推进"家门口工程"、"精品小区"建设、"适老性"改造、垃圾分类、加装电梯、民生微更新等项目，改善居民居住环境。

针对普通商品房类小区环境较好、基础设施较为齐全、居住人群经济条件良好、文化程度较高等特点，突出以"礼让和谐"为治理目标，发挥业委会等自治组织作用，完善物业共建联建机制，推广"支部领导团队、党员融入团队、团队凝聚群众"工作模式。通过微信等新媒体开展网上居务公开、自治议题征集，拓宽参与社区治理途径。

针对涉外商品房类小区配套设施完善、物业管理到位、外籍居民多、社区文化多元等特点，突出以"多元融合"为治理目标，通过建立议事厅等民主自治、协商共治平台，探索议事规则，制订《居民公约》，加强契约管理。整合社会组织资源，开展文化交融活动，创新涉外社区联系服务群众方法。

针对老洋房类小区名人资源丰富，历史底蕴深厚，但也存在设施老旧、物业管理缺失、外来人口多等问题，突出以"传承包容"为治理目标，尊重社区历史传统，加强老洋房保护，创建新华路、番禺路（法华镇路）、愚园路、武夷路四条"美丽街区"。推广"弄管会""路管会"等工作模式，弥补物业管理缺失，引导居民参与社区治理。

针对动迁安置房类小区基础设施维护不及时，与同小区商品房混合、管理难度大、居民文明习惯养成难等问题，突出以"睦邻友善"为治理目标，注重鼓励具有影响力的群众骨干担任居委会或业委会成员，开展群众工作。发挥居民亲缘纽带作用，规范居民公约，改变生活陋习，提高文明素养。

2017年、2018年长宁区委托第三方对全区居民区社区工作者工作满意度进行测评，其中2017年选取了62个居民区，受访居民2176人，总体满意度为 90.68%；2018 年选取了 60 个居民区，受访居民 2217 人，总体满意度为 92.75%。经过几年的积极探索实践，总结出了虹储居民区"虹储"工作法、华院居民区"五民"工作法、新泾八村居民区"一站两圈八韵"工作法、泰安居民区新"三解"工作法、北虹居民区"一堂三会"工作法等新一批优秀社区工作法。荣华居民区"融"工作法被评为全国最具代表性的优秀社区工作法之一。

三是社区共治自治活力不断激发。基层自治载体丰富多样，社区治理能人不断涌现，社工专业化水平得到提升，社区治理更有活力，城区也变得更有温度。

自治载体丰富多样。各居民区普遍建立了"居委会、业委会、物业公司、社区民警"为主要力量的"四位一体"联席会议。近年来，各居民区在原来"四位一体"联席会议的基础上，引入文体团队负责人、楼组长、社区单位代表等组织建立了"弄堂议事会""乐邻之家""和·家园""邻里课堂""安居乐议坊""'缘圆园'家园议事会"等自治载体，健全组织框架、议事规则、资金管理办法等，将松散的自治组织和参与主体重新"组织化"，使居民自治有框架、有规则、有愿景。凡涉及居民群众切身利益的事项，坚持与民协商、协商为民、广泛推广建立听证会、协调会、评议会"三会制度"，完善了"议题由群众提出、决策由群众产生、成效交群众评议"的民主管理、民主决策、民主监督机制，居民参与社区治理的积极性和责任感更强了。

社区治理能人不断涌现。通过持续的挖掘、培育、宣传，动员社区党员、社区能人、两代表一委员等社区成员参与社区事务，鼓励在册党员及在职党员中热心社区事业的积极分子"五进入"，即进入居委会、业委会、自治家园理事会、社区志愿者团队、社区文体团队，搭好居民区党组织、居委会、业委会班子，形成了人人参与社区治理的良好氛围，基层政权得到不断夯实。

社会力量参与日益扩大。充分发挥政府主导作用，推动社区、社会组织、社会工作者队伍协同协作、融合发展。依托区社会组织创新实践园、街镇社会组织服务中心"1+10"枢纽式载体，培育发展了一批社区社会组织、群众活动团队和志愿者工作室，推动政府购买社会组织服务、社区公益创投项目实施，提炼品牌项目，激发社会组织活力。为推进社会组织参与社区治理，2017 年以来，长宁区启动了"社区公益创投"项目，为初创型和中小型公益性社会组织提供"种子资金",每年投入资金300万元,推动社区公益类创投项目落地社区,已实施公益创投项目133个,投入资金750万元。全区购买社会组织服务金额2017年为2.86亿元,2018年为3.18亿元,占全区总的政府购买服务金额的比例分别为23.5%和24.8%,一批草根组织迅速成长。2018年制定了《关于鼓励社区工作者参加社会工作者职业水平考试工作的意见》,鼓励社工获取职业资格,社区持证率从6%上升到了22%。计划建立一批社区工作者督导师队伍,以点及面提升社区工作者专业能力,学会运用社会工作的方法开展社区治理工作。"三社联动"重建了居民区的社会关系网络,提升了社区公益性,也强化了居民区的自治功能。

2. 长宁区推进居民区分类治理清单模式的启示

长宁区居民区分类治理清单模式围绕上海超大型城市中心城区居住类型多样化、复杂化等特点进行"精雕细作",将全区居民小区类型进行售后公房、普通商品房、涉外商品房、老洋房、动迁安置房五维分类,以精细化、社会化、职能化、专业化为导向,设计了各类型居民区"问题和需求""社会资源""公共服务"三张清单,形成了一套符合社区需求的方案模式,对中国超大型城市社区治理精细化具有一定的借鉴作用。

一是类型治理,推动社区治理由"粗放"向"精细"升级。近些年社区治理创新更多着眼于现代治理所需要的主体多元、公众参与等相关体制机制内容,核心是处理调整"国家"与"社会"之间的关系。但这类治理创新的着眼点还较为粗放,更多是提出或实践放之四海而皆准的"粗放型"治理,而忽视了不同类型治理中的"地方性知识",以致诸多多元治理、参与治理无法面向实践"接地气",进而能精准发力去解决问题,实践效果呈现出强弱不稳定的现象。上海长宁区居民区分类治理模式,创造性地对社区治理进行"类型学"编码,以类问需,以需寻资,以问定服,有利于将原有的"粗放治理"向"精细治理"升级。

二是专题导向,推动社区治理由"一般"向"专业"升级。目前,社会生活日趋复杂,不同类型居民(包括租户)对所居住小区的环境、诉求也有很大差异。我们社区治理在处理好一般性的基层基础事务外,还要有专业的"针法",才能绣出治理的蓝图,进而才能提升社区治理的水平。长宁区在分类治理中注重总结五类不同社区治理的攻略,事实上是一种精细化的提炼和总结,在实践中将治理能级提升了一个层次。

三是清单管理，推动社区治理由"离散"向"同频"升级。从中国情况来看，由于地域范围广，基层实践形态多样，不同治理者、参与者的偏好、素养、能力各不相同，社区治理水平往往较为"离散"。即使是同一个城市、块区，某些地方治理走得快，某些地方则走得慢，甚至一些治理优势区反而因善治变为"洼地"（先期治理水平高，吸引更多人来，带来治理难度上升，治理水平下降）。长宁区创造性地提出了社区治理的三张清单，要求居民区在治理过程中，围绕清单梳理社区需要，围绕清单整理手中资源，围绕清单梳理所要服务，进而设计工作项目。由此，通过相应的清单，居民领袖和参与者就可按图索骥，结合各自社区实际展开工作。这三张表实质上是工作的"指南针"，在一定程度上也明确了各社区间工作的先后，使社区治理呈现全区齐步走的"同频共振"效应。

四是精准施策，推动社区治理由"无型"向"科学"升级。社区治理既是一门艺术，需要社区工作者在实践过程中探索摸索，去不断"体悟"；同时也是一门科学，既然是治理，就一定有规律性的东西，有治理成效提高的"不二法门"，是需要总结的，也是可以摸索规律的。长宁区在社区治理过程中注重"治理攻略"总结，这实际上是面向问题、需求找到共同问题、共同需求的"公约数"，总结出相应"同类项"，进而再提出面向"同类项"的共同解决路径、解决方法和解决方案。于是，社区治理就获得了"路线图""科技树"。目前，上海正在建设卓越全球城市，长宁这种对治理技术科学性的探索，具有创新实践的现实推进意义。

掌上云社区：城市基层大数据治理的创新实践

肖 萍 徐 愫[*]

一 社会治理理念引领现代化社区发展实践

从2002年党的十六大把"社会管理"作为一项政府职能提出，到2004年党的十六届四中全会提出"社会管理格局"[①]；从2006年《中共中央关于构建社会主义和谐社会若干重大问题的决定》指出必须健全社会组织、完善社会管理，到2007年党的十七大将社会管理作为改善民生的六大任务之一；从2012年党的十八大提出在改善民生和创新管理中加强社会建设，到党的十八届三中全会提出"创新社会治理体制"[②]，中央高层对社会治理的重视程度不断提升。从社会管理到社会治理，是一个发展过程，是在理念、体制和措施上新的发展。

2007年10月15日，党的十七大报告指出，在以民生为导向的社会建设背景下，要"健全党委领导、政府负责、社会协同、公众参与的社会管理格局"[③]，"把城乡社区建设成为管理有序、服务完善、文明祥和的社会生活共同体"[④]。社区作为社会生活共同体的含义得到政府的认可和推广。

---

[*] 肖萍、徐愫，南京大学社会学院副教授。南京大学社会学院2019级社会工作硕士研究生何箴、凌逸杨对案例资料进行了整理，在此表示感谢。
[①] 《十六大以来重要文献选编》下，中央文献出版社，2008，第715页。
[②] 《习近平关于社会主义社会建设论述摘编》，中央文献出版社，2017，第83页。
[③] 《改革开放三十年重要文献选编》下，人民出版社，2008，第1652页。
[④] 《改革开放三十年重要文献选编》下，人民出版社，2008，第1728页。

2012年党的十八大第一次把"城乡社区治理"① 写入党的纲领性文件。2013年党的十八届三中全会明确提出了创新社会治理体制、提高社会治理水平的新要求，将城乡社区治理纳入国家治理体系和治理能力现代化的战略布局，形成了从国家治理、社会治理到社区治理一体贯通、一脉相承的治理体系。党的十八届三中全会后，协商民主已成为政策热点及社区自治发展的重要方向。《中共中央国务院关于加强和完善城乡社区治理的意见》的颁发以及《城乡社区服务体系建设规划（2016-2020年）》的制定，则是我国城市社区治理进入制度化探索的重要标志，明确了城乡社区治理的指导思想和社区治理的目标任务，即到2020年形成城乡社区治理体系，然后再过5～10年形成更为成熟的城乡社区治理体制，进而为国家治理体系和治理能力现代化奠定坚实基础。

自2011年起，民政部开展"全国社区管理和服务创新实验区"建设工作，2014年1月民政部召开"全国社区治理和服务创新实验区"工作会议，这是民政部首次正式将"社区治理"一词引入我国社区建设领域，标志着中国社区建设从"社区管理"向多元参与的"社区治理"转变，我国社区治理不完全是国家建构过程的行政安排型治理模式，也不完全是社会自组织过程的自主型治理模式，而是命令式安排、个体自由选择、社群协商民主等运行过程的多元组合型治理模式。

与宏观的社会治理同步推进的是，各地基层社会治理不断创新和实践多种模式，以适应社会转型期的各种需求变迁和问题聚焦，包括"三社联动""院落自治""社区多化融合共治""社区协商治理""社区基金治理"等，这些模式在一定区域范围内和一定主客观条件下富有成效，但在应对社区弱参与、社区多主体并存、物业缺位失位和业委会艰难维系等长期存在的基层难点时，并未获得根本性的解决方案。② 在社区治理过程中，作为重要主体之一的居民的"社区不在场"——对于社区治理活动的冷漠，势必严重影响社区治理的健康发展。社区居民参与不足，主要表现在：居民参与意识薄弱、参与主体狭窄、参与层次较低；参与内容的广度和深度不够，居民参与的社区事务主要限于卫生清洁、治安、文体娱乐等非政治性的活动，对深层次的工作，如民主选举、民主监督、民主决策等方面的

---

① 《十八大以来重要文献选编》下，中央文献出版社，2018，第644页。
② 闵学勤：《掌上社区：在线基层治理的探索》，《学习时报》2017年1月23日。

参与则普遍不够；居民参与社区治理实施过程的情况较多，参与社区事务决策、监督过程的情况较少。

南京市栖霞区虽处城郊接合部，但依赖城中产业的外移、大学城的建设及城市化的后发优势等，其发展速度超出想象。栖霞区由9个街道（5种类型91个城市社区、29个村委会）和南京经济技术开发区、南京仙林大学城三个板块构成，常住人口约72.89万，更有大学师生、企业职工等流动人口近40万。社会结构相对复杂，群众诉求多样多发，社会治理任务繁重，传统的社会治理方式难以为继。"掌上云社区"正是栖霞面对经济社会发展不平衡等实际问题，主动运用新技术新手段建立起来的高效便捷的政社协同共治平台。

二 信息化浪潮推动基层治理创新

从20世纪90年代开始，全球各国政府的治理都受到信息化浪潮的推动。移动互联网平台具有沟通成本低廉、传播迅速有效、信息公开透明和参与便捷畅通等多重优势，可极大提升公共管理效能和公共服务效能。互联网、物联网、大数据、云计算等现代技术正在深度改变人们的生活、工作和思维方式。

西方发达国家有些地方政府已经通过各大移动互联平台在采集民众信息、回应民众需求、引导民众参与和形成共同决策，累积了相当多的电子治理的实践经验，这种电子治理还可能带来智能治理。中国几乎与全球同步开启电子时代。中国基层政府较早开启了"互联网+"的治理模式，从最开始的官方网站、政务微博和政务App到最近各类基层政务微信群和微信公众号等，例如，杭州上城区在社区建设中构建的"二化四网六平台"、深圳罗湖区的移动"家园网"、上海杨浦区的社区法律服务App。[1]

技术的发展推动了治理创新，技术治理成为现代公共治理的基本形态。现代信息技术的发展也带来社会治理领域的"治理技术"变革。特别是随着新一代信息技术的发展，包括互联网、大数据、物联网、云计算以及智能技术等，各种新的治理技术应运而生，也不断更新换代，比如从政

---

[1] 闵学勤、贺海蓉：《掌上社区：在线社会治理的可能及其可为——以南京栖霞区为例》，《江苏社会科学》2017年第3期。

府上网到数字政府再到智慧政府等，成为改进和优化公共治理的支配性策略，更是激发了技术治理的想象力，推动了信息技术的深度应用，拓展了技术治理的应用场景。[1] 技术嵌入使得社区治理的利益相关者可以运用民主技术、方法，对公共事务进行充分讨论，形成符合公共理性的集体决策，并组织实施。[2]

2009年，随着"智慧城市"概念被首次引入国内，"智慧社区"建设也很快被提上了日程，在起步阶段很多地方都将智能社区或社区智能化管理等同于智慧社区。[3] "智慧社区"其实是以城市社区大数据信息化发展为依托，以实现社区管理、社会服务、政府职能三者协同发展为目的的城市社区新样态。[4]

大数据时代给社会治理提出了新机遇和新挑战。数据采集、使用和共享是传统的数据应用，是信息化建设的第一次革命；数据碰撞、智能推送和智能嵌入是大数据时代的智能应用，是信息化建设的第二次革命。[5] 大数据呈现出战略化、资产化和社会化等特征，将大数据运用于城市社区治理，对城市社区治理理念、治理方式、治理内容、治理手段、治理考核标准、治理信息反馈等产生不同程度的影响。[6] 社区以独立信息资源管理平台为载体，让关系互联，让数据发声，让社区成为连接群众和政府的无缝平台接口。[7]

"十三五"规划纲要明确提出了"大数据治国"战略。随着新媒体时代的到来，网络问政、信息惠民、大数据助政已成为国家治理的重要手

---

[1] 韩志明、雷叶飞：《技术治理的"变"与"常"——以南京市栖霞区"掌上云社区"为例》，《广西师范大学学报》（哲学社会科学版）2020年第2期。
[2] 唐鸣、李梦兰：《城市社区治理社会化的要素嵌入与整体性建构——基于"第三批全国社区治理和服务创新实验区"的案例分析》，《社会主义研究》2019年第4期。
[3] 王萍、刘诗梦：《从智能管理迈向智慧治理——以杭州市西湖区三墩镇"智慧社区"为观察样本》，《中共杭州市委党校学报》2017年第1期。
[4] 朱琳、万远英、戴小文：《大数据时代的城市社区治理创新研究》，《长白学刊》2017年第6期。
[5] 张文、王强、乔智等：《大数据时代社会治理方式创新》，《学习时报》2014年12月8日。
[6] 赵汝周、岳凤兰：《大数据时代城市社区治理新探索——成都市成华区的实践探索与启示》，《四川行政学院学报》2015年第3期。
[7] 袁野：《网络信息技术对社区治理变革发展的影响》，《辽宁行政学院学报》2015年第7期。

段。①《国务院关于积极推进"互联网+"行动的指导意见》将"互联网+"定义为把互联网的创新成果与经济社会各领域深度融合,推动技术进步、效率提升和组织变革,提升实体经济创新力和生产力,形成更广泛的以互联网为基础设施和创新要素的经济社会发展新形态。"互联网+"战略已经不仅仅在于其工具属性,更多的是强调其在生产和生活中所发挥的推动力。② 2017 年中共中央、国务院颁布的《关于加强和完善城乡社区治理的意见》明确提出,实施"互联网+社区"行动计划,加快互联网与社区治理和服务体系的深度融合,按照分级分类推进新型智慧城市建设要求,务实推进智慧社区信息系统建设,积极开发智慧社区移动客户端,实现服务项目、资源和信息的多平台交互和多终端同步。党的十九大报告将"智能化"作为社会治理"四化"发展目标之一,为实现社会信息化治理的转型升级指明了方向。

近年来国家通过实施"互联网+社区"行动计划,促进了互联网与社区治理和服务体系的深度融合,优化了基层党组织、政府、社会、市场等多方主体的不同功能、资源与责任,更是引导和增强了社区居民密切日常交往、参与公共事务、开展协商活动、组织邻里互助。③ 网格化治理是大数据技术推动下我国基层社会治理适应社会转型的治理和服务创新。全国很多社区都采用了这种以党委领导、自上而下的政府治理和自下而上社会自治良性互动、管理和服务相融合的多元治理模式,例如上海浦东、江苏常州天宁区、湖南岳阳市岳阳楼区④、辽宁抚顺市高山社区⑤、江苏无锡崇安区⑥、安徽合肥滨湖社区⑦、深圳福田区⑧等。

---

① 朱瑞:《创新城市社会治理的路径选择》,《宏观经济管理》2016 年第 10 期。
② 聂磊:《"互联网+"背景下的社区云服务的核心与趋势》,《上海行政学院学报》2017 年第 6 期。
③ 陈荣卓、刘亚楠:《城市社区治理信息化的技术偏好与适应性变革——基于"第三批全国社区治理与服务创新实验区"的多案例分析》,《社会主义研究》2019 年第 4 期。
④ 刘光明:《推进大数据时代社区治理和服务创新研究——以湖南省岳阳市岳阳楼区社区治理和服务创新实践为例》,《云梦学刊》2016 年第 4 期。
⑤ 李拔萃:《大数据时代的基层社会治理创新》,《管理观察》2016 年第 14 期。
⑥ 徐向林:《用"互联网+"创新社区治理》,《群众》2016 年第 2 期。
⑦ 王素侠、孟凡会:《供给侧改革促进我国城市社区治理创新研究》,《学术界》2017 年第 7 期。
⑧ 肖丹:《"互联网+"视角下基层治理现代化模式创新探析——以深圳市福田区为例》,《湘南学院学报》2017 年第 3 期。

当前我国城市的社区治理，离不开社会化媒体的广泛运用以及对社会化媒体大数据的深入挖掘。① 由于城市社区治理中过于依赖技术，出现了"技术有余、文化不足"的不协调的现实困境。② 此外，大数据治理模式本身也存在一些局限，如"精确的错误""大数据傲慢""使用范围有限性"及数据安全等问题。③

为应对栖霞区近年来的快速发展，适应移动互联时代治理转型的迫切需求，加快运用网络信息技术推进社会治理，栖霞区党委及政府以党的十八大和习近平总书记系列讲话精神为指引，积极探索城市基层治理创新服务。利用互联网扁平化、交互式、快捷性的优势，叠加网格化社会服务管理功能，协同区委各部门、社区组织、驻区单位、物业公司和社区居民以解决社区治理问题和回应居民需求为导向，依托微信群、公众号等平台的"掌上社区"（后可称"掌上云社区"）应运而生。

三 南京市栖霞区"掌上云社区"案例分析

2010年6月，仙林街道在全国率先启动"网格化社会服务管理体系"。南京市仙林街道的"网格"功能是全方位的，几乎是所有的政府职能（社会管理和公共服务）都进了"网格"，既有管理功能，更有服务功能，而且是"服务为先"。④ 在此基础上，2016年"掌上云社区"建立线上治理综合平台，并与线下网格相融合，线上集成输出栖霞现代治理改革成果，线下依托网格系统有效回应落地，真正打通了社会治理服务"最后一公里"。南京市栖霞区的"网格+网络"双网治理路径，构建了"掌上云社区"大数据现代治理模式，社会治理信息化、协同化水平显著提升，辖区群众获得感、满意度持续提升。10年间，栖霞区基层治理改革品牌不断创

---

① 吴青熹：《社会化媒体与大数据视野下的城市社区治理》，《华东师范大学学报》（哲学社会科学版）2017年第6期。
② 何绍辉：《政策演进与城市社区治理70年（1949-2019）》，《求索》2019年第3期。
③ 李外禾：《大数据时代涪陵城市社区治理创新研究》，《太原城市职业技术学院学报》2019年第2期。
④ 童星：《社会管理的组织创新——从"网格连心、服务为先"的"仙林模式"谈起》，《江苏行政学院学报》2012年第1期。

新深化、声名愈隆[1]；创新志愿服务存、取、贷规则和激励机制；以标准化为基础、全科化为支撑、信息化为手段，在"不见面审批"、区街社区（村）三级政务服务体系等方面取得突破，全国首份"不见面审批"营业执照在栖霞发出，"一次不跑，事情办好"在栖霞成为现实。

1. 建设与发展

"掌上云社区"由社区党组织主导，协同居委会、社区居民、驻区单位、物业和社会组织等多元主体，依托微信群、微信公众号、小程序等互联网平台，运用区块链、人工智能、大数据、云计算等现代信息技术，在线治理社区事务，并与线下网格融合，提升自治能力，共建社区家园的新型基层治理模式。"掌上云社区"截至2020年6月，建立微信群1045个，覆盖9个街道全部120个社区，入群人数达19.1万人，占户籍人口比例超过30%，照常住户籍人口计算，平均每1个家庭即有1名成员入群，培育群内骨干达到20%以上。

（1）信息化阶段："掌上社区"。栖霞区"掌上社区"项目的试点工作自2016年10月开展，至次年2月结束。首先从每个街道选取3个社区，全区共计9个街道26个社区作为试点推行"掌上社区"模式。2017年"掌上社区"实现各社区全覆盖，通过在每个网格建立微信群和公众号，实现"网格+网络"联动，推动网格化服务更加便捷高效，变被动处置为主动服务，提升社区党委组织和居委会的威信。"掌上社区"治理模式由社区党支部领导、居委会主导，协同社区居民、驻区单位、物业和社会组织，依托微信群、微信公众号，运用人工智能、大数据等技术，建立线上社区治理综合平台。群众可以随时随地打开微信，参与社区大小事务、咨询各类信息。[2]

2017年4月，时任栖霞区委书记的邢正军同志在调研马群街道"掌上社区"工作时，结合试点评估工作，指出"掌上社区"已获得阶段性成果，但对其资讯发布、资金支持及资源嫁接等工作提出了更高的要求。同时，提出要保障微信群的正常运转，多种举措并行，为百姓提供优质服

---

[1] 仇惠栋：《发力关键处 擦亮南京栖霞改革"金招牌"》，人民网，http://js.people.com.cn/n2/2020/0511/c360300-34008056.html，最后访问日期：2020年11月12日。

[2] 江苏省政府研究室调研组：《集成改革造就社会治理良好生态》，《中国经济时报》2018年11月9日。

务。基于此，"掌上社区"的定位得到升级，它是社区治理的补充、政务服务的延伸、居民自治的平台、党建引领的阵地。强调要发挥"掌上社区"的权威性、互动性、实用性和趣味性，再优化运行机制、规范管理，助力形成在线治理格局。

（2）智能化阶段："掌上云社区"。2017年，推出升级版"掌上云社区"，按照"一个网格、一个微信群"的标准，在微信群内植入智能机器人，通过技术手段减轻群管理员工作压力，为居民提供更加精准高效的服务。同时，开发"掌上云社区"卡通形象IP"小栖"智能社工，24小时为居民提供服务，有效提高了社区服务效能，提升了居民满意度和获得感。2018年2月，基于"掌上社区"的理念和功能，并优化运行中的问题，对其进行再升级，推出"掌上云社区"。"掌上云社区"引入云计算、大数据分析、人工智能、区块链等新兴技术，新增信息交流、工单流转、"不见面"服务、智能服务、协商议事、多群管理、党建引领和大数据分析八个模块，完善治理、服务功能。各微信群内植入"小栖"智能机器人，在线实现5200项"小栖"智能回复，接入"不见面审批"事项达590多条，在优化前台为民服务的同时，可在后台自动生成环境卫生、医疗教育等十类社情民意"数据集"，推动大数据分析，直面问题，实现闭环管理。"小栖"的背后，是掌上云社区平台及全区1400多名社工、1000多名网格员的努力付出。通过在线互动，平均每天产生信息1万余条，月度35万多条，在群内通过@小栖回应服务居民超过8000次，通过@群主回应服务居民超过10万次，让社区所做的工作更贴近民意，得到更多居民支持认同，搭建起了有效参与、协同共治的平台。以掌上云社区微信群每月信息量为基础，工作人员经过深度挖掘，每月形成"栖霞区民生民情动态简报"，大数据让民情民意从"闲言碎语"中浮出水面，政府施策和社区治理有了更加精准的指向。①

（3）智慧化阶段："掌上云家园"。栖霞区政府目前正在开展360度全域治理，实现在线实时叠加大数据分析，实时跟踪民情民意民愿，在线实时被居民调动，实时了解、实时指挥，填满"最后一公里"。"掌上云社区"汇聚各类治理要素，引导社会力量"自我生长"，建设有活力、有温

---

① 王聪、邰健、张永光：《20万人同心协力 栖霞区掌上云社区密织抗疫网》，南报网，http://www.njdaily.cn/2020/0307/1830400.shtml，最后访问日期：2020年11月12日。

度的家园。

2018年4月，为贯彻落实党的十九大关于"美好生活"的新部署要求，推动栖霞区社会治理体系和治理能力现代化建设的转型升级，构建"一体两翼"格局，即以"掌上云社区"为主体，"社区协商"和"社区营造"为两翼协同推进，助力"美好社区共同营造"的社区微幸福行动，提升线上线下互动的参与质量和持续发展。聚焦健全社区党建引领、社区组织激活、社造人才培养、社区精神凝聚、社区资源整合、社区协商共治这六个层面，培育社区自组织、社区社会组织，通过创办诸如"社区营造学院"来全面提升基层社区治理水平和组织程度。同时，由区民政局牵头，鼓励驻区单位、社区组织、高校公益社团开展社区营造相关的项目，促进社区环境面貌提升、人文和谐建设及社区治理创新。2019年度，"社区学院"和"小栖·霞益行"正式落地，深入整合多元力量助力社区"自我成长"，提升双线服务水平，建设有活力、有温度的家园。

2020年，栖霞区"掌上云社区"作为一个运行数载的治理平台，在抗击新冠肺炎疫情行动中发挥了强大的"数字力量"。2020年1月21日至2月29日，"掌上云社区"社群消息量大幅上涨，文字消息量达511252条，同比增长296%；日均产生12781条消息，高峰日达2.5万条；45105人次加入互动，参与广泛度高于往期[1]，招募动员3000多名志愿者、40多家驻区企业，助力基层防控一线；所有群内增设"云菜篮"服务板块，由社区和居民代表自发组成的代购团、代售团齐上线，保障民生需要。平台工作人员应用最新科学技术，在线上密织了一张全员战疫网。[2] 后台工作人员扩容"小栖"知识库的疫情防控专题板块，包括防护常识、就诊信息等重要内容，居民一键@"小栖"即可得到准确答复，确保服务"24小时不打烊"；依托掌上云社区的"云家园"板块，开发重点人员疫情登记系统，动员群众主动申报，实现区、街、社三级数据同步录入、共享，让核查工作更智能。栖霞区民政局掌上云社区工作人员每天筛选最新疫情消息、重要通知等内容，汇编推送"小栖"日报、"小栖"云新闻等战疫专刊共计

---

[1] 《"乐享·赋能·善治"，"掌上云社区"擦亮栖霞治理品牌》，南京市栖霞区人民政府，http://www.njqxq.gov.cn/qxzx/zwyw/202007/t20200713_2242277.html，最后访问日期：2020年11月12日。

[2] 王聪、郜健、张永光：《20万人同心协力 栖霞区掌上云社区密织抗疫网》，南报网，http://www.njdaily.cn/2020/0307/1830400.shtml，最后访问日期：2020年11月12日。

62期，在掌上云社区微信群里，平均每期点击量超1.8万次。[①]

由"掌上云社区"平台延伸出来的"掌上云家园""栖霞社区学院""掌上党建""掌上政务""掌上物业"等不断生发，不断在政社之间、政企之间和百姓之间进行自动链接和创新迭代。[②]

"掌上云社区学院"是以"云科技"作为供给侧手段，以为社区"赋能"为核心，以提高居民自治水平为目的，以突破传统治理中难题为抓手，开展课程培训体系研发、打造多元学习平台的云学院。"掌上云学院"网聚民政部专家库师资力量，围绕"社区治理体系理论提升、社区经典实例参观及现场教学、社区营造项目实践"三大板块，全面提升学员处理社区治理问题的能力，增强当前信息时代利用线上工具与群众交流处置问题的本领，打造一支具有现代意义的社区工作者队伍，确保社区这方面党与国家治理的基层主阵地发挥最强功能。[③]

2020年栖霞区政府通过"纵向赋权、横向整合、数字加能、云端集成"，将基层治理工作与审批服务执法力量整合相结合，与基层减负和提高民生服务水平相结合，不断提高基层治理社会化、法治化、智能化、专业化水平。[④]

据栖霞区相关负责人介绍，下一步，栖霞区将运用好掌上云社区这一平台，优化功能、联动多部门、引入前沿技术，以"社区营造"和"民主协商"为重要着力点，打造好多元共在、多方共赢的社会治理共同体，在基层城市治理中发出栖霞"云"之声。[⑤]

2. 经验与模式

南京市栖霞区"掌上云社区"的创新实践反映了党委政府改革的决心和勇气、基层组织为民服务的开放心态和群众对信息集成的参与性，是后

[①] 王聪、邰健、张永光：《20万人同心协力 栖霞区掌上云社区密织抗疫网》，南报网，http://www.njdaily.cn/2020/0307/1830400.shtml，最后访问日期：2020年11月12日。

[②] 闵学勤、陈丹引：《平台型治理：通往城市共融的路径选择——基于中国十大城市调研的实证研究》，《同济大学学报》（社会科学版）2019年第5期。

[③] 《"乐享·赋能·善治"，"掌上云社区"擦亮栖霞治理品牌》，南京市栖霞区人民政府，http://www.njqxq.gov.cn/qxzx/zwyw/202007/t20200713_2242277.html，最后访问日期：2020年11月12日。

[④] 仇惠栋：《发力关键处 擦亮南京栖霞改革"金招牌"》，人民网，http://js.people.com.cn/n2/2020/0511/c360300-34008056.html，最后访问日期：2020年11月12日。

[⑤] 王聪、邰健、张永光：《20万人同心协力 栖霞区掌上云社区密织抗疫网》，南报网，http://www.njdaily.cn/2020/0307/1830400.shtml，最后访问日期：2020年11月12日。

单位制转型背景下的一种新的社会动员方式。"掌上云社区"是抓基层党建的新形式,激发了基层党委的作用和功能;是基层组织整合资源的服务平台,连接了社会资源精准对接;是基层干部的成长平台,锻炼了社区工作者与群众对话的能力;是推进基层治理全覆盖的平台,促进了社区治理效果整体提升。"掌上云社区"是有温度的和有人情味的数据治理,体现了从单向政府服务向双向政府服务的转变,从单部门服务平台向多部门协同服务平台的转变,从静态数据处理向动态数据处理的转变,以及从单纯技术工作到"技术+服务平台"的运营模式的转变。

(1)党委政府强力推动改革创新。在栖霞区基层治理改革创新过程中,党委政府改革的勇气、党组织和社区组织开放的心态、群众的可接受性以及专家的指导,都是不可或缺的。此外,栖霞区的社区工作人员有一部分是研究生毕业的村干部,社区治理的活跃度、创新度不可小觑。[①] 栖霞区政府和社区工作者转变工作思路,拥抱新技术带来的治理变革,主动作为、顺势而为。

栖霞区的基层治理改革创新一直是全区核心治理工程。栖霞自2011年在仙林街道推行网格化管理以来,除了栖霞社区居委会的工作人员及楼栋长都沉入相应网格参与社区治理外,栖霞各条块政府部门的公务员均被动员起来对三级网格负责。在基层政府极为高效的行动力推动下,来自9个街道的26个试点社区名单很快确立,"掌上社区"的治理实践就在边试点、边反思、边调整中拉开了序幕。26个社区带着政府的旨意,经过课题组的几轮培训,带着自身对互联网的认知,开始了从建构到运行"掌上社区"的全新旅程。[②]

栖霞区党委政府出台多项政策进行顶层设计,推动多部门共同参与,开始由区委研究室负责组织协调总体推进,目前是民政牵头,主要负责平台架构和项目推进。区政务办加强"掌上云社区"技术研究,保障安全稳定运行,全面收集运行数据,定期分析研判,为党委政府分析决策社会治理工作提供科学依据。区住建局需组织引导居民小区物业企业参与"掌上云社区"建设运行,整合物业服务力量,协同参与解决社区治理矛盾问

---

① 仇惠栋:《发力关键处 擦亮南京栖霞改革"金招牌"》,人民网,http://js.people.com.cn/n2/2020/0511/c360300-34008056.html,最后访问日期:2020年11月12日。
② 闵学勤、贺海蓉:《掌上社区:在线社会治理的可能及其可为——以南京栖霞区为例》,《江苏社会科学》2017年第3期。

题，将"掌上云社区"物业处理数据作为全区社区物业星级评比的重要参考依据。各街道具体落实"掌上云社区"治理模式实施工作，动员更多社区运用信息化方式加强与社区居民的沟通交流，实现线上与线下融合互动。

在党委政府的推动下，将"掌上云社区"的推进情况纳入街道社会建设工作月度、年度考核。考核由区民政局牵头组织实施，相关部门配合。考核分三个层级，区政府对街道、街道对社区、"掌上云社区"管理员分别考核，每月考核社区，评比管理运行先进个人；每季度考核街道；年度评选全区先进个人、十佳案例和优秀案例。具体的考核内容指标包括：①"掌上云社区"人数规模；②居民满意度；③"不见面"服务办理，工单投诉处置情况；④党建阵地建设；⑤社区事务在线协商；⑥舆情传播；⑦物业评比。

南京大学社会学院作为第三方评价机构对每个社区的"掌上云社区"框架结构、运行情况进行客观公正的评估，并撰写评估报告作为激励的依据。定期考核街道、社区"掌上云社区"运行成效，将居民评价作为重要参考标准，对成绩突出的单位和表现优秀的个人进行表彰奖励，充分调动工作积极性。将"掌上云社区"作为基层干部锻炼培养的重要载体，在街道社区干部任用中对业务素质高、工作责任心强、运行成效显著的"掌上云社区"运行管理人员优先选任。"掌上云社区"也让基层一线干部社工得到了锻炼，一批广受居民好评的年轻干部脱颖而出，成为"掌上云社区"的知名"掌红"。

（2）技术治理创新大数据基层治理模式。随着网络社会的到来和信息社会的崛起，基层治理的数字化进程迫在眉睫，"掌上云社区"便是顺应此趋势做出的重要实践创新。"掌上云社区"由于互联网与大数据的加入，集社区治理、协商治理和在线治理于一体①，"双线互动，双网联动"突出了线上与线下、网络与网格相结合的工作特点，建构了基层政府、居民主体和市场主体日常互动空间，实行信息共享、多方回应、相互监督、共谋共治的运行机制，使得基层治理充满活力。

"掌上云社区"不以专门设计的 App 应用软件为基础，而是直接依托

---

① 闵学勤、贺海蓉：《掌上社区：在线社会治理的可能及其可为——以南京栖霞区为例》，《江苏社会科学》2017 年第 3 期。

微信群、微信公众号、小程序等移动互联网平台，通过"键对键"真正实现了"面对面"，基层政府与社会各方线上"共在"，公众需求及时沟通、公共事务在线商议、群众意见充分听取。从社会资本理论视角来看，社会治理模式就是要建立多元化、多渠道、高效率、规范化的表达、参与、协调和合作机制，促进公共利益最大化。① 微信群不仅是工作群、服务群，还是交友群、娱乐群、参与群，微信群成为社区最重要的社会资本。微信群降低了居民之间互动的时间成本、信息成本及互动成本，融洽了社区氛围，拓展了在线参与通道，实现多元主体的互通互联，提升居民自组织能力，助力社区营造，同时也扩展畅通了居民之间信息、资源等的交流与互换的渠道，在这些关系的内在流动过程实现自我需要。

"掌上云社区"的社会治理过程在微信平台逐步展开，包括居民提出诉求、社区工作人员作出响应和相关职能部门采取整治措施等，主要围绕突发事件、公共事务和日常事务三方面的内容改进和推动公共治理。其中突发事件如社区出现的水管破裂、下水管堵塞、儿童走失等事件，是最为考验社区工作人员能力的；公共事务包括及时发布和公开政策信息及便民服务信息，如停水停电和社区公共课堂等，也包括居民就单元门故障或加装电梯等事务进行协商；日常事务就是社区居委会工作人员或社工管理微信群的工作，如发温馨小贴士、转帖重要消息和晒社区照片等，有的社区还通过定时发布特定消息来保持群的活跃度。"掌上云社区"对社会治理过程进行了充分的数据化，从而使得治理过程变得可见、可参与和可计算，也优化了居民参与治理过程的体验感。

（3）社区微幸福行动项目深化在线社区治理内涵。截至2018年3月底，"掌上云社区"参与规模迅速接近8万人的年度目标，网上阵地已初具规模，客观上具备了内涵再深化的条件。同时，为贯彻落实党的十九大关于"美好生活"的新部署要求，推动栖霞区社会治理体系和治理能力现代化建设的转型升级，根据《中共中央国务院关于加强和完善城乡社区治理的意见》（中发〔2017〕13号）文件精神，栖霞区对标北京、上海、成都等地区社区治理先进经验，决定推动"美好社区共同营造"社区微幸福行动。2018年4月23日，栖霞区委、栖霞区人民政府发布《关于在全区

---

① 王强：《治理与社会资本问题研究》，《内蒙古民族大学学报》（社会科学版）2007年第2期。

开展"美好社区共同营造"社区微幸福行动的实施计划》。该行动以栖霞区《关于建设"掌上云社区"提升社区治理成效的工作意见》（栖委办〔2018〕14号）为抓手，依托"掌上云社区"在线治理平台，融入网格化基础治理模式，并与线下网格相融合，深入开展社区协商和社区营造。

社区微幸福行动项目以"美好社区共同营造"为主题，着力于回应和解决居民"急难愁盼"问题的项目，如社区微更新、社区环境美化、公共空间功能改造、社区服务增能等，并包含科技智能社区成果应用的尝试以及有利于促进社会治理创新的项目。针对入选项目该区民政局给予一定资金支持，相关部门也配套推出"社区学院"及"小栖·公益行"项目为相关人员提供培训指导；通过"小栖"智能机器人植入微信群、运用智能服务系统、技术升级等手段保障工作持续稳定推进。"打造掌上云社区平台，推进社区微幸福项目，从线上发声到线下落实，倾听民声汇集民智凝聚民心，栖霞区不断在基层社区治理信息化、现代化上探路，目标就是要营造共建共治共享社区治理格局。"栖霞区民政局局长肖胜利说。[①]

从社区微幸福行动项目的申报到评估和成果展示，都特别强调"双线服务"，以充实"掌上云社区"。在项目申报前必须充分开展社区双线协商，2019年由于"社区学院"的推出，项目征集前增设了申报培训这一必须流程，积极参与"社区营造学院"现场培训，以及包括项目管理、财务管理、自组织管理等内容的网上指导，"社区学院"配套推出小栖积分制度作为学习和管理的激励模式，项目负责人学习情况与相应项目结项挂钩，"掌上云社区"群主学习情况与年度评比评优挂钩，民政局审核备案确定最终项目后在微信群公示。在"掌上云社区"对项目实施的关键推进节点和问题进行在线协商；社区牵头，组织项目相关实施主体成员、党员代表、自组织领袖和热心居民等开展线下协商，可与在线协商同步，线上和线下协商过程和结果均需记录保存。实施主体需在过程中及时不间断采集编辑活动信息、照片，在"掌上云社区"微信群中进行实时报道，并将阶段性重点活动信息上报民政局或定向发送至业务交流群。项目总结阶段，针对项目成效，在"掌上云社区"开展一次满意度测评。评估阶段，

[①] 《栖霞区做实社区微幸福项目——线上"键盘侠"变身社区"热心肠"》，南京市栖霞区人民政府，http://www.njqxq.gov.cn/qxzx/zwyw/201908/t20190809_1621280.html，最后访问日期：2020年11月12日。

设计"掌上云社区"在线追踪评估和社区定点检测,及时掌握社区"微幸福"项目的开展情况和实施效果;通过在线信息数据分析,促进问题把握、辅导培育,更多地关注社区居民的认可满意度。

3. 问题与挑战

南京市栖霞区政府自2016年底开始推行"掌上云社区"治理模式以来,其在基层治理方面显现出强大的正功能,体现了政府治理理念的转变,但这种异于传统的线上治理模式,也为基层治理带来了新的挑战。"掌上云社区"项目需要进一步完善之处是:"互联网+"和大数据技术的发展让基层有更多机会直面民众的日常诉求,同时也需要有更灵活的机制来应对在线社群社会生活的变迁带来的挑战,如沉默大多数、团体极化、群内言语冲突、发无关广告、话语霸权和垃圾信息等。应对好这些挑战也意味着社区治理结构的升级和稳步迈入新阶段。

(1) "云社区"是否能替代或涵盖"社区"?

互联网时代的网络社区曾一度被冠以虚拟社区来区别于现实社区,力图表达出线下面对面现实主义的社区和线上虚无缥缈理想主义的社区之间的区隔。然而当移动互联网的工具性、互动性越来越明显,网络社区替代虚拟社区成为一种生活方式或生活形态,表现为一种移动社区,与现实的实体社区之间的黏合度越来越高,并直接影响到个体的经济、文化和社会生活,必须承认的是网络社区正朝着现实主义的方向演化。[1] 中青年居民更倾向于通过网络完成工作办理、接收社区信息等服务,打造和利用网络社区越发迫切,"掌上云社区"显然很好地契合了这些需求,将线下实体社区延伸到网络。

值得探讨的是,"云社区"是否能替代或涵盖"社区",云社区和社区之间的关系是替代性的,还是补充性的。显而易见,"云社区"是社区的一种新形式。如果是补充性的,那么云社区作为社区的补充、拓展和延伸,还是线下社区反而作为"掌上云社区"的补充、落地和延伸?在线社会治理是否真的比线下社区治理更加符合"善治"的多主体参与性、透明性、回应性和有效性?

"掌上云社区"目前吸纳了栖霞区常住人口19万人的参与,有51万多

---

[1] 闵学勤、李少茜:《社群社会视角下的在线基层治理研究》,《河南社会科学》2017年第11期。

人口还没有参与进来。未参与进来的人群主要是一老一小两端的人口,社区的老年人群体、青少年儿童以及一些没有条件使用智能技术的社区居民却可能因为数字鸿沟而被排除在外。[1] 这种精英人群为主的"云社区"治理对于社区治理而言,是否存在"大数据傲慢"？这值得谨慎对待。

尽管吸纳中青年人参与社区治理是非常重要的课题,但是老年人群体和青少年儿童始终是社区工作的主要服务对象。而且从生命周期理论和家庭结构功能理论的视角来看,为老为小服务也在某种程度上涵盖了中青年人的某些社区服务需求。如果社区工作能够服务好一老一小两端人群,也就为中青年人及家庭解决了后顾之忧,同时也解决了中青年人随着年龄增大成为老年人进入社区生活的问题和议题。

此外,还有很多中青年居民没有参与进来,也不愿意利用这个平台,其中包含了疏远和排斥等复杂的动机。除了为某些鸡毛蒜皮的事情去"找政府"之外,很多人实际上既不关心也不在乎究竟由谁来治理以及如何治理等。这也构成了"掌上云社区"深化发展的现实瓶颈。

对于尚未参与的居民而言,技术及其优势就等于"零"。居民或者从其他途径寻求公共服务,比如热线电话等,或者没有时间和精力参与微信聊天,尤其是有工作的中青年人。这些情况暂时是难以改变的。[2]

(2) 微信群社区治理效果是否有限？

"掌上云社区"带来的在线治理成效是明显的,但扩大"掌上云社区"的覆盖面还面临很大的困难,宣传和发动社区居民的效果实际上并不理想。

从微信群的活跃度来看,社区工作人员不得不花费大量精力管理微信群,想方设法留住现有入群的占总数30%的居民,比如通过发天气信息和定期举办兴趣班等以维持"掌上云社区"的活跃度。[3]

从微信群信息交互的效率来看,正像其他普通微信群的聊天一样,许多微信信息是只言片语的不完整信息、呼吁点赞的信息以及社区工作者日

---

[1] 王萍、刘诗梦:《从智能管理迈向智慧治理——以杭州市西湖区三墩镇"智慧社区"为观察样本》,《中共杭州市委党校学报》2017年第1期。
[2] 韩志明、雷叶飞:《技术治理的"变"与"常"——以南京市栖霞区"掌上云社区"为例》,《广西师范大学学报》(哲学社会科学版) 2020年第2期。
[3] 韩志明、雷叶飞:《技术治理的"变"与"常"——以南京市栖霞区"掌上云社区"为例》,《广西师范大学学报》(哲学社会科学版) 2020年第2期。

常管理的信息，有用信息的数量实际上只占到 10% 左右。① 大部分"互联网+"社区服务平台在功能上只是信息汇总和信息发布，没有真正实现社区服务的供需对接。② 微信群的核心功能是交流而非信息发布，网格员发布的重要信息很容易被淹没在群成员对话中，难以发挥有效作用。③ 以栖霞区芝嘉花园社区为例，社区微信群内发布的信息 48% 为物业类，30% 为社区发布类，12% 为咨询类，10% 为互动分享类。

从微信群内的信息过滤过程来看，线上交流形式依赖于参与者良好的文字表达能力和文字驾驭能力（包含图片、语音、视频等形式），无法很好及时地表现居民的情绪、对表达方式的理解、表达情境、表达语境等细节信息，某种程度上限制和曲解了居民的利益表达。这些在某种意义上也构成了"数字鸿沟"，制约了居民的参与和表达。④ 此外，当群内居民遇到一些利益纠纷、价值冲突的时候，个别人的过激语言甚至退群等言行，反而使社区中的分歧与矛盾公开和扩大了⑤，直接影响"掌上云社区"平台对居民共同体意识的塑造。

从信息的证据化角度看，信息交互的方式及其效率是技术治理的核心。当信息量随着技术的使用大量增加，需要大数据手段来处理信息。⑥ "掌上云社区"每个月产生 30 多万条有效交互信息，这些信息需要转化为数据，数据需要转化为大数据，需要发展出大规模信息处理的能力，才能优化社区治理。

（3）是否强化扩充了科层制管理，弱化居民自治？

管理服务和群众自治是基层社会治理的两大向度，社区治理服务即是围绕这两大目标向度进行的行政权与自治权"熔断"互动以及政社分离基

---

① 韩志明、雷叶飞：《技术治理的"变"与"常"——以南京市栖霞区"掌上云社区"为例》，《广西师范大学学报》（哲学社会科学版）2020 年第 2 期。
② 康之国：《"互联网+"时代社区公共服务供给模式创新研究》，《天津行政学院学报》2019 年第 6 期。
③ 李佳婧：《从"面向业务"到"面向治理"：社区信息化的未来转向》，《湖北行政学院学报》2020 年第 3 期。
④ 韩志明、雷叶飞：《技术治理的"变"与"常"——以南京市栖霞区"掌上云社区"为例》，《广西师范大学学报》（哲学社会科学版）2020 年第 2 期。
⑤ 韩志明、雷叶飞：《技术治理的"变"与"常"——以南京市栖霞区"掌上云社区"为例》，《广西师范大学学报》（哲学社会科学版）2020 年第 2 期。
⑥ 韩志明、雷叶飞：《技术治理的"变"与"常"——以南京市栖霞区"掌上云社区"为例》，《广西师范大学学报》（哲学社会科学版）2020 年第 2 期。

础上的政社互动与协商共治。① 技术逐步嵌入到官僚体系中去,也被科层制所规训和俘获。② 到底是政府科层制管理依托微信群沟通平台转变成治理逻辑,抑或是强化、扩充和延伸了科层制管理渠道?居民是否将微信群看作信息上传下达的机制,抑或是参与社区自治的方式?

"掌上云社区"是附着于政府科层制的,最多只是以更顺畅和快捷的信息流程贯通了不同的层级,但并没有改变政府科层制的结构,政府科层制的运行逻辑依然如故。③"掌上云社区"运用非正式沟通的微信平台,创建了交流和互动的正式平台。政府开拓了新的符合时代的线上渠道接收民意,居民也欣喜地运用了这一渠道,就像是将政府各职能部门的窗口开放到了微信群,更接近了居民而已。例如区委区政府领导进群"潜水"了解区情民意,群主有意识地发布温馨小贴士、转帖网文、发照片和笑话等吸引社区居民的参与,将提出信访等方面问题或要求的居民拉到私聊,实际上都和线下社区工作的管理逻辑是一致的。

线上居民的数量虽然看似庞大,但是也和线下社区参与主要是社区居民中的积极分子或骨干一样,集中于某些"精英"居民或者"会表达"的居民,多半是有想法、有生活品质追求的中青年上班族。④ 不同的是,如果仅凭借微信群中的关系连接,精英居民的社区动员能力、号召能力和影响能力还是有限的,社区共同体意识的建构道阻且长。

(4) 社区是减负增效,还是增负增效?

南京市民政局一直推动社区减负增效,也取得了较好的成效。"掌上云社区"的治理成果是依托于减负来增效,还是通过增负来增效?增加的成效是政府职能部门的管理成效,还是社区居民的自治成效?

尽管在技术治理的时代,社区工作人员确实必须掌握社区居民的各种表达渠道和沟通技术,并进而提高充分利用技术来开展社区自治的能力。"掌上云社区"拓展了社区的边界,将社区工作更好地链接到新媒体技术

---

① 王木森:《精细治理与精准服务:"一站多居"社区治理服务创新》,《行政与法》2017年第11期。

② 韩志明、雷叶飞:《技术治理的"变"与"常"——以南京市栖霞区"掌上云社区"为例》,《广西师范大学学报》(哲学社会科学版)2020年第2期。

③ 韩志明、雷叶飞:《技术治理的"变"与"常"——以南京市栖霞区"掌上云社区"为例》,《广西师范大学学报》(哲学社会科学版)2020年第2期。

④ 闵学勤、王友俊:《移动互联网时代的在线协商治理——以社区微信群为例》,《江苏行政学院学报》2017年第5期。

应用情境中，这本是社区工作人员基于联系居民群众的职责，但是随着"掌上云社区"的技术平台开发，不可否认在一定程度上将原本已经减负的"工作""任务"又集中呈现于社区层面，尽管政府投入很多资源建设信息数据平台、开发"爱小栖"机器人以及开展大数据分析等，社区工作人员维护运营微信群不是基于社区自治的需求，而更多的是基于掌上云社区技术平台的需求。"掌上云社区"重塑了政府职能部门的流程，避免微信群中的治理内容空心化，但同时也将本应由职能部门直接提供给居民的服务，通过微信群直铺到社区工作人员面前，尽管有了机器人小栖的助力，也不可避免地让社区和街道、区级职能部门之间混合在一起，社区又偏离了它的本质，成为最后一个层级的政府窗口服务，实际承担了大量的行政性任务，这些行政任务中也包括了本应是技术治理手段的社区信息化。[1] 以上种种，都背离了社区本来的居民自治平台的定位，为基层工作人员"网络减负"是当下亟待解决的问题之一。[2]

从社区工作人员在微信群中应对和解决的问题来看，很多问题的确是居民所急需的，但是并非社区需要、必要或者有能力解决的，例如最为集中且目前最为体现治理成效的物业问题。由于各类小区情况复杂，栖霞区政府一直以"物业托底"，即对无物业或物业较差的小区输出物业管理作为一项基本施政方针，使得被视为基层政府末梢的社区委一直保持过半以上的声望。[3] 实际上，有些微信群中提出的物业问题是需要通过物业公司和业主委员会以及业主之间的市场协商来解决，社区的定位是协调功能，然而由于栖霞区政府提出了物业托底的政策，以及掌上云社区的建设，社区工作人员大量的精力都放在了参与物业管理方面，而不是协调物业公司与居民之间的矛盾，促进二者之间的协商。为了应对近40%的群内有关物业问题的咨询、质询，作为群主的社区也会顺势将物业拉入同一个微信群，居民的物业问题较容易获得及时回应，群内的居民会发现社区群的价

---

[1] 陈福平、李荣誉:《见"微"知著:社区治理中的新媒体》,《社会学研究》2019年第3期。
[2] 郭慧珍、毛甬津:《社区治理中的新媒体——以天津市阳光壹佰和时代奥城社区为例》,《新媒体研究》2020年第12期。
[3] 闵学勤、贺海蓉:《掌上社区:在线社会治理的可能及其可为——以南京栖霞区为例》,《江苏社会科学》2017年第3期。

值①，并对社区以及背后的基层政府增加信任感，但是对于社区以及背后的基层政府的职能以及物业公司的管理运营能力而言，却并非都是有益的，也容易导致群内居民对于社区角色定位的混淆。

四　结语

"掌上云社区"治理模式在栖霞区党委政府的持续推动下，产生了较好的成效，同时也为新型治理理念的巩固提出更高的要求，对基层工作人员的职业素养和工作能力的要求更高，同时也要求有更为先进安全的技术保障。结合对"掌上云社区"的进一步发展的思考，讨论以下三个方面的主要议题。

1. "社区治理"与"对社区的治理"

在"掌上云社区"中，驻区单位、社区社会组织、担任第三方的南京大学社会学院及居民个人均发挥了重要作用，有利于行政效率的提升。在社会工作者及社区社会组织等的积极引导下，鼓励居民广泛参与、建言献策、凝聚共识，培育社区居民骨干，提升了社区的自组织能力。②"掌上云社区"的出现是政府治理理念转变的体现，但政府的主导作用和地位也是不可回避的，如何能够真正做到多元主体参与社会治理，仍然需要关注和警惕。

有学者认为，"掌上云社区"集社区治理、协商治理和在线治理于一体，代表基层政府最终端的社区居委会从服务弱势群体，到有机会面向社区各阶层。如果社区的回应能力、服务能力和多方合作能力足够，几乎在短时间内就可以实现治理结构的突变，很容易演化成社区居委会主导下，居民、物业、业委会、驻区单位和社区组织共同参与的在线基层治理场景。然而，社区居委会如果作为基层政府最终端，主导在线基层治理，是否与社区居委会的自治本质相违背？

"社区治理"和"对社区的治理"的主要区别在于社区在治理过程中是主体还是客体。社区作为客体的治理本质上是一种"服务找到人"的管理形态，而社区作为主体的治理则是一种"人找到服务"的治理形态。治

---

① 闵学勤：《通往协商的基层在线治理及其演化》，《求索》2017年第11期。
② 鄞益奋：《网络治理：公共管理的新框架》，《公共管理学报》2007年第1期。

理过程的基础不是控制,而是协调;治理不是一种正式的制度,而是持续的互动。因此社区治理需要体现社区的主体地位。然而社区治理的相关工作人员未能深刻体会理解其中内涵,目前的各种社区治理实践都体现的是概念上"去行政化",实践执行上高度行政化,政府的领导多于引导,需要避免"行政整合过度与社区自治能力不足"的改革风险。政府的工作要从社区中"退"出来,去行政化,给社区减负,让社区"有精力、有能力、有财力"投入社区治理,进一步厘清行政事务和社区自治事务、政府委托事务和社区自治事务边界,深入推动政府行政管理与基层群众自治有效衔接。

城市基层社区是一个主动管理和服务的横向协作平台,不是被动管理的纵向管理"终端"。纵向管理体制容易把社区切割成不同的条块,社区的主体地位得不到体现,都是被动地接受管理。横向协作机制则把社区打造为一个真正的发展平台,扩充了社区的容量,赋予了社区更大的权利,能够更好地促进社区共同体意识的建构,体现了社区的独立主体地位,让社区能够主动地发挥功能。目前对社区的认识还是着眼于纵向垂直体系的一级组织,对于社区"横向网络平台"的角色认识非常缺乏。这也就导致了社区共同体意识的缺失,社区治理的社区事务涉及多个党政职能部门,日益陷入一种碎片化的治理状态。顶层设计未能贯彻到底,社区作为横向网络平台的底层设计不够规范制度化,直接影响了共同治理的实现。

2. "以人为本"与"技术为本"

技术是用来提升人的效能的,有效的技术治理应该是在现有社区社会资本基础上的"以人为本"的治理方式。[①] "掌上云社区"需要进一步以人为本,在社区治理过程中要注重与居民心理的联结,让居民感受到尊重和平等的地位,满意度自然会继续提高。

移动互联网技术能够将信息互联,有助于提升服务效能和效率,但解决不了居民参与的问题,还需要社区工作者依托社会治理技术体系,例如开放空间会议技术、参与式调查技术、头脑风暴技术、圆桌会议技术、社团孵化技术、公益项目策划技术等,提升社区居民参与性的过程,是培育

---

① 何晓斌、李政毅、卢春天:《大数据技术下的基层社会治理:路径、问题和思考》,《西安交通大学学报》(社会科学版) 2020 年第 1 期。

居民自治能力的过程。只有"线上+线下"的"上下一体"技术融合，才能够在信息互联的基础上，实现人与人的互联和人与服务的互联。在"掌上云社区"的治理模式中，社区居委会能持续良性地运营社区微信群，吸引居民广泛参与在线协商社区公共事务，前提是社区居委会有一定的声望[1]，这种声望的获得是依赖于居民的认同，而非技术的使用。

"掌上云社区"中的海量信息数据触手可及，但需要即时处理和有效利用，将数据转化为大数据，可以分析宏观整体的状况和微观个体状况，通过对数据的技术分析和关联性分析，从中提取有价值的信息，不仅用于城市治理的政策决策，更多地用于个体化、多样性服务[2]，满足人们的需求，提升生活体验。[3] 大数据平台不应只是用户成就平台的工作手段，更应是平台服务用户的机制。居民信息采集供政府使用的是数据系统，而大数据系统是政府依托大数据分析提供服务给居民使用的过程，包括信息获取、查询、分析、共享和利用。"以技术为本"的大数据不从居民的需求出发，居民的获得感不全面不明显。[4] 只有"以人为本"的大数据，信息数据开放、共享、及时与高效[5]，互联互通、共建共享，才能发挥社区信息化建设的最大效益[6]，创新社区的人性化管理，提升居民生活的幸福指数。[7]

智慧社区在这种理念基础上，更突出技术手段与治理理念、治理主体、治理机制、治理模式的有机结合，更加强调对于社区公共价值的认同回归，将技术性的智力支持推进到了理念性的"智慧治理"的新阶段，真

---

[1] 闵学勤、王友俊：《移动互联网时代的在线协商治理——以社区微信群为例》，《江苏行政学院学报》2017年第5期。

[2] 赵汝周、岳凤兰：《大数据时代城市社区治理新探索——成都市成华区的实践探索与启示》，《四川行政学院学报》2015年第3期。

[3] 黄仕玉：《大数据时代背景下的基层社会治理研究——以贵阳市为例》，《经济研究导刊》2019年第10期。

[4] 戴金梁、丁炯炯、刘尚宝：《"大数据"助推"慧治理"——"运用大数据提升社区治理智能化水平"调研报告》，《党政论坛》2018年第9期。

[5] 田胜松、徐飚、徐云舟等：《南明区基层社区运行体制改革实践与探索》，《贵阳市委党校学报》2016年第6期。

[6] 陈荣卓、刘亚楠：《城市社区治理信息化的技术偏好与适应性变革——基于"第三批全国社区治理与服务创新实验区"的多案例分析》，《社会主义研究》2019年第4期。

[7] 刘晓川：《大数据背景下社区信息化建设对策研究》，《安徽职业技术学院学报》2016年第4期。

正实现基于智慧手段的、富有人文关怀的社区服务，全面推进人性化、协同化、精准化的社区智慧治理①，增强技术的社会属性和价值属性，坚持"社会为体、技术为用"的实践逻辑，将引领社区治理朝"以人民为中心"的方向迈进。②

3. "线下社区营造"与"线上社区治理"

"掌上云社区"的治理模式中，社区治理通过传统工作法与微信平台工作法结合使社区治理变得快捷、有效。③ 一般而言，每个社区在掌上云社区的工作内容已经涵盖社区绝大部分的工作内容，主要有：工单处理（3~4条/日）、群通知（2~3条/日）、不见面审批（2条/月）、在线协商（1次/月）、在线党建（2次/月）、智能答复（2条/日）、在线活动（2~4场/月）、线上线下融合（4~5个/月）。社区工作者普遍认为，掌上云社区首先是有利于社区掌握居民的需求点，对社区日常工作的决策提供了有效数据，另外也承载基层社会治理信息采集、民情民意收集、问题隐患排查、矛盾纠纷化解、民生服务等功能。社区工作者也意识到掌上云社区的优势可能更多体现在对线下社区营造的补充、加强和延伸，例如群通知可以弥补线下通知覆盖面的不足，在线协商和在线活动有助于加强居民和社区的互动，线上线下融合则能够吸引更多的居民参与到线下，提高社区活动的知晓率和关注度。因此，线上社区治理的基础还在于线下社区营造。从线下到线上的社区治理模式会提供社会治理创新的重大契机，但前提是，线下的社区营造工作一定要扎实。④

虽然信息技术的发展突破了时空限制，为居民参与提供了更自由、更多样化的选择空间，但也不能忽视网络参与的局限性和相对混乱性。⑤ 社会治理根本上是对人心的管理，必须与居民互动、交流，让社会治理的相

---

① 姜晓萍、张璇：《智慧社区的关键问题：内涵、维度与质量标准》，《上海行政学院学报》2017年第6期；梁欣：《城市智慧社区知识治理机制的构建——以沈阳市为例》，《管理观察》2019年第22期。
② 徐选国、吴佳峻：《智慧社区建设的实践逻辑——基于对上海周镇的经验研究》，《城市观察》2020年第1期。
③ 侯莉娜：《联洋六居委："互联网+"思维融入社区治理》，《浦东开发》2015年第11期。
④ 梁肖月、罗家德：《城市社区自组织培育历程研究——以大栅栏街道培育社区自组织为例》，《国际社会科学杂志》（中文版）2019年第1期；柳森：《罗家德：社区营造，为更好的社区生活而生》，《决策探索》（上）2018年第11期。
⑤ 唐鸣、李梦兰：《城市社区治理社会化的要素嵌入与整体性建构——基于"第三批全国社区治理和服务创新实验区"的案例分析》，《社会主义研究》2019年第4期。

关主体都能有机地衔接。因此，线上的社会治理智能化不能脱离线下的社区营造，只有两者紧密结合才能发挥出治理的最大功效。①

---

① 唐有财、张燕、于健宁：《社会治理智能化：价值、实践形态与实现路径》，《上海行政学院学报》2019年第4期。

"民意110"：公安民意跟踪监测的"南京样本"

肖 萍 徐 愫[*]

一 引言

当前，随着信息技术的快速发展，大数据、物联网、人工智能等新一代信息技术迅速崛起，我们的生产生活方式也随之发生了翻天覆地的变化。以大量的数据和信息为依托的大数据时代已经开启，政府层面的社会治理也朝着更加"智慧"的方向发展，"智慧城市""智慧政府"等应运而生。公安机关作为维护社会稳定的政府部门，各项警务工作也在大数据的引领下有了更为智慧的特征，智慧公安警务模式、运行策略等都随之改变。[①]"从内容上说，大数据就是海量信息，随着信息技术的迅猛发展，互联网数据的价值从量变上升到质变，能够直观地呈现经济社会运行的规律特点，提升政府决策的科学性、准确性。从技术上说，大数据就是对海量数据的采集、存储、分析、整合、控制。大数据对提高生产效率、降低经济社会运行成本、提升政府治理能力以及维护国家安全具有重要作用。"[②]

我国在20世纪80年代中期开始建设公安通信及计算机网络，国内

---

[*] 肖萍、徐愫，南京大学社会学院副教授。南京大学社会学院2019级社会工作硕士研究生曹陆萍、梁曼茹对案例资料进行了整理，在此表示感谢。
[①] 朱芳敏：《大数据时代绍兴市智慧公安警务模式和运行策略研究》，硕士学位论文，华中师范大学，2019。
[②] 朱思雄：《面对大数据，我们准备好了吗?》，《人民日报》2014年6月18日。

"智慧公安"建设也从此起步。90年代初，公安机关人口、出入境等条线的信息先后开始上网运行。随着国家信息化建设的推进，2003年公安信息化工程——"金盾工程"全面展开建设，上升到了国家信息化建设规划的层面。[1] 在建设"智慧公安"的大背景之下，各地都提出了以大数据为中心的智慧型警务工作模式和具体的运行策略，例如"北京市公安局民生服务平台""山西公安便民服务在线平台"等，南京作为江苏省的省会，也逐步开始了"智慧警务"的探索。

自20世纪90年代，南京市公安局就深入参与到公安部重大信息化项目建设中，自主研发的"警务综合平台"成功推广到150多个地市及行业公安机关。总体上看，南京智慧警务建设自2013年起步，大致经历了以下三个阶段。第一阶段是夯实基础阶段，时间为2013~2015年，警务综合应用的发展已较为成熟，通过充分固化前期信息化建设的经验和成果，打磨形成了"1+3+X"框架体系，并通过了警务实践的充分检验，初步构成了南京智慧警务发展的框架雏形。第二阶段是资源整合阶段，时间为2015~2018年，在公安大数据及智慧城市建设总体框架下，顶层设计持续迭代完善，发展目标、思路、方向和路径进一步清晰，基础专网、感知设备和数据中心建设不断完善，信息资源服务全面云化，社会治安构成要素与数据资源全方位整合。第三阶段是深化智能阶段，时间是2018年至今，数据烟囱被不断打破，业务系统模块化持续推进，人工智能、机器学习、区块链、5G等新技术研究应用不断加快；以解决基层业务痛点问题为目标，不断扩大公安业务智能化覆盖范围，基层所队和单警科技化水平不断提升。[2]

2015年5月，为进一步创新社会治理、深化公安改革，努力实现"人民群众满意度和安全感提升、公安机关执法公信力提升"的工作目标，南京市公安局党委从主动发现和整改群众不满意的问题入手，认真查找公安工作和队伍建设中存在的短板弱项，梳理出思想理念、体制机制、工作方式、管理方法等方面的问题，特别是少数民警法治意识和群众意识淡薄、办事效率不高，个别基层单位慢作为、不作为、乱作为等问题仍然存在，

---

[1] 石国胜：《全国公安信息化建设项目"金盾工程"通过国家验收》，中国政府网，http://www.gov.cn/zfjs/2006-11/17/content_445189.htm，最后访问日期：2020年11月9日。

[2] 高岚、孙建友：《坚持螺旋式创新发展构建智慧警务新生态》，《警察技术》2020年第1期。

严重削弱执法公信力，影响公安队伍形象和警民关系。人民满意是公安工作的根本标准，建立完善以民意为导向的警务管理考核机制，刻不容缓，势在必行。

南京市公安局在深化公安改革过程中，坚持民意、实战、问题、规范、效率"五大导向"，以群众满意为标准，以进一步加强和改进作风建设为目标，敏锐把握"互联网+"移动时代特点，积极探索社会治理理念，创建了集主动发现问题、受理投诉、整改反馈、研判问效为一体的民意跟踪监测中心（后于2016年7月正式设立为正处级警务效能监察支队，简称"民意110"）。

二 "民意110"项目的案例分析

2015年5月，为进一步创新社会治理、深化公安改革，努力实现"人民群众满意度和安全感提升、公安机关执法公信力提升"的工作目标，南京市公安局党委在广泛调研论证的基础上，结合"三严三实"教育实践活动，认真查摆了队伍中存在的慢作为、不作为、乱作为等突出问题，剖析了党建与业务工作结合不紧密的深层原因。[①] 按照"从让人民群众满意的事情做起，从人民群众不满意的问题改起"的总体要求，坚持以民意诉求为导向，以群众满意为标准，以信息化手段为支撑，提出"民意主导、问题导向、突出实战、管理规范、提高效率"的警务理念，决定运用信息化手段，积极创新警务模式，汇集各类外部监督评价资源，创建民意跟踪监测中心，对公安机关执法服务工作进行全方位、全覆盖、全过程监测，及时发现群众不满意问题症结所在，督促问题逐个解决，整改落到实处，着力从长效机制建设上破解警务活动中存在的突出问题和瓶颈难题，打通为民执法服务"最后一公里"，真正实现"平安南京"的共建、共治、共享，使人民群众成为公安社会治理的合伙人、共同体，让治理更为智慧、更加精细、更有温度、更具质量，进一步提升了人民群众的获得感、安全感和幸福感，为公安机关创新社会治理提供了可借鉴、可复制的"南京样本"。[②]

---

① 南京市公安局：《"小满意"累积成广大群众的"大满意"》，《紫光阁》2018年第1期。
② 戴勇、宋雅言：《大数据深度感知 全要素融合共治——南京公安"民意110"对智慧民意警务的探索与实践》，《公安教育》2019年第5期。

1. 项目背景

南京市公安局在南京市机关作风群众评议活动开始之初,群众满意度排名倒数,评议主管部门反馈群众意见要求公安局作风整改,领导班子压力较大。① 南京市公安局党委从主动发现和整改群众不满意的问题入手,认真查找公安工作和队伍建设中存在的短板弱项,梳理出了思想理念、体制机制、工作方式、管理方法等方面的问题,并深究出三个方面的原因。一是队伍建设缺少常态化管理机制,日常性的思想政治工作有所弱化,过多采用运动式的集中教育整顿办法解决队伍中的突出问题;二是公安内部受理群众投诉监督的部门较多,但监督评价信息分散、多头管理、重复办理、监督效率不高,总体处于被动、滞后、权威性不强的状态;三是现有考核机制忽视群众的参与和感受,没有真正突出民意导向,"民意评价"考核分值权重偏低,以至于常常出现业务数据考核成绩很高,而群众的安全感、满意度却不高的问题。② 为了提高群众满意度,南京市公安局创建以民意和问题为导向、以群众满意为标准的"民意110"平台,通过大数据平台实现群众监督意见对于服务流程、制度设计的变革。③

一是根治执法服务不规范、制度执行不到位的痼疾。通过跟踪督办群众不满意事项,全面倒查民警执法服务行为,促进民警服务群众态度的转变,催生改进自身执法服务的内生动力和行动自觉,让每一项公安执法服务切实做到规范文明。

二是消除社会治理以我为主、民意引领缺位的矛盾。"民意110"以大数据深度挖掘民意信息资源,精细分析社情民愿,精准研判当前执法服务模式与群众期盼及公安改革目标之间的差距,将新时代人民群众对创新型社会治理、高质量执法服务的需求和期待转化为公安工作的"民意内参",推进公安机关遵循以民为本、惠民利民的理念,深化警务机制改革,为创新社会治理模式、打造新时代高质量执法服务产品提供建设性思路。

三是扭转民意评判流于形式、结果运用不到位的局面。"民意110"运

---

① 秦晓蕾、李延伟:《治理效能提升视阈下公民参与治理创新的制度化之路——基于南京市机关作风群众评议18年演变历程的分析》,《治理研究》2020年第4期。
② 戴勇、宋雅言:《大数据深度感知 全要素融合共治——南京公安"民意110"对智慧民意警务的探索与实践》,《公安教育》2019年第5期。
③ 秦晓蕾、李延伟:《治理效能提升视阈下公民参与治理创新的制度化之路——基于南京市机关作风群众评议18年演变历程的分析》,《治理研究》2020年第4期。

用考核杠杆倒逼全警规范执法服务行为,着力从机制建设上破解队伍中不作为、乱作为、执法不公等群众反映强烈的突出问题。通过建立科学合理的统计考评办法,将每一起群众不满意工单关联到具体单位和责任民警,准确刻画每个单位和民警的"民意形象",并与考核奖惩、晋职晋升挂钩,让民意评判结果在公安队伍管理中得到充分运用。

2. 项目设计

2015年5月,南京市公安局在深化公安改革过程中,坚持民意、实战、问题、规范、效率"五大导向",以群众满意为标准,以进一步加强和改进作风建设为目标,敏锐把握"互联网+"移动时代特点,积极探索社会治理理念,创建了集主动发现问题、受理投诉、整改反馈、研判问效为一体的警务效能监察机制——"民意110",确保执法公正、群众满意,让人民群众的获得感、幸福感和安全感更加充实、更有保障、更可持续。

(1)依托任务型专业化队伍,组建专门的效能监察支队。南京市公安局从机关抽调14名民警负责六项职能,纪委、督察部门每天各安排1名民警进驻中心联合办公。支队面向社会公开招聘30名电话回访员,经岗前技能和政策法规培训合格后上岗。[①] 完善软硬件保障。设计规划功能介绍、分析研判、电话回访等区域,购置电脑、打印机、服务器等办公设备;研究制定日常管理规范、联席会议、警种部门职责分工等制度规定。[②] 南京市公安局警务效能监察支队的职责是:对全市执法服务工作进行全方位、全覆盖、全过程监测,及时发现群众不满意问题,督促问题逐个解决、整改落实。[③] "民意110"将单一、分散、碎片化的执法监管资源整合集成,促进构建执法勤务环节的智能化监管闭环,打造精细型"智慧监督"。[④]

(2)依托自主研发的民意跟踪监测系统,创建全覆盖民意监测网络。"民意110"的整体运作主要依托"1+4"系统:核心平台是"民意110"平台,外加4个辅助系统,即窗口视频巡查系统、87110110民意热线、警

---

① 王庆锋:《都市枫桥经验:南京"民意110"执法服务流程监控机制创新》,《中国行政管理》2019年第11期。

② 王庆锋:《都市枫桥经验:南京"民意110"执法服务流程监控机制创新》,《中国行政管理》2019年第11期。

③ 王庆锋:《都市枫桥经验:南京"民意110"执法服务流程监控机制创新》,《中国行政管理》2019年第11期。

④ 高岚、孙ι友:《坚持螺旋式创新发展构建智慧警务新生态》,《警察技术》2020年第1期。

务公开查询系统、民意分析研判系统。整合汇集违纪违法举报（12389）、市政服务热线（12345）涉及公安口业务的咨询、督察投诉（84420111）、窗口投诉四类监督渠道，增设"87110110"民意热线，对群众投诉和不满意事项实行一站受理、分类办理、统一考核。

在系统中引入独立访评机制，围绕着社区警务、社会治安、队伍建设等体现警务工作效能的指标，以及阶段性重点工作、专项行动或民生热点问题，定期定量抽取电话调查样本，每月从人口数据库中随机抽取2500个民意调查样本，随机性开展民意问卷调查、电话调查，请群众评判所在辖区公安机关的工作成效和队伍形象。[①]

（3）依托信息化平台，构建无缝隙问题整改责任体系。主动发现民意的过程，是从"民意110"平台的短信回访开始的。"民意110"联合公司自主研发民意跟踪回访平台，与警务信息综合平台无缝隙对接，将接警、户政、出入境、车管所等公安窗口业务全部接入群众满意度短信测评和不满意事项电话回访范围，打造民意诉求监测网络的"全覆盖"[②]，不是抽样数据而是全量数据。通过发送回访信息，变被动收集民意为主动征集民意，并对作出不满意评价的群众进行人工电话回访。

"民意110"平台自动抓取电话信息，对昨天报过警的和办理过公安窗口业务的当事人全覆盖地发送回访短信；对报过案或处理过交通事故的当事人，三天后多要素发送回访短信。请当事人就每一次执法服务质量做出评价，对每一个"不满意"或"不规范"的回复，由人工介入电话回访，询问具体原因，并开展后续整改工作。[③]

同时开发数据导入、电话录音、工单流转、整改监督、统计分析、民意评估、结果应用等系列功能，实现不满意事项跟踪督办的一体化操作。针对回访和来电投诉过程中征集到的群众合理诉求及不满意事项，以电子工单形式跟踪整改，逐级推送至具体责任单位，并由处级主管部门负责跟踪整改，要求责任单位五日反馈限时整改；在五日整改期过后，进行第二

[①] 王庆锋：《都市枫桥经验：南京"民意110"执法服务流程监控机制创新》，《中国行政管理》2019年第11期。

[②] 曹波、宁公宣：《南京公安民意110实现投诉整改反馈一条龙》，《江苏法制报》2015年7月2日。

[③] 王庆锋：《都市枫桥经验：南京"民意110"执法服务流程监控机制创新》，《中国行政管理》2019年第11期。

次电话回访,用当事人原原本本的评价核查整改情况。同时,将整改到位、敷衍整改等情况进行量化区分考核,实时通报,以此促使全警规范执法,主动真诚地服务群众。① 每季度对排名靠后的单位负责人进行约谈,对两次回访当事群众仍不满意的重点事项、重点投诉,纪检监察、督察部门将跟进启动追责程序。②

(4) 依托绩效考核机制,创新公安队伍监督的常态化机制。将群众监督意见挂钩全局全员业务绩效考核体系,作为问责依据,并纳入执法档案。将群众监督意见作为"民意评价"内容,赋予20%权重分值,与"业务绩效"共同纳入全局全员考核体系,以强有力的考核杠杆倒逼全警执法和服务行为规范,以民意监测数据检验"业务绩效"考核结果,以"业务绩效"考核结果验证民意监测质量,两者相互印证、相互监督。③ 针对群众反映安全感、满意度持续较低的单位,每季度会同纪委监察、督察等部门对单位负责人进行约谈,责成说明情况、帮助分析原因、研究改进措施。将每一起当事人不满意工单,关联到具体责任民警,逐步建立与考核奖惩、职务晋升挂钩的执法服务档案,催生全市公安民警服务为民的内生动力和行动自觉。④

"民意110"建立了一整套常态化的跟踪监测考评体系。一方面可以及时了解公众评价、意见,有效弥补职能部门或个别人员工作不力而产生的不良后果,进一步密切警民关系;另一方面,对恶意投诉、误发短信、情况失实等事项建立了申诉和澄清渠道,通过容错纠错机制,维护民警正当权益,提高了基层对"民意110"的规则认同和价值认同。⑤

(5) 依托大数据研发研判系统,指导公安治警实践的行动。整合民意数据,努力把准民意。主动打破部门之间的信息壁垒,全面导入纪检监

---

① 王庆锋:《都市枫桥经验:南京"民意110"执法服务流程监控机制创新》,《中国行政管理》2019年第11期。
② 金世斌、刘万勋:《"差评"倒逼城市治理能力提升——关于南京公安"民意110"的调查与思考》,《唯实》2019年第11期。
③ 王庆锋:《都市枫桥经验:南京"民意110"执法服务流程监控机制创新》,《中国行政管理》2019年第11期。
④ 王庆锋:《都市枫桥经验:南京"民意110"执法服务流程监控机制创新》,《中国行政管理》2019年第11期。
⑤ 金世斌、刘万勋:《"差评"倒逼城市治理能力提升——关于南京公安"民意110"的调查与思考》,《唯实》2019年第11期。

察、信访、督察等部门征集的民意数据,实现民意数据全量汇集、深度融合,为警务决策提供最鲜活、最客观的一手民意资料。[1]

在"民意110"分析与研判系统内,根据群众反映问题的不同类型和程度,科学设置4个类别,692个问题标签,对每一期当事人诉求进行问题标注,利用数据可视化技术,将群众反映的风险信息和短板问题,在系统内进行动态化显示和预警性发布,为各级公安机关改进工作提供方向和抓手。

3. 项目成效

(1)警务效能方面。截至2019年,"民意110"共发送民意访评短信2303万条,同步电话回访69.2万人次,督促整改群众不满意事项28.3万件,整改率达99.86%[2],开展社会面调查12.13万人,办理群众来电诉求5.28万件[3],群众不满意事项大幅下降。全市街面侵财性案件数量同比下降13.9%,破案率同比上升5.4个百分点。接警推诿、出警迟缓问题得到根治,基层接处警单位平均出警时间缩短近30%,2019年1~2月接处警满意度达到99.1%,治安满意度达到95.6%。推动受立案制度改革,从源头解决了有案不立、立案不查等问题。窗口服务质效大幅提升,市车管所"通道式上牌"实现了人不离车、半小时挂牌,全市公安办证时间平均缩短12分钟。全市110接处警、窗口服务、社会治安、公安队伍四项满意度和社区民警熟悉率等民意评价指标稳步提升。[4]

5年来,在"民意110"的推动下,南京市公安局先后出台执法服务规范文件30余件,推出为民服务项目20余项,群众满意度连续4年列全市机关第一,行风建设连续两届第一,在中国社科院法治蓝皮书公布的2018年中国警务透明度指数报告中,南京市公安局警务透明度指数在全国36个大中城市公安机关中排名第一,真正做到了执法规范化,并且为民服

---

[1] 王庆锋:《都市枫桥经验:南京"民意110"执法服务流程监控机制创新》,《中国行政管理》2019年第11期。

[2] 金世斌、刘万勋:《"差评"倒逼城市治理能力提升——关于南京公安"民意110"的调查与思考》,《唯实》2019年第11期。

[3] 曹波、宁公宣:《南京公安作风建设评议四连冠探秘》,《江苏法制报》2019年3月26日。

[4] 曹波、宁公宣:《南京公安作风建设评议四连冠探秘》,《江苏法制报》2019年3月26日;许政、谭存柱、卢淑英:《南京:以最优作风提升群众安全感满意度》,《人民公安报》2019年3月27日。

务的意识有明显提升，得到百姓很高的评价，工作得到社会各界认可。

2018年南京市公安局出台的《警务效能监察工作规范》作为江苏省地方标准发布实施。2019年4月，公安部在南京召开全国执法规范化10周年会议，这是对江苏南京执法规范化最大的肯定，南京公安"民意110"项目是其中的一个亮点。

（2）群众满意方面。"民意110"顺应人民群众对美好生活的向往，以民意访评为纽带，持续牵动全市公安机关执法规范、服务提质、效能提振、作风提升，让人民群众获得感、幸福感、安全感更加充实、更有保障、更可持续，缔造了"全省一流、全国领先"的民意警务品牌，获得了社区居民全方位的肯定和赞扬。[1]

"民意110"以民意为导向，积极架设警民沟通连心桥，探索更深层次的警民互动方式。结合社区民警熟悉率民意调查，建立"三次回访"访评机制，通过社区民警邀请对执法服务工作作出过不满意评价的群众参加社区警民互动活动，并有针对性地开展走访汇报，实现了群众对社区民警从"不熟悉"到"熟悉"、对社区警务工作从"不满意"到"满意"再到"参与宣传"质的提升。[2]

通过全面倒查民警接处警源头执法行为，跟踪督办群众合理诉求事项，极大地促进了民警服务群众态度转变和规范接处警意识增强，法治实践的示范效应越发显著，全市公安机关一线执法记录仪配备和使用率均达到100%。[3]

"民意110"坚持群众之事无小事，将户政、出入境、车驾管、监管等公安窗口业务全覆盖纳入民意监测网络，着力解决"门难进、脸难看、事难办"等窗口服务群众"差评"问题。[4]

针对群众聚焦的街面见警率不高、侵财案件多发、部分区域交通无序等社会热点及高度关注的校园安全防范问题，南京市公安局出台了巡防体

---

[1] 《江苏警方：南京公安民意110三周年账单请你查收》，搜狐网，https://www.sohu.com/a/240398474_100135080，最后访问日期：2020年11月9日。
[2] 《江苏警方：南京公安民意110三周年账单请你查收》，搜狐网，https://www.sohu.com/a/240398474_100135080，最后访问日期：2020年11月9日。
[3] 《江苏警方：南京公安民意110三周年账单请你查收》，搜狐网，https://www.sohu.com/a/240398474_100135080，最后访问日期：2020年11月9日。
[4] 《江苏警方：南京公安民意110三周年账单请你查收》，搜狐网，https://www.sohu.com/a/240398474_100135080，最后访问日期：2020年11月9日。

制重组、交通秩序治理三年行动、常态化护学岗建设等系列创新治理举措，给群众带来了看得见的安全和满意。[1]

4. 项目创新

（1）将人民群众概念具象化。坚持以人民为中心的发展思想，始终以民意引领警务发展。习近平总书记多次强调："始终坚持人民立场，把人民拥护不拥护、赞成不赞成、高兴不高兴、答应不答应作为衡量一切工作得失的根本标准。"[2] "民意110"项目贴近民意，以群众满意为目标，真正地为人民服务，真正体现了"从群众中来，到群众中去"。公安工作是群众工作，在与群众互动过程中，服务质量在提高，群众对公安、政府的信任度也在提高。每一个报警人、每一个办理窗口业务的人，就是实实在在看得见的人民群众。在每一起案件办理的回访中，每一个交通事故的处理中，每次1对1回访，点对点交流，收集意见的过程，都畅通了警民沟通渠道，密切了警民联系。"民意110"把人民群众的意见收集上来，对公安执法经验进行优化重塑，之后再拿出更优秀的服务回应人民群众，这就体现了从群众中来，到群众中去。该项目通过电话回访让百姓体验到公平正义，通过问题整改让百姓拥有获得感和安全感，把人民群众的概念具象化，搭起群众与公安沟通的桥梁，及时回应好群众的诉求，把不满意变为小满意，把小满意汇聚成大满意，让人民群众受益。

（2）提高执法效率和执法规范。"民意110"作为一个制度化的公安执法效能监察机制，在很大程度上弥补了公众评价的弊端，改革了现有的民意测评模式。[3] 在"民意110"的推动下，群众有诉求，有证据，有支撑，执法规范化有了抓手，执法效率和水平也随之提升，以润物细无声的机制促进公安工作精细化服务管理的全年常态化，避免了公众评价趋于形式化、浅层化甚至弄虚作假等问题。

"民意110"对公安机关为群众提供的服务建立了跟踪回访机制，通过群众的监督评价及时发现工作中存在的问题，并针对这些问题迅速进行整改。同时，还建立了依托"民意110"的考核机制，把人民群众的安全感

---

[1] 《江苏警方：南京公安民意110三周年账单请你查收》，搜狐网，https://www.sohu.com/a/240398474_100135080，最后访问日期：2020年11月9日。

[2] 《习近平谈治国理政》第3卷，外文出版社，2020，第142页。

[3] 杨黎婧、宋雅言：《基于主体与效能双重契合的执法公信力指标体系构建——立足南京公安的实证研究》，《江苏行政学院学报》2020年第1期。

和满意度作为衡量和检验公安工作的标准。在此基础上，探索以民意为导向的奖惩激励机制，切实做到警务跟着社情民意走，民警围着群众工作转，有效促进了警民关系和谐发展。①

（3）改善行政风气和公安形象。"民意110"项目是一种效能督察，既提升了公安队伍自身的信任度，又促进了内部管理方式的变革，无形中拉近公安和百姓的距离。"民意110"强调尊重群众的诉求，倾听民声，依托实时交流的平台，通过群众参与互动，自由表达，实现畅通民意，促进执法透明公开，创新服务方式，提高执法水平，即时解决问题，避免矛盾积压，提升了群众满意度和对公安的信任度。"民意110"建设民意分析、监察预警、民意热力图等智能研判模块，聚焦民意诉求、落实问题整改，让人民群众在每一次执法活动和窗口服务中都能感受到公平正义②，也为公安机关执法规范化提供了最直接最鲜活的外部监督。

（4）创新社会治理理念。"民意110"是社会治理的创新。"民意110"做到了公安工作的全覆盖，并且不扰民，没有给基层增加负担，很务实，不搞形式主义。该项目把群众作为社会治理的重要主体之一，将民意收集起来，实时跟进社会热点痛点，畅通百姓表达渠道，让每个群众建言献策，对党委决策和社会治理起到指导作用，共建和谐社会，共享社会建设成果。"民意110"始终坚持人民群众在评价过程中的主体作用，把群众满意作为评价整改成效的根本标准，切实解决整改不到位的问题，取得的成果也切切实实得到了人民群众的高度认可。③

依托"民意110"访评机制，探索创新公众参与的新方式，广泛发动全市"两代表一委员"、行风作风监督员、社区干部、专家学者、新闻媒体以及"民意110"优质回访对象等群体，组建治理智囊团。围绕办事办证难、停车难、交通拥堵、校园安全等民生热点和公安"放管服"改革、社会治理、作风建设等重点工作，常态化征集、反馈社会各界对公安工作的"好差评"，真正做到执法服务的过程群众参与，成效由群众评判，成

---

① 赵向辉：《网络时代密切警民关系的路径》，《人民公安报》2017年4月18日。
② 陈永俊、陆娟：《智慧警务建设刍论——以南京公安机关的探索实践为例》，《江苏警官学院学报》2019年第4期。
③ 金世斌、刘万勋：《"差评"倒逼城市治理能力提升——关于南京公安"民意110"的调查与思考》，《唯实》2019年第11期。

果由群众共享。①

三　结语

"民意110"回应了注重公共服务需求的时代和"互联网+"时代的需要,顺应智慧警务改革趋势,运用信息化技术提升民意监测质效,是一个务实的社会治理创新典范。

"民意110"主动提供服务平台,体现了公安部门从管理本位到服务本位的转变,改变了公安部门作为强制性权力机关的形象,值得城市管理部门借鉴,不能高高在上等着汇报,而是要俯下身来倾听民意。

"民意110"是一种自下而上的自发促成的基层创新,是一项公安职能履行方式的创新。该项目从组织基础的调整切入,是一项公安系统、警察和公众三方受益的变革,并且溢出性正向效应正在显示。这种创新是具有启发性和可复制性的。

"民意110"是一项自我约束的政府体制的改革,充分展现了中国政府"政党组织+科层组织"的独特性,强调政党组织的价值引领和驱动力量,注重人民的满意度。2019年国务院政府工作报告明确提出,建立政务服务"好差评"制度,服务绩效由企业和群众来评判。"民意110"这项改革对于政府而言具有普遍性的示范推广意义。

1. 项目需要完善之处

当前,智慧警务建设已成为新时代公安机关创新社会治理、实现高质量发展的必由之路,打造智能化精细化的民意警务新格局,是南京公安"民意110"面临的新挑战。"民意110"从研究设计到运行发展,至今已有4年多的时间,已经形成部分可供借鉴的宝贵经验。在实践中,发现"民意110"机制仍存在可进一步完善之处。

平台建设仍需创新。"民意110"需要在互动界面的升级方面与时俱进,既体现网络的用户友好界面,又体现出政府的人民满意取向,突出一种平等基础上的良性互动。

数据分析要更精确。提升执法公信力,既不能忽视民众意见,也不能

---

① 金世斌、刘万勋:《"差评"倒逼城市治理能力提升——关于南京公安"民意110"的调查与思考》,《唯实》2019年第11期。

"唯公众满意",既要对执法权力进行监督,也要保护执法者权利。[1]"民意110"的数据是作为考核大数据的来源之一,数据分析和利用要更加精准,对基层民警考核的时候要合理甄别,充分维护民警的正当性权利,体现行政正义。

绩效管理体系还需完善。"民意110"在大数据和信息化技术的基础上,目前考核的主体主要还是基层所队及其民警,而对于基层科所队的上级机关或部门(市局与分局机关或部门)及其民警的考评却不甚清晰,需要在大数据和信息化技术的基础上,继续完善公安系统的绩效管理体系。[2]

2. 项目的未来展望

推进公安工作现代化是新时代公安工作的发展方向,深入实施现代警务战略、着力打造现代警务体系是南京公安工作发展的根本出路。当前和今后一段时期总的目标是:加快推动质量变革、效率变革、动力变革,全面提升整体警务效能,力争2022年基本建成符合南京实际的现代警务体系,推动公安工作高质量发展走在全国前列,争做公安工作现代化的引领者和领跑者。在效能评估上,充分发挥"民意110"的机制作用,将民意监测拓展到所有直接面向企业和群众的公安业务,建立专项工作的效能监测机制。[3]

当前,智慧警务建设已成为新时代公安机关创新社会治理、实现高质量发展的必由之路,打造智能化精细化的民意警务新格局,是南京公安"民意110"面临的新挑战。"民意110"在信息化条件、城市化场景、智能化趋势下的探索实践中,明晰了以民意大数据智慧应用为主导的新时代民意警务发展思路。[4] 值得关注的是,如何建立南京公安民意大数据库,挖掘民意大数据资源,并且用于警务实战和治理实践。

---

[1] 杨黎婧、宋雅言:《基于主体与效能双重契合的执法公信力指标体系构建——立足南京公安的实证研究》,《江苏行政学院学报》2020年第1期。
[2] 王庆锋:《都市枫桥经验:南京"民意110"执法服务流程监控机制创新》,《中国行政管理》2019年第11期。
[3] 南京市公安局:《2020年全市公安工作会议召开》,南京政府网,http://gaj.nanjing.gov.cn/njsgaj/202004/t20200429_1854460.html,最后访问日期:2020年11月9日。
[4] 戴勇、宋雅言:《大数据深度感知 全要素融合共治——南京公安"民意110"对智慧民意警务的探索与实践》,《公安教育》2019年第5期。

甘肃省兰州市"打造'市民城管'——在城市管理中落实共建共治共享"项目中的模块创新

郎 玫[*]

一 兰州城市管理现状

兰州市政府 2020 年 2 月发布的数据显示,兰州市户籍人口 322 万人,常住人口 420 万人,其中,建成区内非农业常住人口 261 万人,外来流动人口 50 余万人。全市有汉族、回族、蒙古族、壮族、苗族、瑶族、土家族、朝鲜族、藏族、彝族、裕固族、侗族、布依族、土族、满族、哈尼族等 36 个民族。全市设 399 个社区居委会,731 个村民委员会,4158 个村民小组。据 2018 年兰州统计年鉴数据,在兰州市人口中,城镇人口比例高达 81%,乡村人口比例低于 20%。在兰州市的市辖区,土地面积相对其他县较小,且人口密度大。因而,在兰州这样一个颇具特色的城市,城市管理则显得尤为重要。

"城管"是城市管理执法的简称。城市管理执法,是指将过去城市各政府机构所拥有的各自范畴内的城市执法职能集中行使,包括市容环境卫生、城市规划管理(无证违法建设处罚)、道路交通秩序(违法占路处罚)、工商行政管理(无照经营处罚)、市政管理、公用事业管理、城市供

---

[*] 郎玫,兰州大学管理学院副教授,行政管理博士,政治学博士后,研究领域为政府创新、政府绩效管理。

水管理、停车管理、园林绿化管理、环境保护管理、施工现场管理（含拆迁工地管理）、城市河湖管理、黑车、黑导游等各方面需要出动执法的事宜。

实际上，现在的城市管理已经不单单是城市管理执法，而是城市管理整个过程，城市管理，不仅仅是城市管理中位于决策、执行之后的一个末端环节。其目的是让生活更美好、让市民更幸福，共同营造良好的环境和市容，为广大群众提供一个安居乐业和殷实、富康的生活氛围，为社会经济发展营造一个良好的社会环境。

二 兰州市"市民城管"的实施背景

兰州市"打造'市民城管'——在城市管理中落实共建共治共享"项目是一项以"公民参与"为根本价值诉求的城市管理整合性创新。兰州市城市管理委员会（以下简称"兰州城管委"）启动打造"市民城管"主要有以下四方面动因。

1. 历史必然性，建设"市民城管"是市民参与城市管理的必然选择

市民是城市的主体和主人。自城市出现之后，随着市场和城市的发展，市民民主意识逐步增强、城市民主协商机制逐步完善，逐渐形成了市民参与城市事务的传统和制度。从古至今，自西方到东方，发展趋势相同。进入21世纪后，时隔37年，2015年12月，中央再次召开中央城市工作会议研究部署城市工作。习近平总书记在会上指出，要尊重市民对城市发展决策的知情权、参与权、监督权，鼓励企业和市民通过各种方式参与城市建设、管理，真正实现城市共治共管、共建共享。2017年10月，党的十九大明确提出，要"加强社会治理制度建设，打造共建共治共享的社会治理格局"[1]，为新时代各地推进城市管理指明了前进方向，提供了基本遵循。建设"市民城管"，邀请市民参与城市管理，保障市民群众知情权、参与权、监督权，促进了市民当家作主，是打造城市共建共治共享格局的必然要求，其历史逻辑内在相连、一脉相传。

---

[1] 《习近平关于总体国家安全观论述摘编》，中央文献出版社，2018，第152页。

2. 时代必然性，建设"市民城管"是贯彻"以人民为中心"发展理想的迫切需要

党的十八大以来，习近平总书记多次强调，要坚持"以人民为中心"的发展思想。在中央城市工作会议上，习近平总书记指出："做好城市工作，要顺应城市工作新形势、改革发展新要求、人民群众新期待，坚持以人民为中心的发展思想，坚持人民城市为人民。这是我们做好城市工作的出发点和落脚点。"[1] 党的十九大将坚持"以人民为中心"确定为构成新时代坚持和发展中国特色社会主义的基本方略之一，这成为新时代党治国理政的鲜明特点、新时代的最强音。建设"市民城管"，契合时代主题，符合市民群众新期盼，是贯彻落实"以人民为中心"理念的内在要求，具有鲜明的时代特色。党的十九届四中全会提出要推进国家治理体系和治理能力现代化[2]，建设"市民城管"能够充分发挥市民主人翁作用，更好回应、满足新形势下市民对美好生活的需求，有序推进城市治理体系和治理能力现代化。构建政府、市民、社会多元共治、齐抓共管的城市治理格局也是现代化城市治理体系和治理能力的重要特征和必然要求。

3. 实践必然性，建设"市民城管"是提升城市形象、提高城市管理和服务水平的现实需要

随着经济社会和城市的快速发展，以及国家"一带一路"倡议的推进，作为丝绸之路经济带核心节点城市的区位优势更加凸显，兰州市正在逐步打造成为国家向西开放的重要战略平台。然而包括流动人口在内的城市人口日益增加，城市管理中的各种矛盾问题逐渐凸显，市民对美好生活的需求日益提升，新情况新形势对城市管理提出了新要求新任务。一方面，兰州市仍存在环境卫生差和基础设施破旧的问题。环境卫生差，如街边小巷乱泼乱倒、乱悬乱挂、占道废弃、占道经营、乱停乱放、乱贴乱画等，特别是部分背街小巷、城乡结合部、城市出入口、河洪道沿线等区域环境卫生较差。基础设施破旧，如道路破损、墙面破旧、路灯设施损坏或无照明设施、垃圾清运设备陈旧等问题。这与市民对美好环境、美好生活的期盼尚有差距，在一定程度上与新形势城市发展的要求不相适应。另一方面，兰州市仍存在城市管理精细化水平需提高、管理机制不够完

---

[1] 《十八大以来重要文献选编》下，中央文献出版社，2018，第78页。
[2] 《习近平谈治国理政》第3卷，外文出版社，2020，第105页。

善、个别城管工作者为民服务意识不强及简单执法等问题。建设"市民城管"有利于加强城管队伍建设、改进城市管理工作、提升城市管理水平，推动市容环境显著改善，为兰州市建设现代化中心城市提供坚实的环境保障。

4. 理论基础，建设"市民城管"是坚持人民主体地位的必然要求

马克思认为："人的本质不是单个人所固有的抽象物，在其现实性上，它是一切社会关系的总和。"① 这揭示了人与社会的关系，即人的发展离不开社会，社会的发展也离不开人，人是社会发展的主体。马克思主义强调，人民群众是历史发展的主体，要尊重人民群众在历史活动中发挥的作用，要依靠人民群众的力量去推动社会发展。党在长期革命战争和建设实践中，得出了人民群众拥有无限的创造力、人民群众是真正英雄的结论和人民群众在创造历史和推动历史发展中是主体地位的论断，并总结出群众路线观点：一切为了群众，一切依靠群众，从群众中来，到群众中去，即毛泽东思想的活的灵魂的三个基本方面之一，这成为党推进各项事业并取得历史性成就的行动指南依据。从理论上看，聚焦市民主体地位、建设"市民城管"，是"以人为本"思想及人民主体地位、群众路线等观点在城市管理领域的具体体现，具有深刻的科学理论根据和坚实的支撑。

三 建设"市民城管"的具体做法

建设"市民城管"聚焦市民参与，贯彻"以人民为中心"的发展思想。"请市民参与、为市民服务、让市民满意"是实施"市民城管"的价值导向："请市民参与"是建设"市民城管"的重要方式，"为市民服务"是建设"市民城管"的出发点和落脚点，以"让市民满意"为建设"市民城管"的目的，共建共治共享是"市民城管"的鲜明特质。

"市民城管"项目主要实行"四个坚持"，即坚持"请市民参与、为市民服务、让市民满意"3个导向，坚持用好市民参与城市管理"4个平台"：城市管理服务平台、城市管理志愿监督平台、城市管理市民开放平台、城市管理市民协商平台；坚持管理和服务这两个抓手，坚持完善党建引领、文化建设、创新驱动"3项保障机制"。推进项目建设，旨在增强广

---

① 《马克思恩格斯选集》第1卷，人民出版社，2012，第139页。

大城管工作者为民服务意识、提高市民参与城市管理的积极性主动性，共同提升城市管理和服务水平。城市管理服务平台、城市管理志愿监督平台、城市管理市民开放平台、城市管理市民协商平台"四个平台"是请市民参与的重要手段。狠抓管理和服务是"让市民满意"的主要路径，党建引领、文化建设、创新驱动"三项机制"是建设"市民城管"项目的保障措施和动力支撑。

1. 能力化城管：基础组织建设

坚持请市民参与，逐步完善参与管理机制。通过搭建、用好"4个平台"，广泛发动市民群众和社会各界参与城市管理，逐步建立市民参与管理城市的机制。

一是搭建城市管理服务平台。推动出台并组织实施《兰州市数字化城市管理指挥手册（试行）》，规范6大类56小类城市管理事件、6大类60小类部件标准，明确28个市级负责部门、33个包括县区政府在内的具体责任单位，由市数字化城管监督指挥中心1家单位受理全市38个单位的城市管理问题，推进数字平台统一规范，畅通市民投诉、反映渠道。启动"12319"24小时城市管理服务热线投诉及信息化服务功能，开通微信"随手拍"平台，通过视频问题抓拍和平台上报等方式了解城市中存在的问题，持续完善受理问题、立案、派遣、处理、核实等运行流程。与此同时，兰州市城管委探索建立数字城管考核体系，编制《数字城市管理月报》，为各县区推进工作提供新平台。

二是搭建城市管理志愿监督平台。聘请多名热心市民组建城市"啄木鸟"（城市管理监督员）队伍，并为这些城市"啄木鸟"颁发聘书。协调城关区年投入约50万元来启动实施城市管理全民有奖随手拍活动，只要关注"兰州市城市管理委员会"微信公众号，点击左下方"随手拍"上报城市管理问题。后台按照上报问题的数量及排名先后，对每日城市管理问题投诉立案量前50名的市民给予不同等级的话费奖励，并且还对每日前5名城市"啄木鸟"给予不同等级的奖金奖励。通过这样的形式引导市民发现、上报城市管理问题并提出相关改进意见，动员广大市民加入精致兰州建设和揭短亮丑行动。在全市城管系统开展"出门就上班，都是采集员"活动，及时通过工作平台上传问题，再由后台下派"订单"，营造"工作永远在路上、服务市民不歇脚"的良好氛围。全民参与、支持、推进城市管理，促进整改城市管理问题，提升城市管理水平。与此同时，建立常态化"揭短亮丑"机制,市级精致兰州建设领导小组办公室将每三个月开展一次检查行动,领导小组办公室的成员单位,每两个月对各自行业领域的"不精致"问题进行查摆和整改,各县区每个月开展一次"揭短亮丑"行动,现场办公解决或督促辖区责任单位抓好落实。

三是搭建城市管理市民开放平台。不定期举办"打造'市民城管'共建'精致兰州'"城市管理宣传日活动,和广大市民面对面、零距离地沟通交流,宣讲相关政策,解读政策要点。向市民介绍城市管理12319热线电话和微信"随手拍"工作流程及使用方法,并现场指导部分市民进行操作,通过该平台发动市民将日常最易看到、最易拍照取证、与市民生活联系最紧密的10类城市管理问题,包括暴露垃圾、店外经营、非法小广告、焚烧垃圾树叶、机动车乱停放、井盖类问题、煤烟污染、违法建设、非机动车乱停放、无照经营游商通过手机拍照上报管理平台。该"随手拍"平台既可提升市民对文明创建的关注度和参与度,又可督促城建城管部门解决城市管理类问题。此外,各区县城市管理人员组织开展生活垃圾分类宣传讲解活动,向广大市民全方位介绍、宣传生活垃圾分类、环境卫生管理、垃圾资源化循环利用、市容秩序管理等方面的工作。组织垃圾分类工作志愿者、社区工作人员等通过各种活动形式引导市民在轻松氛围内掌握更多垃圾分类小知识,依托市民参与试行生活垃圾分类工作。选择在城区基础条件较好的35个物业小区开展市场化运营试点工作,在1002家党政机关及中小学校、大中专院校、医疗机构中推行生活垃圾分类模式。

四是搭建城市管理市民协商平台。坚持把城管工作成效交由群众来评判、让群众来评价,采取多种形式,开展市民满意度调查,广泛征求城市管理中存在的问题和改进建议。广泛向各行各界人士征求城市管理中存在的问题和改进建议,提升市民对城市管理的知晓率、参与率。邀请市民群众、企业家、服务对象代表及人大代表当城管政风行风的"评议员"和城管工作的"裁判员",定期评价城管工作,促使城管系统作风转变、效能提高。

兰州市城管委在2019年10月建立"揭短亮丑·马路办公"工作机制,全面推行"马路办公"工作制度,从制度关、巡查关、督导关、整改关四个层面为城市管理存在的疑难杂症把脉开方。"马路办公"工作机制是指全市城管执法系统各级领导以工作现场为岗位,一线发现问题、一线解决问题，马路办公打破传统办公模式，采取实地巡查、现场处置、检查抽查、督办考核等工作方式，市城管委班子成员坚持每月开展一次马路办公，各区县城管局领导坚持每周不少于一次马路办公和现场督办。针对发现的问题按种类及轻重缓急程度，采取现场交办、专项交办、重点交办等方式下达限期整改任务。全面覆盖城市管理盲区，助推城市管理提档升级。

2. 数字化城管：信息化建设

充分利用相关软件App/微信公众平台/小程序，整合"随手拍""找公厕"等便民服务，调动市民参与城市治理的积极性，改善环卫公厕服务。对从事建筑垃圾运输服务的公司实行审核制，并为有资质的渣土车安装北斗智能监控设备，实现在线监控。启用无人机航拍，发现和督促各区县清理垃圾堆放点，推动全域无垃圾工作稳步实施。在主城区动用无人机航拍和电视拍摄拉网式普查的方法，巡查全市各个角落的违法建设，督导全市城管执法部门清理拆除各类违法建筑。通过兰州市城市管理数字化监督指挥中心推进数字平台统一规范，将各区县的具体责任单位统一纳入平台管理，在市、区（县）两级数字平台建成数字化城市管理应用子系统，形成统一的系统、统一的标准、统一的考核，充分发挥各级平台网络互联、信息互通、资源共享的优势，初步实现感知、分析、服务、指挥、监察"五位一体"，推动"数字城管"向"智慧城管"升级。同时，探索建立城市管理长效体制，12319热线升级为呼叫中心。培育"城市啄木鸟"，推动数字化城市管理考核考评体系建设，确保各类城市管理事项高效运行，逐步实现城市管理工作的规范化、常态化和长效化。

3. 服务化城管：强化城市服务

探索推行"街长制"，促进街巷管理全覆盖、无缝隙，在主城四区政府主次干道推行以"一长六员"为主要内容的"街长制"管理模式，持续提升城市管理精细化水平，从而达到为市民服务、让市民满意的效果。

启动兰州市"城市公厕云平台"，将全市1040座公共厕所，包括540座环卫直管公厕都已经全部纳入该平台，该平台是公厕领域的一体化管理服务平台。平台通过App/公众号/小程序，为市民提供公厕一键查询、导航服务、如厕评论、问题反馈等服务，并提供社会公厕共享服务，实现社会厕所资源共享。平台为公厕管理人员提供巡检App服务，实现公厕数据维护、添加公厕、公厕审核、公厕问题跟踪、公厕日常巡检等功能。同时，通过管理后台，实现公厕管理、信息维护、智能监控、问题跟踪、统计分析、部门人员管理等服务。按照"公厕革命"目标要求和兰州城管委的工作职能，实现城区环卫公厕24小时免费开放，推进母婴活动空间规划设置等工作，为环卫公厕安装了免费共享纸巾机，推进公厕云平台为市民提供更多的便利。

加强兰州市城区祭祀活动管理，引导广大市民自觉移风易俗、文明祭祀，2018年3月，由兰州城管委牵头，联合市民政局、市环保局、市公安局，印发了《关于开展兰州市城区集中定点祭祀活动管理工作的通知》，在兰州市城区开展集中定点祭祀活动管理工作。在每年的春节、清明、中元节和寒衣节四大节日期间，根据传统习俗和祭祀需要，兰州城管委临时在全市城区合理选择祭祀点，并设计制作祭祀设施，向市民提供祭祀，引导市民到指定场所集中进行祭祀。按照要求将祭祀炉放置到指定地点，并配备跪垫和火棍，设置醒目的标识和指示牌，街道社区、环卫部门严格落实网格化管理制度，组织工作人员提升巡查频次、加大巡查力度，对未按要求乱烧祭祀的市民，及时予以劝导，祭祀结束后及时组织工作人员排查、处置火灾隐患，第一时间清理灰烬，回收祭祀设施。

规范生活垃圾收运体系。在主城四区大力推行生活垃圾"不落地"收运工程，设置生活垃圾压缩车辆收集点，并规划定时定点收集线路，推进城区垃圾无害化处理，积极推进生活、建筑、餐厨垃圾分类规范处理工作，不断完善生活、建筑、餐厨垃圾收运体系。每周利用无人机航拍4天，巡查发现并督导整改非正规垃圾点位，协调各区县清理城市出入口等区域及农村堆积垃圾，深入推进全域无垃圾行动。与此同时，协调改造再生资源回收网点，建成垃圾分拣中心，修建生活垃圾焚烧发电厂、餐厨垃圾及建筑垃圾资源化无害化处理厂。通过引入技术操作与监管，长效加强对现有生活垃圾卫生填埋处理场（厂）、餐厨及建筑垃圾综合处理厂的管理，无害化处理生活垃圾。

4. 形象化城管：整治改善市容市貌

为进一步推进兰州市流浪犬只捕捉工作的顺利开展，兰州市城市管理委员会购买犬只留检所，各区执法部门重点负责本辖区严格管理区内的居民小区、公园门口、广场、街面等的无主犬、遗弃犬、野犬、流浪犬的捕捉工作。在2019年年末，市城管委还制定下发《兰州市流浪犬捕捉专项整治实施方案》，并开展了为期30天的流浪犬捕捉专项整治行动。在加大对管理区域内流浪犬捕捉力度的同时，切实做好流浪犬只收集、运输和移送工作，这些流浪犬被送到兰州市犬只留检所，在那里有专人做饭、专人治病、专人打扫犬舍、专人清洁消毒。强化市郊流浪犬只抓捕，能够有效遏制流浪犬扰民问题。

兰州市、区两级城管执法部门按照兰州市政府办公厅《关于印发兰州市城区户外广告设施及门头牌匾专项清理整治工作实施方案的通知》要求，着力开展"天际线"广告牌标识字清理整治工作，修改完善《兰州城市广告牌设置规范及样板街广告牌匾视觉改造规划设计》《兰州机场高速公路户外广告牌规划设计》。督导各县区、高新区执法局依法拆除城区各类违规户外广告牌。采取督促自行拆除与依法强制拆除相结合、突出重点与全面推进相结合的方式，对6大广场、6大什字和10条主干道区域开展"净空行动"，不断改善城市空间秩序。对楼顶镂空字、立面广告、"一店多牌"、各类灯箱、广告设施及指引牌等一系列违规设置的硬广软广坚决予以取缔，同时动员商户对脏污的门头牌匾予以清洗，确保门头牌匾设置规范，无违规户外广告。此外，加大违法建设查处，对重点区域进行巡查，对发现违规建设的楼顶彩钢房、外挑式防护栏、遮阳棚等设施责令业主限期整改，同时依照相关规定，对限期未进行整改的进行强制拆除，确保城市建筑立面规范整洁。

兰州市城管委制定印发《兰州市占道早餐摊点设置及管理规范》，针对早餐摊点的餐车车体、摆放、从业人员卫生、配套设施、环境卫生、安全等方面设置明确标准，细化管理职责。另外督促辖区城管部门制定有效的管理制度，建立早餐摊点巡查长效机制，对主城区占道经营早餐摊点的设置及管理情况进行实地督查，为早餐摊点精细化管理提供制度保障。主要针对经营区域外延、经营时间超时、经营摊位超量的早餐经营主体、摊点进行整治，不得超界、超时、超量经营。按照相关要求，餐车摆放需要整齐，不占压盲道，不妨碍、阻塞行人通行。经营场所周边除必要的运输、转运工具外，不得摆放其他物品。运输、转运工具应摆放整齐。食品加热应在餐车作业区域内进行，严禁摆放小煤炉进行加热。切实消除占道早餐摊点"三乱、三超"（即乱占、乱摆、乱放、超面积设置、超时间经营、超出许可点位经营）等乱象。

四　项目取得的成效

1. 参与管理机制初步建立

兰州市城管委通过搭建城市管理服务平台、城市管理志愿监督平台、城市管理市民开放平台和城市管理市民协商平台"四个平台",有效建立市民参与管理城市新机制,激发市民和社会各界参与城市管理的热情,做到自觉改进工作作风,主动接受群众监督。开通的"12319"24小时城管服务热线畅通受理全市38个单位的城市管理问题,一批城市管理突出问题得到有效解决。第一支城市"啄木鸟"（城市管理监督员）队伍,引导发现、上报城市管理问题5300余件并提出相关改进意见,促进整改城市管理问题,提升城市管理水平。通过信息化等手段的应用,市民通过微信公众号对兰州市"市容市貌""环境卫生""扬尘治理""违法建设"四大类城市管理问题进行反映投诉,经核实立案后可获奖励,市民参与城市治理的积极性变得越来越高。2019年7月以来,通过微信"随手拍"上报市容环境类问题18625件、宣传广告类问题9901件、施工管理类问题5242件、街面秩序类问题38324件、突发案件类问题5087件、公用设施类问题1070件、交通设施类问题437件、市容环境类问题88件、园林绿化设施类问题144件,其他问题1709件,月均受理各类城市管理问题2.6万件。党员干部带头、组织志愿者,结合生活垃圾分类、微信"随手拍"、定点祭祀管理等主题内容,在主要城区街道开展多次宣传活动,引导市民群众关注、支持、参与城市管理工作。在市效能办2018年组织召开的市城管委年度机关作风建设和效能开展情况测评会议上,市城管委获得全票满意的测评结果,广大市民理解、关心、支持、参与城市管理的氛围日益浓厚。

2. 数字城管功能逐步完善

长效实施《兰州市数字化城市管理指挥手册（试行）》,初步构建了数字化"大城管"格局。坚持完善流程、健全机制,2019年以来市级数字管理平台办理"12319"热线咨询及投诉约2万件、微信平台上报问题22.4万件。突出市民微信"随手拍"特色,开展全民共治行动。新聘请50名市民,城市管理监督员队伍扩大至100名,引导及时发现、上报城市管理问题,并提出相关改进意见建议。在全市城管系统持续开展"出门就上班,都是采集员"活动,受理城市管理问题19.6万余件,解决了一大批城市管理中的突出问题。完善了数字城管考核体系，编制《数字城市管理月报》11期，为各县区推进工作提供了新平台。除此之外，开展高清探头建设，实施全时段景观养护行动；利用无人机拓展航拍范围功能，强化立体全域监管行动；筹建视频智能分析预警系统，开展灾害智能防治行动。目前，中心已联系北京政通运营服务公司，结合现有体系，商议制定具体升级方案，全面对接市大数据局，将"智慧兰州"安全、交通、视频监控等8大系统接入中心平台。"无人机"航拍范围已拓展至全区所有楼宇屋顶、山坡立面、河道沟渠、城市出入口、高速公路沿线及涉农街道全域。组织全区十个片区"随手拍"热心市民已有百余人，中心干部包抓片区，分批次对各片区热心市民进行了专业知识讲解及案件上报实操培训，使市民能够更准确、有效地上报各类城市管理问题案件。

3. 城市管理服务水平持续提高

坚持为民服务、创新方式，为民服务质量和水平持续提升。在改进环卫公厕服务方面，推行环卫公厕24小时免费开放、督促累计设置了公厕指示牌1450副，常态化运行城市公厕云平台。督导健全无障碍设施及第三卫生间、合理调整男女厕位、按需提供厕纸，"找厕难""如厕难"问题大幅缓解。城关区每所公厕的改造提升都按照不大拆大建的原则和"一厕一景"的建设要求，由城关区环卫局自行设计建造。在设计过程中参考了国内外大量设计元素，在实施过程中充分利用原始结构结合现代元素打造，外立面造型墙采用不同色系加入不同装饰材料，又结合园林绿植装饰融入人性化环保的设计理念，并加入不同色彩的灯光亮化，不仅时尚大气，而且温馨舒适。此外，城管委每月按20%~30%比例抽检、考核610座环卫公厕，实现管理效能、社会效益"双提升"。在改进垃圾收集服务方面，深入推进全域无垃圾行动，每周利用无人机航拍4天，巡查发现并督导整改非正规垃圾点位4496处，协调各区县清理城市出入口等区域及农村堆积垃圾15.5万吨。在35个示范片区和1002家医疗及教育机构等公共机构推行、实行生活垃圾分类工作，居民户数覆盖率达62.78%；累计协调改造再生资源回收网点120个、建成垃圾分拣中心14座，垃圾分类体系逐步完善，在进入焚烧和填埋设施之前，主城区可回收物和易腐垃圾的回收利用率合计达30.1%。在实施祭祀管理方面，长效实施城区定点祭祀管理。2019年"清明节""中元节""寒衣节"等传统节日期间，引导14万多人次到指定场所祭祀。各区政府倡导"文明祭祀、绿色祭祀"理念，在做好集中定点祭祀工作的同时，大力倡导市民鲜花祭祀、网上祭祀，在12个祭祀点位摆放鲜花，市民可免费领取鲜花祭奠，通过推广这种生态环保、文明节俭的祭祀方式，引导广大市民逐渐形成绿色祭祀、文明祭祀的自觉性。集中开展定点祭祀工作，能有效解决兰州市城区祭祀活动组织缺失、烧祭随意、隐患凸显等问题，这彰显出城市管理过程中人性化管理服务程度在逐步提高。在落实便民摊点、市场措施方面，2019年，在主城区督导设置背街小巷临时瓜果销售摊点233处、摊位1743个，有效解决了城郊农民旺季瓜果促销困难的问题。落实早餐摊点、夜市、便民市场设置等便民惠民措施，在改进城市管理和服务、提升城市形象和品位中改进工作作风，树立崭新形象，提高公共服务水平。在"马路办公"整治方面，积极推进城市治理体系和治理能力现代化理念创新，解决实际问题。马路办公主要解决老百姓关心的问题，解决城市管理中"老大难"问题，解决市民投诉、媒体反映强烈的问题。通过"马路办公"工作模式，进一步提升城市精细化管理水平。目前，全市城管执法系统开展"马路办公"56次，巡查发现问题1755个，整改问题1581个，整改率达90%。全市城管系统共清理整治占道经营2247处，规范共享单位摆放255处，清理整治户外广告245处。

4. 城市市容环境明显改善

持续强化环卫作业质量管理、不断改进环卫管理工作，深入实施道路清扫保洁、定期冲洗等标准化作业，城区道路机械化清扫率达93%、清扫保洁率达98%以上，道路环卫作业质量持续提高。累计为51家公司、990余台渣土车安装了北斗智能监控设备并实施在线监控，督导四城区城管执法、环卫部门联合交警部门，在城市主要出入口设置渣土运输检查点14处，工地扬尘管控、渣土运输监管水平有效提升。大力推行城区生活垃圾"不落地"收运工程，日产日清生活垃圾约2500吨，主城区生活垃圾收运体系初步建立。积极推进生活、建筑、餐厨垃圾分类处理工作，生活垃圾无害化处理率达100%。全力推进全域无垃圾治理行动，全市乡镇垃圾收运处理覆盖率达80%，城乡环境卫生面貌明显改观。

以解决市民反映的城市管理问题为突破口，围绕城区主要街道全面清理拆除不符合设置规范的户外广告，对影响城市立面环境的"一店多牌"和超规格、超尺寸设置的门头牌匾进行提升改造，科学、合理管控城区户外广告和门头牌匾。2019年全市城管执法部门依法查处存量违法建设

594.4万平方米，拆除违规户外广告36.1万平方米，查处各类占道摊点20万个（次）、露天烧烤4923起；清理南昌路等39条主次干道空中废弃线缆50.34千米。

城管委组织执法人员对各辖区内主次干道、小区、学校周边等地开展"抓捕流浪犬"专项整治行动，集中针对城区流浪犬、无主犬等进行抓捕。对于未拴养的家犬、流放在外的流浪犬，一经发现，执法人员立即抓捕，并送至犬类收容机构，共计捕捉移送流浪犬7000余只。持续加强城区共享单车秩序维护，提升改造背街小巷20条，市容环境不断改善。2019年，城管委专门成立2个市容市貌督查小组，分别对主城四区及高新区城市立面环境、市容秩序以及环卫清洁等方面进行了督导检查。针对乱堆杂物、门头污损、流动摊贩、店外经营等突出问题和共享单车乱停放、乱写乱贴、电缆（电线）落地等问题，坚持"即时发现，即时交办，即时整改"的工作原则，共发现各类问题326个，向辖区城管部门发出整改通知单13份。大部分问题能够即知即改，少数难度大的问题也在承诺期内得到整改，目前已整改的问题达到95%以上，整改效果良好。

五 项目获奖和推广情况

1. 项目的社会声誉

兰州市城管委推动了多项创新在甘肃省范围内和省外兄弟省份的创新推广和扩散。一是促进"市民城管"制度化。自该项目实施以来，兰州市城管委已初步确定了"市民城管"建设体系，相应建立了"请市民参与、为市民服务、让市民满意"的工作机制，并建立了分年度分批次推进的制度，为项目实施提供了遵循、依据和保障。二是学术界广泛关注。与兰州大学合作共建城市治理创新中心，将项目经验与理论深度结合，充分吸收学者的观点和意见，引入智库的力量，共同保证项目可持续性与深度创新的能力。三是与新闻媒体合力营造市民共识，兰州市主流媒体《兰州日报》对该项目实施情况作过四次专门报道；《中国建设报》就该项目实施情况作过专题报道，中国城市网等多家媒体予以转发；《今日城管》全媒体电视专题栏目开播，成为市民群众中走进城管、了解城管的窗口，让老百姓切身体会到城市管理工作的苦辣酸甜，凝聚起参与城市管理的磅礴力量；由甘肃文旅台拍摄的《推进垃圾分类 打造精致兰州》专题宣传片一周内播放浏览量达 46.5 万次。四是扩散效应明显。项目实施以来，北京、厦门、武汉、西安、成都、石家庄等 16 个省市的城市管理、建设及其他部门、单位，100 余人次来此进行考察学习垃圾治理、数字城管建设、环境治理等工作。2018 年 7 月上旬，面向国内外公开发行的《城市管理与科技》杂志以"塑造'市民城管'、打造'兰州模式'"为题，对该项目主要负责人进行专题采访，兰州市城管委"市民城管"项目得到国内有关单位的充分认可和好评。

2. 项目的获奖情况

兰州市"市民城管"建设取得明显成效，得到了市民群众的广泛认可，国内相关单位、专家的充分肯定和市委、市政府及省住建厅的高度评价。2017 年、2018 年、2019 年，兰州市城管委连续三年被住建部评为全国城市管理执法队伍"强转树"（"强基础、转作风、树形象"）专项行动表现突出单位，实现优秀单位创建"三连冠"。2018 年 8 月，兰州市被住建部专家组确定为国内首批 5 个城市生活垃圾领域国家适当减缓行动项目（NAMA 项目）试点城市之一；10 月，成功举办了由国家节能中心、兰州市政府主办的 2018 中国（兰州）垃圾资源化利用产业创新发展论坛暨兰州市生活垃圾处理观摩研讨会；11 月，兰州市环卫一体化工作被中国城市环境卫生协会评为环卫管理十大示范案例之一；12 月，兰州市城管委"打造'市民城管'、推进社会治理"工作被人民网、中共中央党校（国家行政学院）评为 2018 年全国"社会治理创新优秀案例"，成为全国城市管理领域首个入选案例，兰州市城市管理工作、"市民城管"品牌在省内、国内的影响力不断提升。2019 年 6 月，经中国城市治理创新奖组委会对全国 330 个城市申报项目、22 个城市入围项目评选，兰州市城管委"打造'市民城管'，落实共建共治共享"项目获得首届"中国城市治理创新奖"优胜奖，"市民城管"品牌影响力不断提升。

该项目以解决市民群众集中反映的城市管理问题为突破口，提出并着力打造"市民城管"品牌，积极完善市民群众参与城市管理的机制，对于落实共享共治共建要求、改善城市市容环境、提高城市公共服务水平、提升城市形象具有重要的现实意义，同时对于国内其他城市提升市民群众参与城市管理的主动性积极性、融合党建和业务工作、优化公共服务也具有一定的借鉴参考价值。

六 项目中的模块化创新

在兰州市城管委推动"市民城管"建设的过程中，以公民参与为导向，切实将市民纳入城市管理的每一个环节，从保障市民知情权向为市民提供参与渠道、提升其参与积极性转化，从城市管理与公民的单向沟通向双向沟通转变，城市管理部门从注重组织绩效向关注社会治理绩效转变，基层组织从单向管理向治理回应转变。通过项目的实施，切实地实现了这几个层面的转变，并达到了良好的组织绩效提升和外部社会效益的提升。两者的提升又形成了城市治理绩效创新深度质变的基础。该项目以"共治、共建、共享"为价值导向，以"市民参与"为根本诉求，以市民城管的参与平台为依托，构建城市治理创新基础模块，并以该模块的运行为基本保证，实现城市管理多维度模块的嵌入，将城市环卫、城市垃圾处理、城市特勤、城市信息化，有效嵌入基础模块，实现基于基础模块所构建的创新体系。

将"市民参与"作为基础核心模块，在此基础之上，嵌入基层组织建设模块，搭建城市管理服务平台，为市民参与提供可用渠道和途径；搭建城市管理志愿监督平台，通过有奖"随手拍"和聘任"啄木鸟"的形式来激励公民主动参与城市治理；搭建城市管理市民开放平台，以线上宣传线下宣讲的形式让市民了解城管的工作以及如何有效参与城市治理；搭建城市管理市民协商平台，征求各行各界意见，以达到集思广益的效果。通过四个平台的搭建，建立起市民参与管理城市的机制，并提高组织能力和组织建设，从而有效地提升城市管理水平。在"市民参与"作为核心模块的基础之上，嵌入市容市貌改善模块，以解决市民反映的城市管理问题为突破口，不断改进环卫管理工作，通过将市容市貌改善模块嵌入公民参与平台，有效地推动城市治理工作的持续发展；在"市民参与"作为核心模块的基础之上，嵌入城市管理信息模块，通过启动"12319"24小时城管服务热线及信息化服务功能，开通微信"随手拍"平台，推动公民参与城市治理的信息化平台建设，进一步推动创新项目的迭代升级；在"市民参与"作为核心模块的基础之上，嵌入城市服务模块，通过改进环卫公厕服务、垃圾收集服务、祭祀活动管理和城市街巷管理，提高城市管理服务水平，更有效地通过公民参与来推进城市治理，进而保证了该创新项目的可持续性。通过基础模块的建立，并不断地嵌入其他模块，来推动"市民城管"不断深化发展，进而持

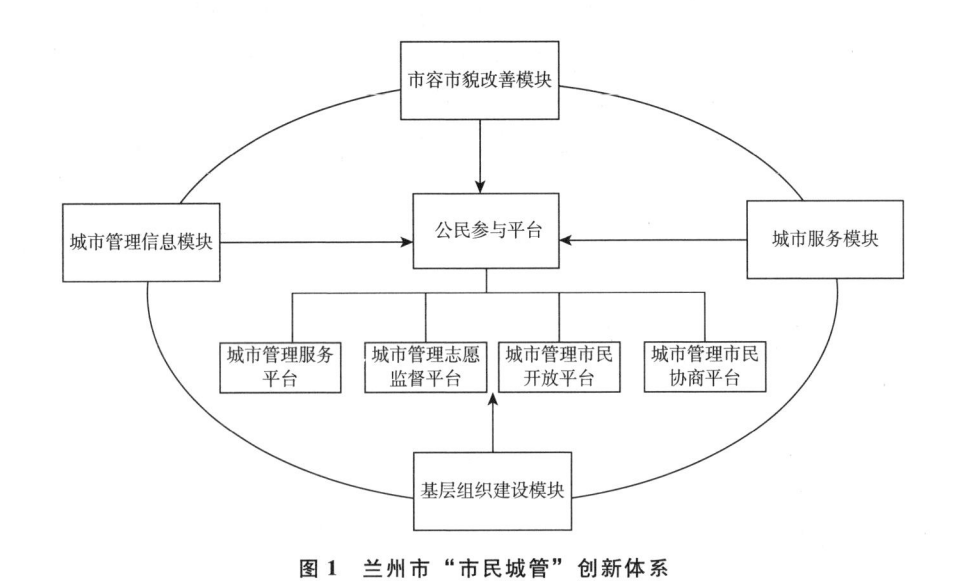

续提高城市治理水平。兰州市"市民城管"创新体系见图1。

图1 兰州市"市民城管"创新体系

七 "市民城管"项目的未来

1. 两个角度看"市民城管"

从政府部门角度看，塑造"市民城管"意味着城市管理必须坚持"以人为本"的理念，牢固确立全心全意为人民服务的宗旨。一个城市的管理工作做得好不好，最终要以人民群众的利益实现程度和满意程度为标准，在行使城市管理职责时，要坚持人性化执法。在日常工作中，要牢固树立"管理就是服务、执法就是责任、权力就是奉献"的理念，把协调好、解决好城市发展与市民利益的问题作为执法为民、服务发展的切入点和着力点，只有这样，才能使"以人为本"的城管核心价值观得到弘扬和践行，才能打造过硬的"市民城管"队伍，才能塑造出"市民城管"的品牌。从社会市民角度看，实现"多元共治"格局，需要争取社会资源、引入社会监督和提高市民参与自觉性。在争取社会资源方面，企业以市场化方式公平参与城市管理，提供环卫保洁、公厕管理、园林绿化、市政设施维护等服务。在社会监督方面，建立人大代表、政协委员、主流媒体、公众微信随手拍和社区自治、网格管理、自媒体相结合的多种形式城市管理社会监督体系。在市民参与方面，提升市民群众维护市容环境、参与城市管理的主动性和自觉性。培养市民群众的城市主人翁意识和主体责任感，增强市民群众的法治意识、环境保护意识，形成市民群众对城市的认同感、归属感、荣誉感内化于心、外化于行的良好态势。此外，还要倡导并组织开展多形式、常态化的志愿服务活动，采取公众开放日、主题体验活动等方式，引导社会组织、市场企业和市民群众参与城市治理，形成多元共治的城市治理格局。

2. 项目持续性机制完善

从项目调研对相关利益主体的了解与访谈可以看出，"市民城管"项目已经取得了较好的社会效益，并形成了持续改善的动力机制。市容市貌得到持续改善，项目实施以来，全市城管、环卫部门持续改进城区环卫管理、垃圾分类治理、市容整治、扬尘防治，不断加强城区流浪犬整治、共享单车管理和空中线缆清理，城市市容秩序明显优化。公共服务能力持续提升，环卫公厕服务、垃圾收集服务逐渐常态化。全面落实早餐摊点、夜市、便民市场设施等便民惠民措施，公共服务水平显著提升，市民获得了更优质的服务。市民满意度持续提升，广大市民群众通过"四个平台"参与城市管理，举报、反映城市管理问题，并提出相关改进意见建议；邀请市民群众、企业家和服务对象代表评价城市管理工作、评议管理成效，广大市民对城市治理的监督权、管理权、参与权得到有效保障。"市民城管"项目实施以来，兰州市城市管理委员会通过与不同利益主体互动，通过与媒体、学界、同行的交流，现在已经形成较好的社会治理网络，今天的兰州城市管理已经走向精细化、指标化、制度化，兰州市民对城市管理的满意度持续攀升，而满意度不仅仅是源于外在环境卫生的改善，还源于城市管理执法队伍整体素质、服务理念的提升。

3. 项目模块间持续互动

该项目创新具有强大的后续生命力，在初期探索"街长制"的基础上，逐渐融入市民参与的要素，并构建"公民参与"基础模块。通过基础模块的开放性，项目本身具有较好的包容性，能够将其余模块以公民参与模块为基础，进行整合性创新，从而形成较强的持续力。这对于未来城市管理委员会持续提升治理绩效具有重要作用。在该项目创新中，多模块嵌入是"市民城管"最为关键的持续力保证，在基础模块上叠加嵌入新的发展模块，不同的发展模块通过迭代、升级，进而形成对基础模块的促动创新，双向创新的促动使得创新体系处于不断深化的过程中。公民参与平台的开放性可以保证任何的模块与之互嵌，进而保证其核心价值追求得到保障，在基础模块的基础上，通过四个新有模块，即技术嵌入、服务能力提升、外部绩效不断彰显、基层组织不断优化，四个嵌入型模块保证了不同层面的创新持续力与创新能力的构建。与此同时，这些模块本身也需要不断地迭代、升级，通过构建长效机制来使之常态化、制度化，才能持续性地推进治理绩效提升。

"五位一体"智慧城管体系：新一代信息技术与创新2.0融合的城市治理创新

王连峰　宋　刚　张　楠　刘　志[*]

一　引言

　　伴随知识社会的来临，无所不在的网络、无所不在的计算会同无所不在的感知，与无所不在的数据、无所不在的知识共同驱动了无所不在的创新。移动技术、物联网、云计算、大数据、社会计算、人工智能等新一代信息通信技术（ICT）的发展，与面向知识社会的下一代创新，即创新2.0成为当下经济社会、城市发展的重要环境。"互联网+"正是对创新2.0时代新一代信息通信技术与创新2.0相互作用模式与共同演化形态的高度概括。[①] 针对创新2.0时代、"互联网+"背景下的经济社会发展变革，清华大学孟庆国教授等在《创新2.0研究十大热点》中特别提到了创新2.0发展给城市形态演变、政府治理变革两方面带来的影响，即智慧城市、政府2.0的发展，[②] 这也是"五位一体"智慧城管发展的重要背景。

　　北京城管正是充分把握了创新2.0时代的智慧城市、政府2.0发展机遇，基于城管物联网及综合执法大数据平台建设，通过新一代信息技术充分应用实现全面透彻感知、宽带泛在互联、智能融合应用，推动以用户创新、开放

---

[*] 王连峰，清华大学新闻与传播学院；宋刚，北京大学遥感与地理信息系统研究所；张楠，清华大学公共管理学院；刘志，北京市城市管理综合行政执法局科技信息中心。
[①] 宋刚：《"互联网+"＝新一代ICT+创新2.0》，《中国计算机学会通讯》2015年第6期。
[②] 孟庆国、宋刚、张楠：《创新2.0研究十大热点》，《办公自动化》2015年第5期。

"五位一体"智慧城管体系：新一代信息技术与创新2.0融合的城市治理创新

创新、协同创新、大众创新为特征的以人为本的可持续创新，塑造城市公共价值并为生活其间的每一位市民创造独特价值，建设感知、分析、服务、指挥、监察"五位一体"的首都智慧城管，构建面向城市法治、精治、共治的橄榄型城市治理结构，[1] 创新现代城市治理模式，实现从数字城管到智慧城管的跨越。[2] 本文将从"五位一体"核心要素出发，结合北京城管案例，从创新2.0视角阐释和探讨"五位一体"核心要素及其互动关系。

二 "五位一体"智慧城管理论体系建构

1. 信息技术推动政府治理模式转变

信息通信技术的融合与发展推动了知识社会的创新民主化，从为信息交换和协商提供通信工具，到为协作提供交互、制造、知识管理、可视化等工具，推动了从对话、交流到共同行动、共同创造，从协商到协作的转变。[3] ICT改变了交互方式、服务提供方式，推动了合作民主的新形态，推动了由政府管治为主向以公共服务、社会治理为主的转变，并呈现可互动的、协同的流畅政府形态。以移动技术为代表的普适计算、泛在网络技术的发展和应用推动了ICT支撑的服务提供从"标准'交易'、信息"型（Standard "transactions", informational）向"行动导向、协同、实时"型转变（Action oriented, coordinated, real time）。信息技术发展所引发的政府公共服务提供模式从前互联网（前ICT）的柜台模式，到互联网时代的电子政务模式，再到互联网+（新一代ICT）时代的移动政府、智慧政府、政府2.0模式。[4]

在前互联网时代或者前ICT时代，政府部门向公众提供柜台式的服务，服务地点是固定的，主机技术或者是纸笔等工具为柜台式服务提供了后台

---

[1] 宋刚、王毅、王旭：《城市管理三维结构视野下的城管综合执法与监察》，《城市发展研究》2018年第12期。
[2] 宋刚、刘志、黄玉冰：《以大数据建设引领综合执法改革，创新橄榄型城市治理模式，形成市域社会治理现代化的"北京实践"》，《办公自动化》2020年第5期。
[3] 王连峰、宋刚：《创新2.0视野下的合作民主：从协商到协作——以"我爱北京"政务维基为例》，《电子政务》2015年第4期。
[4] Song G. and Cornford T., *Mobile Government: Towards a Service Paradigm*, in Proceedings of the 2nd International Conference on e-Government, University of Pittsburgh, USA. 2006, pp. 208-218.

的信息支撑。在互联网时代，政府部门通过电子政府的建立将服务内容电子化并通过互联网向公众提供服务，公众可以不受地区的限制只要连接互联网便可享受政府的在线服务。信息通信技术从后台支撑走向了前台，成为展示信息的门户和传递信息的通道，支撑了政府部门与公众的信息沟通以及服务的提供。以移动技术、物联网为代表的新一代信息技术以及社会计算的发展与应用，为政府提供更加多主体互动、多元化公共服务的模式提供了有力的支撑。[1] 移动政府，或者说政府2.0、智慧政府时代，公众通过手机可以享受随时随地的服务，信息技术还为政府部门的工作人员深入街道、社区直接与公众面对面互动进行人性化服务提供了强大的信息协作支撑[2]，也进一步推动了从以政府为中心的电子政务向以用户为中心的，政府、市场、社会三方协作互动共同完成公共服务提供的电子公务的转变[3]，从数字政府向电子治理的转变[4]，从城市管制向和谐城市运行的转变[5]，政府形态从生产范式向服务范式的转变[6]，推动了创新2.0时代的政府2.0发展。[7]

2. 城市治理创新形塑橄榄型城市治理模式

党的十八大以来，持续推进国家治理体系与治理能力现代化、依法治国，政府治理与城市治理现代化是其中的重要内容。综合执法改革通过将前端的决策、审批与末端的监管、处罚相分离，构建专兼结合、政府与社会协同的巡查监察数字化体系，并基于对城市管理三维结构及其复杂性认识，充分应用现代信息技术形成多主体、多层次的多结构城市治理反馈体系，推动城市规划、建设、运行管理一体，城市决策、执行、监督协力，政府、市场、社会共治的现代城市治理新格局，是政府治理、城市治理现

---

[1] 宋刚、李明升：《移动政务推动公共管理与服务创新》，《办公自动化》2006年第9期。
[2] 宋刚：《移动技术在城市管理中的应用：英国游牧项目及其启示》，《城市管理与科技》2005年第3期。
[3] 李立明等：《电子公务eGBCP初探》，《城市管理与科技》2006年第1期。
[4] 孙志建：《数字政府发展的国际新趋势：理论预判和评估引领的综合》，《甘肃行政学院学报》2011年第3期。
[5] 李立明等：《和谐城市运行模式研究》，《城市管理与科技》2007年第2期。
[6] Song G. and Cornford T., *Mobile Government: Towards a Service Paradigm*, in Proceedings of the 2nd International Conference on e-Government, University of Pittsburgh, USA. 2006, pp.208-218.
[7] 宋刚、孟庆国：《政府2.0：创新2.0视野下的政府创新》，《电子政务》2012年第2/3期。

"五位一体"智慧城管体系：新一代信息技术与创新 2.0 融合的城市治理创新

代化的重要内容。①"综合执法"改革与"多规合一"改革相互协同，在条块分割的市域治理结构中逐步构建了综合规划决策和综合执法监察"两个综合"，带动了条块资源的整合和社会力量的激活，并基于 GBCP 城市治理数据模型及"五位一体"智慧城管建设形塑了面向市域社会治理现代化的从综合规划决策、到社会化专业运行服务管理、到综合执法监察"两头收敛、激活中间"的橄榄型现代城市治理结构，逐步形成面向法治、精治、共治的橄榄型城市治理模式。

面向创新 2.0 的新网络、新数据环境也为社会各方参与城市专业运营和科学管理提供了重要的支持，而基于城市管理三维结构视野下的城市管理执法监察研究，通过构建基于大数据的城市综合管理橄榄型城市治理结构，强调基于现代信息技术实现政府决策、执行、监督既相互分离又相互协同的政府 2.0 及现代网络治理转型②，强调通过综合执法大数据建设形成需求牵引、问题导向的城市治理体系，强调以城市运行数据汇聚反馈支撑数字驱动的综合规划决策转型，强调政府、市场、社会各方力量的充分参与及协同构建城域开放众创空间③，创新智慧城市管理新模式。橄榄型城市治理结构见图 1。

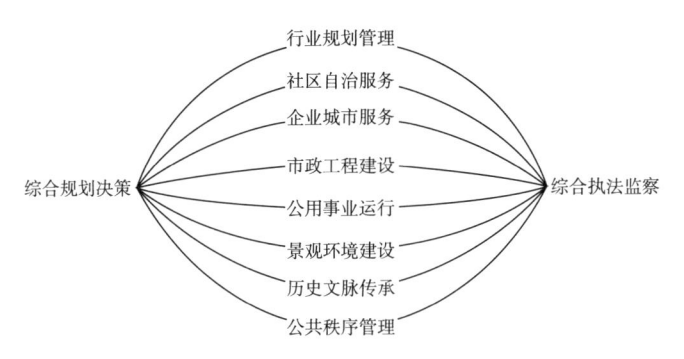

图 1 橄榄型城市治理结构

---

① 宋刚等：《综合执法改革与大数据环境下的橄榄型城市治理结构》，《北京城管科技信息动态》2019 年第 9 期。
② 宋刚、王毅、王旭：《城市管理三维结构视野下的城管综合执法与监察》，《城市发展研究》2018 年第 12 期。
③ 宋刚、王连峰：《城域开放众创空间：创新 2.0 时代智慧城市建设新路径》，《办公自动化》2017 年第 20 期。

3. 智慧城管：创新 2.0 情景下的数字城管升级版

"互联网+"是建设创新 2.0 时代智慧城市的必由之路，"互联网+"的"+"，不仅仅是技术上的"+"，更是思维、理念、模式上的"+"，基于大数据推动以人为本推动管理与服务模式创新是其中的重要内容。① 当创新 2.0 与电子政府、新公共服务的浪潮汇聚推动了政府 2.0，创新 2.0 与数字城市、信息化城市建设的浪潮汇聚则推动了智慧城市。② 智慧城市，是新一代信息技术支撑、知识社会创新 2.0 环境下的城市形态，基于全面透彻的感知、宽带泛在的互联、智能融合的应用，实现以用户创新、大众创新、开放创新、协同创新为特征的以人为本的可持续创新。③ 而政府 2.0 则是新一代信息技术支撑、知识社会创新 2.0 环境下的政府治理形态。④ 政府 2.0 与智慧城市的潮流汇聚，共同塑造了智慧城管。

智慧城管是智慧城市的重要方面，是新一代信息技术支撑、知识社会创新 2.0 环境下的城市管理新模式。其在理念上强调以用户创新、大众创新、开放创新、协同创新为特征的知识社会环境下以人为本的可持续创新；在技术上要求以移动技术、物联网、云计算为代表的技术工具以及以维基（Wiki）、社会网络（SNS）、Fab Lab、Living Lab 等工具和方法的应用，强调面向创新 2.0 的综合集成⑤，突出基于数字城市在新一代信息技术支撑下的城市管理智能化、人本化服务转型。强调通过协同共治、公共价值与独特价值塑造，以人为本实现创新 2.0 时代的城市管理再创新。⑥ 数字城市，如果仅仅是附加上以物联网、大数据为代表的新一代信息技术，只能称为智能城市，只有加入了以人为本的创新 2.0 转型，才能真正成为智慧城市。清华大学孟庆国教授强调，新一代信息技术和创新 2.0 是

---

① 宋刚、张楠、朱慧：《城市管理复杂性与基于大数据的应对策略研究》，《城市发展研究》2014 年第 8 期。
② 宋刚、朱慧、童云海：《钱学森大成智慧理论视角下的创新 2.0 和智慧城市》，《办公自动化》2014 年第 17 期。
③ 宋刚、邬伦：《创新 2.0 视野下的智慧城市》，《城市发展研究》2012 年第 9 期。
④ 李立明等：《和谐城市运行模式研究》，《城市管理与科技》2007 年第 2 期。
⑤ 安小米、马广惠、宋刚：《综合集成方法研究的起源及其演进发展》，《系统工程》2018 年第 10 期。
⑥ 邬伦等：《从数字城管到智慧城管：平台实现与关键技术》，《城市发展研究》2017 年第 6 期。

"五位一体"智慧城管体系：新一代信息技术与创新 2.0 融合的城市治理创新

智慧城市的两大基因，缺一不可。① 王连峰基于"五位一体"智慧城管实践指出：数字城市+物联网+创新 2.0=智慧城市。② 基于创新 2.0 的物联网技术应用是智慧社会的重要支撑，是新一代信息通信技术的典型代表。③ 我们认为：智慧城管=数字城管+新一代 ICT+创新 2.0。

4. "五位一体"智慧城管的要素关系

"五位一体"智慧城管，确切地说，是基于城管物联网及综合执法大数据平台的"五位一体"智慧城管，由三大技术支撑平台和三大智慧城管业务新模式组成。三大技术支撑平台分别为城市管理问题物联感知平台、云到端的大数据支撑平台和智能融合的综合应用平台，三大智慧城管业务新模式分别为"巡查即录入、巡查即监察"工作模式、感知数据驱动的高峰勤务模式，基于创新 2.0 的公共服务模式。"五位一体"的智慧城管顶层设计见图 2。

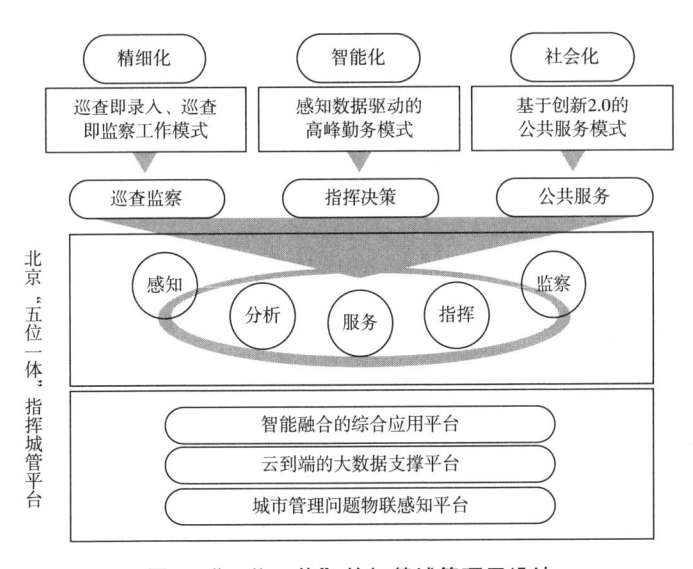

图 2 "五位一体"的智慧城管顶层设计

基于三大平台，结合三大智慧城管业务新模式打造，形成感知、分

---

① 转引自邬伦等《从数字城管到智慧城管：系统建模与实现路径》，《城市发展研究》2017 年第 6 期。
② 王连峰：《数字城市+物联网+创新 2.0=智慧城市》，《中国科技投资》2015 年第 14 期。
③ 邓迦心：《物联网与创新 2.0 赋能智慧社会》，《办公自动化》2018 年第 17 期。

析、服务、指挥、监察五大功能的"五位一体"城管物联网及综合执法大数据平台,其中,城市管理问题物联感知平台实现了"感知",即通过各类智能感知设备、市民热线、舆情分析、部门联动、专业执法巡查等及时了解城市管理问题、舆论社情和百姓需求;云到端的大数据支撑平台支撑贯穿市区街直至每一位执法人员的大数据"分析",对各类感知数据和业务信息进行实时智能的分析和处理,提供决策研判和一线执法支撑;智能融合的综合应用平台的公共服务系统实现了"服务",通过搭建基于创新2.0的公共服务平台,充分利用市场机制和社会参与的力量,为市民提供人性化、便利化的服务,同时通过平台的搭建推动社区自治、自我管理、自我服务,形成"人民城市人民管"的多方参与社会管理服务体系,强调基于开放知识管理的城市管理智慧化;① 指挥调度系统实现了"指挥",通过强化执法部门协同联动和执法力量勤务调度指挥体系建设,实现智能指挥、敏捷调度、处置有力,强化对违法行为及城市突发事件的应急处理能力;巡查监察系统实现了"监察",即通过与社会管理服务网格对接,基于执法巡查强化问题反馈与监察,协调相关部门共同解决城市管理中产生的各类痼疾顽症,形成城市综合管理的合力。

三 首都智慧城管实践案例分析

1. "五位一体"智慧城管建设情况

北京城管基于"五位一体"城管物联网平台启动了智慧城管的建设,城管物联网平台建成于2012年9月,是北京市第一批物联网应用示范项目,在党的十八大前建成并投入运行,结合智慧城管业务新模式构建,初步实现了智能感知、分析研判、公共服务、指挥调度、巡查监察五项核心功能。2020年,北京市进一步以城市管理综合执法大数据平台建设为契机,着眼城市基层治理创新,基于执法监察一体化架构及城市大数据建设进一步拓展"五位一体"功能。

(1) 城市管理问题物联感知平台。北京城管注重业务数据资源的感知与采集,通过数据的采集、汇聚、分析来更准确指导业务部署。城市

---

① 宋刚等:《基于开放知识管理的政务维基系统设计及应用》,《办公自动化》2015年第1期。

管理问题物联感知平台从四个方面对感知资源进行了整合。一是在执法力量和队伍装备上，整合了 800 余套执法车 GPS 终端、5000 余部数字集群终端和 7000 余部执法城管通，将人、车等资源进行准确定位，做到了实时掌握执法力量分布情况。二是在与部门信息共享方面，在市公安局的大力支持下，共享了 80000 余路公安视频探头，实现了对政治核心区、主要商业街区、大型活动场所周边等重点地区的全天候监控；为加强大气污染治理，共享了市住建委 1000 余个施工工地视频探头，强化了道路遗撒等突出问题的源头治理。三是通过自建 400 个无线视频探头、400 余套移动车载视频取证装置，弥补固定视频探头的盲区，做到了"随时发现问题、随时安排监控、实时调度处置"。北京城管为每名执法人员装备了执法城管通，具备了视频回传、远程监控等功能。通过固定监控与动态监控的互补，实现全市环境秩序重点地区数据的实时采集。四是在采集公众需求数据方面，通过"我爱北京"城管公共服务平台整合了 12345、市领导交办、部门移交、媒体报道、网络舆情等多渠道资源，并通过城市管理综合执法大数据平台建设，实现与 12345 市民服务热线平台的全面对接，强化社会感知，感知城市运行与服务问题，把握市民需求。同时积极探索各类感知资源的建设和应用，如在市民反映强烈的 20 个工地动态安装噪声感知设备，实现噪声数据的采集，夜间超过 70 分贝自动报警，配合视频监控，及时调度一线迅速进行处置，极大地提高了执法效率和市民服务满意度。

（2）云到端的大数据支撑平台。按照云服务的技术架构设计为全市城管提供技术支撑服务。一是完成了新一代数据机房、城管热线受理中心和城管物联网指挥中心的升级建设，全面提升了信息网络支撑能力，强化了热线受理、指挥调度和监控能力，畅通和优化了数据服务渠道，强化了支撑一线、服务市民的能力。二是基于物联网和创新 2.0，在资源整合基础上初步构建北京城管云，建设了执法城管通移动应用服务平台，实现城管专网与互联网应用的网络安全切换，实现对全市 7000 余部基于安卓的"执法城管通"智能执法终端、用户、权限以及应用发布、升级的统一管理，并依托城管云实现了端到端（"市民城管通"到"执法城管通"）的互动，以云服务模式支撑全市城管系统的业务应用，推进市、区、街、队员四级信息化应用体系，增强支撑区县、支撑决策、赋能一线、服务市民的能力。[①]

（3）智能融合的综合应用平台。在城市管理问题物联感知平台的基础数据获取、云到端的大数据支撑平台的云端服务模式基础上，北京城管进一步对城管系统的业务、数据、信息系统进行了系统梳理，将原有48个分散的台账、27个独立的系统基于业务、数据分析重新整合规划了五大业务系统，即公共服务系统、指挥调度系统、决策支持系统、巡查监察系统、综合政务系统。智慧城管综合应用平台见图3。

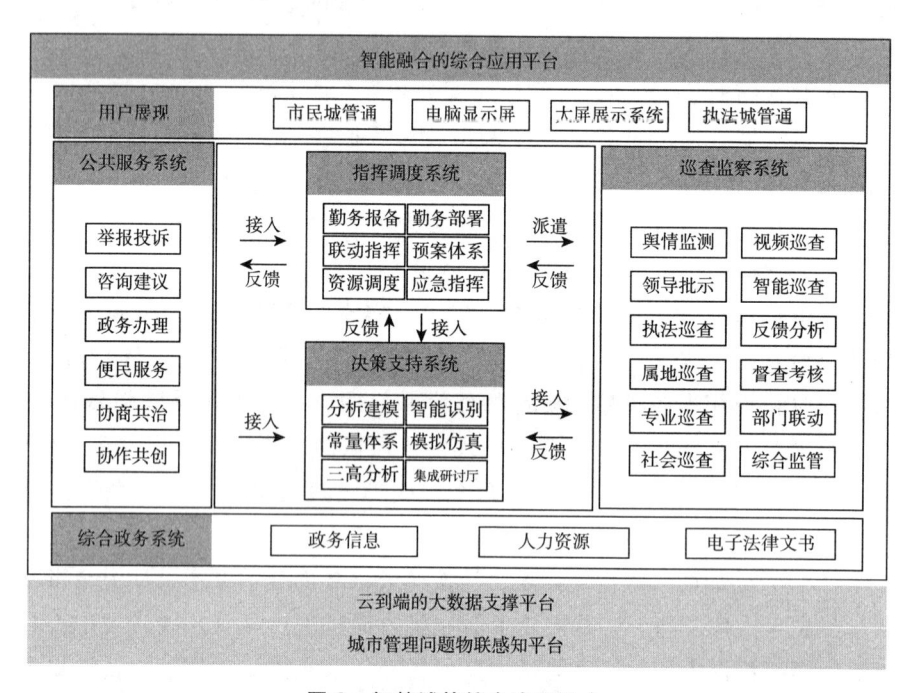

图3 智慧城管综合应用平台

智能融合的综合应用平台对数据业务的整合集中体现在执法城管通。北京城管致力于推进执法城管通"三个一"功能，即综合执法的"一卡通"、督促考核的"成绩单"、应急处理的"护身符"，通过将智慧城管"五位一体"功能打造到掌端，为一线城市管理执法人员直接在社区和街面巡查并向市民提供高效服务提供了有力的保障，也为城市管理者随时随

---

① 宋刚等：《执法城管通移动应用服务平台设计与应用》，《电子政务》2015年第8期。

地随需获取城市管理相关信息和决策支持提供了有力的支撑。

2. 五位一体情境下的城管工作模式变革

基于智慧城管三大平台的建设，推动了北京城管内部的管理重塑和业务流程再造，探索并初步形成了"巡查即录入、巡查即监察"、感知数据驱动的高峰勤务、基于创新2.0的公共服务这三大智慧城管新模式。

一是打造"巡查即录入、巡查即监察"工作模式。初步实现通过人盯车巡、视频巡查（指挥中心视频监控岗和视频轮巡功能）、噪声设备感知、舆情监控等方式及时发现问题、及时跟踪问题并督促问题的解决，从而建立从发现问题到督促落实解决问题的闭环工作机制。整合感知、分析、服务、指挥、监察"五位一体"智慧城管功能的执法城管通也是"巡查即录入、巡查即监察"工作模式的重要载体。按照市委市政府的要求，将全市7000余名城管执法人员变成智慧城管的"人体传感器"、现场监察员和一线服务员，变成市委市政府的"眼睛"和"腿"。通过城市管理综合执法大数据平台建设，重塑和再造综合执法业务流程，落实"到人、到点、到事"要求，实现对执法部门日常勤务、巡查监管、执法办案、协调联动等工作全过程、全方位、全要素的实时采录、实时上传、实时监测、实时研判、实时调度、实时考评，进一步深化"巡查即录入、巡查即监察"模式，建设综合执法巡查监察数字化体系，推动构建专兼结合、政府与社会协同的巡查监察体系，全面提升城市问题的感知能力和处理解决问题能力。

二是打造感知数据驱动的高峰勤务模式。通过环境秩序和执法资源的感知，市区两级指挥中心可以精确把控城市管理问题以及勤务力量部署情况，可以在指挥中心直接看到各重点区域的情况，看到人在哪、车在哪、车上都有谁，并通过车载取证系统和执法城管通视频回传看到现场情况，并进行点对点、扁平化的指挥调度，极大提高执法和管理效率。同时通过实时的高发地段、高发时间、高发事件的"三高"数据分析和可视化展现，可以更好地把握城市运行规律，实现基于数据分析的勤务管理，从而做到把有限的人力投入到需要的点位上去，提前布控、精准指挥、强化非现场执法，缓解当前城管执法力量严重不足的问题。市区两级城管物联网指挥中心通过集成热线受理、联勤指挥、决策会商功能，也是"感知、分析、服务、指挥、监察"五位一体的集中体现。通过城市管理综合执法大数据平台建设，面向业务应用场景开展具有针对性的数据模型分析，对执法精准度、执法匹配度、人均执法量、人均处罚量、高发区域等进行动态分析，提供问题发生趋势预测和风险预警，及时发现执法过程中存在的问题，研究成因，探寻解决问题的路径，支撑精准施策，基于数据分析有效组织联合勤务指挥调度。

前两大模式（"巡查即录入、巡查即监察"的工作模式和感知数据驱动的高峰勤务模式）是北京城管根据智慧城管的要求，基于城管物联网平台和综合执法大数据平台的三大技术支撑平台，对城管系统内部工作开展流程再造和管理重塑，改变了北京城管日常巡查、勤务指挥和应急处置的工作模式，最终是为了更好地支撑对社会公众的服务。

三是打造基于创新2.0的公共服务模式。基于创新2.0的公共服务模式集中体现在"我爱北京"市民城管通上。面向共建、共享、共治的"我爱北京"城管地图公共服务平台及市民城管通App提供五项主要服务功能。①市民进行点图举报、咨询、建议、数据和内容挑错；②疏堵结合服务，政府市民共建便民菜市场、早晚市2000多个，市民可针对便民市场评价打分、补充市场、完善信息和纠错，还可就缺少公共设施的地点提出建设便民菜市场的建议（城管会转相关属地政府部门）；③社会单位自检自查自治，社会单位可以就城市管理"门前三包"、燃气安全、垃圾分类、疫情防控等相关监管及服务事项参与共同管理，并对相关执法人员的执法检查进行反馈评价；④城管政务维基系统，邀请大众就城市管理直接提出政策建议，并参与官方文件的共同编辑、参与决策，汇聚群体智慧管理城市；⑤数据开放策略，2011年，北京城管形成了国内最早的专题开放数据集，并面向公众开放，提供给个人、企业、机构下载使用或进行相关的应用开发。城市管理综合执法大数据平台的建设进一步实现与12345市民服务热线平台的对接，强化对城市运行服务问题和市民需求的全面感知和响应，实现各部门相关基础数据、前端审批监管数据和相关企业社会化数据的共享，推动市民和企业加入专兼结合、政府与社会协同的巡查监察数字化体系，推动社会各方积极参与城市众创共治，实现城市问题协同治理。

3. 创新2.0视野下的延伸讨论

"五位一体"首都智慧城管建设实践基础上体现了智慧城管与数字城管的重大差异[①]，强调从数字城管到智慧城管，不仅仅是技术手段的变化，

---

① 安小米、马广惠、宋刚：《综合集成方法研究的起源及其演进发展》，《系统工程》2018年第10期。

"五位一体"智慧城管体系：新一代信息技术与创新 2.0 融合的城市治理创新

更重要的是管理理念、管理对象、参与主体、管理方式等方面的变化。"五位一体"智慧城管三大平台是对移动互联网、物联网、云计算、大数据等新一代信息技术发展的积极回应，充分体现了智慧城管的三个技术特征：全面透彻的感知、宽带泛在的互联、智能融合的应用，并为以人为本的可持续创新提供了坚实的技术基础。而三大智慧城管新模式则是智慧城管基于新一代信息技术的感知、分析，在公共服务、决策指挥、巡查监管三个方面践行治理思维、数据驱动、服务转型的模式创新，是对知识社会创新 2.0 的积极回应，充分体现了智慧城管的"互联网+"新业态、新模式特征，即以用户创新、开放创新、协同创新、大众创新为特征的以人为本的可持续创新。①"五位一体"智慧城管建设过程通过各方充分参与、开放共创，也是体验、试验、检验"三验"应用创新园区众创机制②在智慧城市建设中的重要探索，为推进创新 2.0 时代的城域开放众创空间③建设提供了新的想象空间。

2015 年 12 月 24 日，作为中央城市工作会配套文件，中央发布《关于深入推进城市执法体制改革改进城市管理工作的指导意见》，明确提出要加快数字化城市管理向智慧化升级，实现感知、分析、服务、指挥、监察"五位一体"。"五位一体"智慧城管建设通过综合应用新一代信息技术、以创新 2.0 为理念，以有效支撑一线巡查监察、领导智慧决策和社会共建共治共享为引领，以信息化标准体系、安全体系为保障，构建立体、全面的城市管理问题物联感知平台，云到端的大数据支撑平台、智能融合的综合应用平台三大平台，有效支撑建设形成"支撑一线、精细管理，智能决策、敏捷反应，以人为本、社会参与"的智慧城管建设体系，全力推进"巡查即录入、巡查即监察"、感知数据驱动的高峰勤务、基于创新 2.0 的公共服务三大智慧城管新模式，是创新 2.0 时代"互联网+"政府、"互联网+"智慧城市的重要实践，是创新 2.0 视野下智慧城管建设的必然

---

① 张楠、宋刚：《创新 2.0 驱动智慧城市转型》，《办公自动化》2016 年第 21 期。
② 宋刚、李立明、王五胜：《城市管理"三验"应用创新园区模式探索》，《中国行政管理》2008 年专刊。
③ 宋刚等：《创新 2.0 视野下的协同创新研究：从创客到众创的案例分析及经验借鉴》，《电子政务》2016 年第 10 期。

要求。[1]

伴随2020年城市管理综合执法大数据平台建设牵引的综合执法改革落地，北京的综合执法改革将在"吹哨报到""接诉即办"的基础上，依托物联网、云计算、大数据、区块链等现代信息技术，继续完善现代橄榄型城市治理结构中综合执法监察轴的构建，全面深化感知、分析、服务、指挥、监察"五位一体"智慧城管建设[2]，努力开创服务导向、问题牵引、智能感知、数据驱动、协同联动、众创共治的城市治理新局面，创新面向城市精治、共治、法治的橄榄型现代城市治理模式，通过面向创新2.0的城域开放众创空间营建，构筑起面向城市精治、共治、法治的新时代首都市域社会治理新格局，全面提升城市管理与社会治理的科学化、法治化、智能化、社会化、专业化水平。

四 结论与展望

基于"五位一体"物联网平台与综合执法大数据平台的智慧城管建设，不仅仅是以物联网、大数据为代表的新一代信息技术的应用，更重要的是"互联网+"发展背景下与知识社会创新2.0相适应的智慧城管新思维、新理念、新模式。智慧城管不仅仅是给城市管理提供了全新的技术工具，更重要的是城市运行大数据以及社会公众的参与将在重构现代橄榄型城市治理结构中扮演越来越重要的角色，从而全面深化基于物联网智能感知、大数据分析研判的公共服务、指挥调度、巡查监察"五位一体"智慧城管建设，基于执法监察一体化大数据建设再造创新2.0时代的城市治理并重新定义城市规划、城市建设与城市运行。创新2.0注重城市中市民的参与，挖掘城市运行中市民真正的需求，通过城域开放众创空间的营造激发政府、市场和个体的协同创新的力量，通过以人为本的可持续创新，实现真正有预见性和创造性的改变，从而改写城市地理、再造城市服务与公共治理。建设"五位一体"智慧城管，必须充分认识、理解和把握这个大势，推动网格化数字城管的新跨越，再造创新2.0时代的智慧城市治理。

---

[1] 王连峰、宋刚、张楠：《"五位一体"智慧城管核心要素与互动关系：基于创新2.0视角的分析》，《城市发展研究》2017年第3期。

[2] 本刊编辑部：《综合执法大数据平台建设背景下的五位一体智慧城管建设》，《北京城管科技信息动态》2020年第2期。

图书在版编目(CIP)数据

中国城市治理创新案例研究报告. No.1 / 俞可平主编. -- 北京：社会科学文献出版社，2021.4
ISBN 978-7-5201-8030-6

Ⅰ.①中… Ⅱ.①俞… Ⅲ.①城市管理-案例-研究报告-中国 Ⅳ.①F299.23

中国版本图书馆 CIP 数据核字（2021）第 038550 号

中国城市治理创新案例研究报告 No.1

主　　编 / 俞可平
出 版 人 / 王利民
责任编辑 / 岳梦夏

出　　版 / 社会科学文献出版社·政法传媒分社（010）59367156
　　　　　　地址：北京市北三环中路甲29号院华龙大厦　邮编：100029
　　　　　　网址：www.ssap.com.cn
发　　行 / 市场营销中心（010）59367081　59367083
印　　装 / 三河市尚艺印装有限公司
规　　格 / 开　本：787mm×1092mm　1/16
　　　　　　印　张：13.5　字　数：225千字
版　　次 / 2021年4月第1版　2021年4月第1次印刷
书　　号 / ISBN 978-7-5201-8030-6
定　　价 / 89.00元

本书如有印装质量问题，请与读者服务中心（010-59367028）联系

▲ 版权所有 翻印必究